한국 소비자 불매운동사

기업, 국가, 대중문화를 향한 소비자의 분노와 희망

이화학술총서

한국 소비자 불매운동사

기업, 국가, 대중문화를 향한
소비자의 분노와 희망

천혜정 지음

이화여자대학교출판문화원

머리말

소비자 불매운동은 사회를 변화시킬 수 있는가

절약이 미덕인 시대는 호랑이 담배 피우던 시절의 고리타분한 이야기가 되었고 각종 트렌드와 유행의 홍수 속에 소비를 하지 않고는 살아갈 수 없는 시대가 되었다. 매일매일 수백 개의 브랜드와 광고를 보며 각종 상징과 기호를 장착하기 위해 검색과 쇼핑을 하는 시대이다. 불과 2, 30년 만에 소비를 하지 않는 사람, 상품을 구매하지 않는 사람은 소비자본주의 사회에서 가장 쓸모없는 사람이 되었다. 그런 만큼 어떻게 소비할 것인가는 이 시대 가장 중요한 철학적 질문이자 정치적 질문이다. 소비는 필요와 욕구를 충족시키기 위해 제한된 소득으로 가장 큰 만족을 얻는 경제적 행위 그 이상의 의미가 있다. 소비는 욕망과 취향, 나아가 문화자본의 향유를 둘러싼 투쟁으로 가치중립적이라기보다는 공적 영역과 사적 영역을 가로지르며 한 사회의 문화적 가치, 젠더관계, 권력구조 등이 반영된 사회문화적 행위이다. 또한 소비는 얼핏 '자유로운 개인의 활동'으로 보이지만 사실은 특정한 삶의 표준을 따르도록 강요하는 일종의 '집단 권력 현상'이다. 동시에 고도화된 자본주의에 대항할 수 있는 연대와 네트워크를 만들어낼 수 있다는 점에서 가장 현실참여적인 행위이기도 하다. 사회참여와 무관한 것으로 간주되어온 소비행위가 사회 정의를 실현하기 위한 행동주의의 유력한 수단이 되었다는 것이다. 특히 구매력을 철회하고 구매를 거부하기, 즉 불매행동은 가장 적극적이고 강력한 소비자의 사회참여 행동이다.

2019년 한 해 대한민국을 관통한 가장 뜨거운 이슈 중의 하나를 들라고 한다면 일본 불매운동을 꼽아도 큰 이의가 없을 것이다. 한국 소비자의 일본 불매운동은 사실 한두 번 일어난 것이 아니다. 일제 강점기 물산장려운동부터 1960년대 한일협정 반대를 위한 반정부운동의 일환으로, 그리고 일본의 역사 왜곡 문제가 불거질 때마다 한국 소비자는 일본 불매운동을 벌여왔다. 1990년대 수입 개방이 본격적으로 이루어지면서 국내 농가와 농민을 보호하기 위한 수입농산물 불매운동은 2008년 미국산 소의 광우병 의혹과 더불어 수십만 명이 참여하는 촛불집회로 이어졌다. 혹자는 이를 새로운 민주주의 혹은 새로운 형태의 시민참여라고 이야기했지만 여기에는 소비자들의 강력한 불매운동이 함께했다. 보다 최근에는 2013년 대리점 상품 강매행위가 폭로된 남양유업 제품 불매운동에서부터 2016년 가습기 살균제로 수천 명의 목숨을 앗아간 옥시레킷벤키저가 생산하는 제품에 대한 불매운동, 2017년 사내 성폭력 문제와 이에 대해 부적절하게 대응한 한샘이나 현대카드 불매에 이르기까지 한국 소비자들은 부도덕한 기업, 혹은 불법을 저지르는 기업에 늘 불매로 맞서왔다. 소비자들이 집단적 연대의 힘을 발휘하여 불매운동으로 저항한 쟁점과 이슈는 시대에 따라 다양하지만 소비자들은 그들이 원하는 시장과 사회를 만들기 위해 시장에서 구매력을 행사하며 투쟁해왔고 또 소기의 성과를 내기도 했다.

그러나 크고 작은 불매운동이 미완에 그치는 경우도 많았다. 그 이유는 소비자의 정당한 불매의 권리를 지원해주는 법과 제도의 미비 그리고 사회 경제 전반에 퍼져 있는 친기업적 분위기 때문이다. 물론 불매운동이 제도적 차원에서 일어나기보다 이슈 중심의 개별적 참여가 많았기 때문에 휘발성이 높은 것도 하나의 이유가 될 것이다. 또한 최근의 사회적, 경제적 환경 변화는 소비자 및 소비자 불매운동에 긍정적이지만은 않다. 1997년을 기점으로 한국에 신자유주의가 본격화된 이후 지식 권력을 장악하고 있는 분야는 단연 경제/경영 관련 담론이다. 요컨대 경제/경영 담론의 적극적인 생산과 소비는 시장경제를 숭배하는 신자유주의 패러다임의 핵심 키워드가 되었다(서동진, 2009). 신자유주의 경제체제의 심화는 소비자 개인이 주체적인 소비를 하는 것처럼 인식하게 만들지만 생산자와 소비자의 관계를 단절시키고 결국은 책임을 개인에게 전가한다. 끊임없이 소비자들을 탈정치화시킴으로써 시민권 개념조차도 소비자 개인이 자신의 소비행위를 스스로 감독하고 규제하는 능력으로 규정해버리는 것이다(Lockie, 2009). 이러한 시점에서 자신의 소비행동을 시민적 관여civic engagement의 한 형태로 인식하고 소비를 사회 변화를 자극하는 수단 혹은 연대의 수단으로 간주하고 실천하는 것이 더욱 중요하다.

이와 같이 소비자 불매운동에 대한 관심과 중요성이 고조되고 있음에도 소비자 불매운동에 대한 실질적인 평가나 학술적 연구는 활발하지 못하다. 소비자 불매운동이 사회운동의 일환이라는 공감대는 형성되어 있으나 학술적 연구에서는 사회운동으로서 소비자들의 자발적, 집단적 행동으로 접근하기보다는 개인 소비자의 선택소비행동으로 접근하거나 기업의 입장에서 소비자의 불매행위에 대한 대응정책 등 마케팅적 접근을 하거나 계몽적 차원의 정보 제공 및 교육이라는 규범적 접근에 경도되어왔다. 특히 한국 소비자 불매운동의 발생시점을 거슬러 올라가면 일제 강점기부터 거의 100년이 되었는데 이를 돌이켜 볼 수 있는 자료가 전무하다. 기업의 지배력 증가로 시장 자유나 규제 철폐의 목소리가 높아지고 공공재에서 사유화로 관심이 이전되면서 복지국가의 이상이 서서히 해체되고 있는 작금의 한국 사회에서 소비자 불매운동이 갖는 역사적 의미를 돌아보고 이 역사 속에서 정의를 실현하기 위한 소비자 시민으로서의 파워를 어떻게 추동할 수 있을지를 가늠해보는 것, 이것이 이 책을 집필하는 이유이자 목적이다.

이 책은 지난 100여 년간에 걸쳐 진행된 한국 소비자 불매운동의 역사에 대한 서술과 그것에 대한 분석적 재평가를 목표로 한다. 그래서 일제 강점기 이후 한국에서 본격적으로 소비자 불매운동이 시작된 때로 돌아가 소비자 불매운동을 누가, 왜, 어떻게 전개했는지 살피고 그간의 성과, 가능성 및 한계를 검토할 것이다. 이를 통해 한국 소비자 불매운동의 과거와 현재를 돌아보고 그것이 가진 역사적 의미를 성찰함으로써 한국 소비자 불매운동이 나아가야 할 미래를 재조명해 보고자 한다. 나아가 소비자 불매라는 화두로 사회 변화를 이끌어내기 위한 소비자들의 집단적 연대의 가능성, 그리고 한국 사회에서 정치적 참여의 장으로서 시장의 가능성을 재고해볼 것이다.

이 책은 총 3부, 9장으로 구성되어 있다. 1부에서는 현대 사회에서 소비자 불매운동이 가지는 중요성을 논의할 것이다. 소비자 불매운동의 개념과 다차원성, 그리고 소비라는 행위가 함의하고 있는 정치적 성격을 살펴본 후 소비자 불매운동의 근간이 되는 맥락과 이론적 논의를 검토할 것이다. 이를 토대로 소비자 불매운동에 대해 진행된 연구들을 정리함으로써 소비자 불매운동에 대한 기본적인 이해를 도모할 것이다. 2부에서는 지난 100여 년간 한국 사회에서 소비자 불매운동이 언제 일어났는지, 주요한 쟁점과 불매 대상은 무엇이었는지, 그리고 누가 주도했는지 등을 구체적인 사건과 사례를 중심으로 살펴볼 것이다. 3부에서는 그동안 한국 소비자 불매운동이 거둔 성과를 점검하고 소비자 불매운동이 가지는 한계와 딜레마를 함께 살펴본 후 한국 소비자 불매운동이 어떠한 가능성과 도전 과제를 안고 있는지 논의할 것이다.

고백하건대 책을 쓰는 작업은 생각보다 훨씬 고통스러웠다. 전적으로 저자의 능력 문제지만 또 다른 한편으로는 한국 소비자의 불매운동 역사에 대한 그동안의 기록이 너무 부실했다. 소비자단체의 활동 보고나 소비자운동 사례 등을 참조하면서 한국 소비자들이 그동안 전개해온 불매운동 사례를 하나도 빼놓지 않고 수집하여 정리하려 했지만 이용할 수 있는 자료의 대부분은 신문기사였다. 이 때문에 몇몇 대표적인 사건을 제외하고 특정 불매운동이 어떻게 전개되고 어떠한 성과가 있었으며 어떻게 마무리되었는지 등의 구체적 과정을 추적하는 것은 현실적으로 불가능했다. 그럼에도 이 책은 한국 소비자 불매운동을 역사적으로 집대성한 첫 학술서라고 감히 말하려고 한다. 대중매체에서는 '진상' 소비자, '블랙' 소비자 등을 뉴스거리로 만들면서 정당한 소비자의 권리를 주장하는 목소리를 왜곡하고 희석시킨다. 이로 인해 소비자는 늘 스스로의 소비행동을 감시하면서 동시에 '소비자(고객)는 호구 내지 봉'이라고 자조적으로 얘기한다. 이러한 언설들이 가지는 함의를 되새길 필요가 있다. 무엇을 어떻게 구매하고 구매하지 않을 것인가는 기업과 자본으로 권력이 넘어간 현 시대에 제기해야 할 가장 중요한 정치적 질문인 것이다. 그래서 이 책을 통해 경제 정의/사회 정의를 구현하는 도구이자 전략으로서 소비자 불매운동이 가지는 가능성, 소비라는 행위를 통한 소비자혁명의 의미와 희망, 나아가 소비자 불매운동에 대한 학문적/실천적 논의를 점화시키는 계기가 될 수 있기를 기대한다. 무모한 도전을 지원해준 이화여자대학교출판문화원과 민지영 선생님의 노고에 감사드린다.

2020년 6월

천혜정

NO ONE SHOULD DIE FOR FASHION
조선물산을
BOYCOTT DIVEST SANCTION
미국산 쇠고기

차례

2부. 한국 소비자 불매운동의 역사와 쟁점

3부. 한국 소비자 불매운동의 평가와 전망

HACCP
소비자 우롱한 처사
남양유업은
정상제품
공급하라
대리점이 쓰레기
불복종
Deutsche!
Wehrt Euch!

표 차례

그림 차례

사진 차례

1부

시장과 정치의 교차

소비자 불매운동

1부에서는 소비자 불매운동의 근간이 되는 맥락과 이론적 논의를 제시한다. 우선 소비라는 행위가 역사적으로 어떻게 개념화되어왔는지, 소비자의 역할이 어떻게 확장되었는지, 그리고 이 과정에서 제기된 '어떻게 소비할 것인가'라는 질문이 가지는 함의는 무엇인지 살펴본다. 이후 소비자 불매운동의 맥락과 이념적 배경 등을 논의하고, 누가 왜 소비자 불매운동에 참여하는지에 대해 지금까지 진행된 연구들을 검토하여 학문적 주제이자 실천적 운동으로서 소비자 불매운동의 중요성을 강조할 것이다.

1장

왜 소비자 불매운동인가

1. '소비' 및 '소비자' 개념의 진화

역사적으로 '소비'만큼 긴장과 모순에 시달려온 개념도 드물다. 우선 소비는 항상 생산과 대비되어 생산보다 열등한 것으로 간주되어왔다. 생산은 고용과 부를 창출하는 반면, 소비는 낭비나 파괴와 관계되어 있다고 생각했기 때문이다. 이러한 생각은 '모두, 다 같이'라는 의미의 라틴어 'con'과 '돈이나 시간 등을 다 써버린다'는 'sumere'가 결합한 'consume'의 어원에서 비롯되었다고 할 수도 있다. 또한 태평양 북서부 해안에 살던 미국 원주민들이 전통적인 통과의례나 의식을 행할 때 이웃 부족을 초청하여 온갖 음식과 선물을 선사하면서 부족 간 경쟁이 일어나고 손님 앞에서 물건을 파괴하기까지 하던 포틀래치

potlatch 풍습에서 소비라는 단어가 유래했다는 주장도 소비라는 개념이 부정적 의미를 내포하는 데 일조했다.[1] 이러한 편견은 소비에 대한 지적 담론에도 그대로 이어진다. 마르크스(Marx, 1932)는 노동과 생산을 강조하면서 잘 먹고 잘 입는 등의 욕구를 인간적 기능이 아닌 동물적 기능이라고 폄하했다. 베버(Weber, 1905)는 『프로테스탄트 윤리와 자본주의 정신*The protestant ethic and the spirit of capitalism*』에서 청교도적 금욕주의가 돈벌이의 윤리적 멍에를 벗겨주고 자본축적도 가능하게 해줌으로써 자본주의 발전의 촉매제 역할을 했다고 주장했다. 베버는 여가보다 노동을, 소비보다 절약을, 즉각적 만족보다 연기된 만족을 가치 있는 것으로 간주하고 부의 축적을 도덕적일 뿐 아니라 신의 명령(소명)이라고 주장했다. 일찌감치 소비 자체에 관심을 가진 베블런(Veblen, 1899)은 19세기 후반 미국 사회에 등장한 유한계급leisure class이 금전과 시간을 과시적으로 낭비하는 행태를 신랄하게 비난하고 소비를 '장인 본능instinct of workmanship'을 파괴하는 것이라고 보았다. 이와 같이 마르크시즘Marxism과 베버리즘Weberism이 오랜 기간 학계에 행사해온 강력한 영향력으로 인해 소비는 사치, 방탕, 무분별한 쾌락, 낭비 등으로 취급되면서 부정적 편견에 시달려 왔다.

생산과 소비 간 긴장관계를 둘러싼 또 다른 이슈는 공적 영역과 사적 영역의 분리이다(Murphy, 2016). 산업화와 함께 생산행위가 가정을 떠나 공장으로 이동함에 따라 남성을 위한 공적 영역과 여성을 위

1 그러나 포틀래치는 부의 재분배라는 가치를 지향하는 의례이며 축적이나 과시가 아니라 나눔을 지향하면서 남기지 않고 순환시킨다는 의미이다. 이를 파괴나 낭비, 경쟁이나 과시로 바라본 것은 다분히 서구중심적 해석이라고 할 수 있다(Mauss, 1950).

한 사적 영역의 구분이 확고해졌다. 그리고 가정 밖에 있는 남성성의 공적 영역은 임금노동이 발생하는 보다 의미 있는 작업장으로 간주되고 비임금노동인 집안일과 소비는 사적 영역의 잡일이 되었다(Ewen, 1976). 점점 더 많은 재화들이 가정 밖에서 생산되고 또 구매되면서 여성과 소비도 공적 영역으로 진전한 것 같지만, 여성도 소비도 모두 남성과 생산에 비해서는 평가 절하되었다. 최근 여성의 노동시장 진출에 따라 두 영역의 구분이 모호해졌지만(또한 기술의 발달로 사적 영역인 집에서 임금노동에 종사하기도 하지만), 생산과 소비의 분리는 여전히 남아 있고, 특히 생산은 남성성, 소비는 여성성에 속한다는 생각 또한 여전히 남아 있다(Murphy, 2016). 이 또한 여성성 및 소비가 남성성 및 생산에 비해 열등한 지위에 시달려온 배경이 되기도 한다.

소비라는 개념을 둘러싼 또 다른 긴장과 모순은 자유freedom 대 강압coercion의 문제와 관련된다. 이 관계는 소비자가 선택의 자유를 가지고 있는가 아니면 소비자의 선택이라는 것이 광고주나 대중매체에 의해 조종된 것인가로 요약할 수 있다. 대중소비사회의 가장 큰 특징 중의 하나는 개인의 선택과 자유를 동일시하는 것으로 여기에는 소비자가 자신의 구매력을 가지고 주체적 선택을 한다는 것을 전제하고 있다. 그러나 대중소비사회의 소비자가 정말 자율성을 가지고 있는지, 그들의 선택이 자유를 포함하고 있는지는 오랫동안 논란이 되어 왔다. 예를 들면, 마르쿠제(Marcuse, 1964)는 선택이라는 것이 자유를 결정하지 않으며 상품이나 서비스가 삶과 노동에 대한 사회적 통제를 하도록 만든다면 다양한 상품과 서비스는 자유를 의미하는 것이 아니라고 주장했다. 바우만(Bauman, 2007) 역시 대중소비사회의 소비자는 '선택하지 않을' 자유를 가지고 있지 않기 때문에 오히려 선택을 강요당하고 있다고 주장하고, 광고나 대중매체는 우리가 행복해지기 위해서는 특정 재화를 필요로 한다고 끊임없이 말함으로써 욕망을 인위적으로 만들어내고 있다고 비판했다. 이를 두고 왈드먼(Waldman, 1992)은 '선택의 폭압tyranny of choice'이라고 명명하면서 수많은 선택권이 있다는 것에 대해 권력감을 느끼기보다는 과연 내가 옳은 선택을 한 것인지에 대한 두려움, 혹은 최종 결정을 하기까지 소요되는 너무 많은 시간으로 인한 불안함 등을 느낄 뿐이라고 주장했다. 선택의 풍요로움이 가지는 딜레마는 개인뿐 아니라 사회 전체에도 영향을 미친다. 너무 많은 선택권은 사회적 유대감을 약화시킴으로써 결과적으로 사회적 파편화를 야기하는데, 왜냐하면 사람들이 공통된 경험을 공유할 가능성이 줄어들기 때문이다(Waldman, 1992).[2]

마지막으로 정치적 이데올로기로서 소비에 대한 논쟁이 있다. 역사적으로 소비는 사회주의에 대한 자본주의의 우위를 정당화하는 이데올로기로 활용되었다. 풍부한 소비재와 상품에 접근할 수 있다는 것이 진보, 평등, 혹은 문명화된 사회와 동일시되었다. 일찍이 좀바르트(Sombart, 1913)는 미국에서 사회주의가 인기를 끌지 못한 이유가 풍부한 로스트비프와 애플파이가 노동자로 하여금 계급의식을 희석시켰기 때문이라고 주장하기도 했다. 또한 냉전시대 소련을 방문한 닉슨Nixon 부통령이 평균적인 미국의 임금 노동자는 모두 자기 집을 소

2 예를 들면, 과거에는 인기 드라마를 전 국민의 절반이 시청하던 시절이 있었다. 그러나 요즘에는 다양한 매체들이 등장하면서 언제, 어디서, 무엇을 볼 것인가에 대한 거의 무제한적인 선택권이 있지만 그만큼 공유하는 경험은 적어질 수밖에 없다는 것이다. 이에 대한 반론도 제기되는데, 어디서 언제 무엇을 볼 것인가를 선택하는 자유는 소비자로 하여금 독점 방송사의 지배에 통제당하지 않을 수 있게 해준다는 것이다(Murphy, 2016).

사진 1-1 미국 박람회장에서 부엌 가전제품에 대해 논쟁하는 닉슨과 흐루쇼프
(출처: Wikimedia Commons)

유하고 있다고 말해 소비를 정치적 프로파간다로 활용하기도 했다.[3] 그러나 맥거번(McGovern, 2009)은 냉전 시기 훨씬 이전부터 저개발underdeveloped과 저소비underconsuming가 동일어로 사용되었음을 주장하기도 했다.

이와 같이 정치적 이데올로기로서 소비는 일단의 흥미로운 논쟁을 야기했는데, 예를 들면 자본주의 사회에서 소비자consumer의 선택의 자유는 민주국가에서 시민citizen의 선택의 자유와 동일한 것

3 이것이 유명한 닉슨-흐루쇼프의 부엌 논쟁Nixon-Khrushchev's kitchen debate이다. 당시 미국 부통령 닉슨이 모스크바에서 열린 미국 박람회장에서 당시 소련 서기장 흐루쇼프와 설전을 벌였는데, 미국 가전제품 전시코너에서 미국 노동자들이 이러한 사치품을 구매할 수는 없지 않나라는 흐루쇼프의 질문에 미국의 일반적인 노동자들도 이 정도의 가전제품은 구비하고 있다고 응수했다. 이에 흐루쇼프는 곧 완공될 소련의 주택에는 이러한 가전제품이 완비될 것이고 소련이라는 나라에 태어나기만 하면 그 집에서 살 수 있다고 발언했다. 요컨대 고급 주방기기가 체제의 우월성을 주장하는 도구가 된 것이다.

인가에 대한 논쟁이다. 개인 소비자의 구매력은 시민의 정치적 권력(예를 들면, 투표권)을 행사하는 것과 동일하지 않다는 입장에서는 구매력이 투표권과 달리 공평하게 분배되지 않기 때문에 구매력은 제도적으로 보장받지 못한다고 주장한다. 반면, 구매력은 참정권을 초월하는 참여의 기회를 제공한다는 입장에서는 여성이 참정권을 갖기 전 자신의 목소리를 내고 공공정책에 영향력을 행사하기 위해 구매력을 사용했으며(Wiedenhoft, 2006), 아프리카계 미국인들은 짐 크로우Jim Crow법을 비롯한 제도적 인종주의에 항의하기 위해 버스 보이콧이라는 수단을 사용했다(Glickman, 2009)는 사실을 내세운다. 즉 국가가 시민의 요구에 반응하지 않을 때 시민은 사회 변화를 위해 소비라는 영역을 투쟁의 장으로 사용한다는 것이다. 이와 관련된 또 다른 논쟁은 소비자로서 사적 소유에 대한 관심이 공공에 대한 시민적 관여를 훼손하는가에 대한 것이다. 갤브레이스(Galbraith, 1958)는 이에 대해 『풍요한 사회*The affluent society*』에서 미국인들이 공공재인 도로의 상태보다 자신의 자동차를 더 중요하게 생각한다는 예를 들어 소비자로서 개인 소유에 대한 사적 관심이 시민으로서의 공적 관심을 능가하고 있음을 지적했다. 특히 1980년대 이후 신자유주의는 공공재에서 사유화로 관심을 이동시켰고 규제하지 않는 시장정책으로 기업의 지배력이 막강해지면서 복지국가를 서서히 해체시키고 있다는 것도 개별 소비자의 사적 관심을 증대시킨 배경이 되고 있다. 그러나 셧슨(Schudson, 2007)은 시민이라고 해서 항상 최선의 공공선에 동기화되는 것도 아니며 모든 소비자들이 자기 이익에 따라 행동하는 것도 아니라는 점을 상기시키고, 대부분의 사람들이 시민이자 소비자이며 소비자와 시민이 서로에게 피해를 주는 존재가 아니라는 점을 강조했다. 특히 시장과 정치에 대해 무력감을 느낀 사람들에게 소비는 또 다른 형태의 정치적 행위가 될 수 있으며 일상의 소비행위가 특정한 정치적 목적을 이루는 데 더 효과적일 수도 있다(Trentmann, 2011). 이러한 관점의 연장선상에서 코헨(Cohen, 2003)은 부당한 가격에 맞서거나 제품의 질에 대한 불만을 표출하고 노동 문제까지 개입하는 소비자-시민consumer-citizen의 등장을 주장하고 소비자 공화국consumers' republic 개념을 제안하기도 했다. 생산이 아닌 소비야말로 사람들이 자신의 삶에 대한 통제를 넓힐 수 있는 영역이라는 것이다(Saunders, 1986).

소비에 대한 개념 논쟁과 함께 소비의 주체인 소비자의 역할도 진화하고 있다. 과거의 소비자가 개인의 사적 이익을 추구하기 위해 기업이 생산한 상품을 싼값에 구매하는 수동적인 역할에 한정되었던 반면, 현대의 소비자는 생산자의 생산방식에 도전하거나 상품과 서비스를 획득, 사용하는 대안적인 방법을 모색함으로써 시민으로서의 책임과 역할을 행동으로 옮긴다. 예를 들면, 2010년 이마트에서 피자를 판매하자 상대적으로 영세한 동네 피자가게의 생존권이 위협받는다며 한 네티즌이 당시 신세계 부회장 정용진의 트위터에 항의성 글을 남겼다. 이에 대해 정용진은 소비자의 선택을 강조하며 '소비를 실질적으로 하지 이념적으로 하나'라고 대꾸했다. 재벌기업 부회장과 일개 네티즌 간에 설전이 벌어진 '이마트 피자사건'은 싸고 맛있는 피자에 만족하는 소비자에서 피자 한 판에도 생산과 유통을 둘러싼 권력관계, 노동 착취, 그리고 지역 상인의 삶까지 고민하는 소비자로 변화하고 있음을 보여주는 하나의 상징적 사례라고 할 수 있다. 현대 사회의 소비자는 개인의 편익과 경제적 이윤뿐 아니라 공동체의 삶의 질

구현 등과 같은 다양한 사회적 가치를 고려한 선택을 한다. 이것은 자신의 효용을 극대화하는 합리적 인간이라는 경제적 소비자를 넘어 자신의 선택이 시장환경의 개선이나 다른 공동체에 미치는 영향, 그리고 선택에 따른 사회적 책임까지 고려하는 소비자로 확장되었음을 말한다. 2008년 미국산 쇠고기의 광우병 의혹에서 시작된 촛불시위는 새로운 형태의 시민 정치참여 그리고 인터넷을 통한 참여민주주의라는 함의를 가지고 있지만, 여기에는 문제가 된 미국산 쇠고기를 거부하고 불매한 분노한 소비자들이 그 중심에 있었다. 이와 같이 소비의 의미 및 소비자의 역할 변화와 함께 수동적이고 소극적 지위와 역할에 머물렀던 소비자가 이제는 시장의 중요한 한 축을 담당하며 생산에 관여하고 적극적으로 자신의 의견을 반영하고 권리를 주장하고 있다. 이러한 의식이 표출된 가장 강력한 행동 중의 하나가 구매력을 철회하고 구매를 거부하기, 즉 불매운동인 것이다.

2. 어떻게 소비할 것인가

과거에는 불매운동이 '까다로운' 소비자의 예외적인 개인행동에 그쳤다면 최근 불매행동은 조직적으로, 그리고 광범위하게 전개되고 있다. 게다가 기존 정당 중심의 민주주의 및 계급정치가 퇴조하는 가운데 자신의 라이프스타일을 중심으로 '개인화된 정치personalization of politics'를 구현한다는 점(Bennett, 2012)에서, 그리고 소셜 미디어를 중심으로 한 뉴 미디어의 확산이 젊은 세대와 여성의 사회적 발언 기회를 확장시키고 있다는 점에서 소비자 불매운동은 또 다른 형태의 정치적 행위가 되고 있다. 그간 사회 개혁과 무관한 것으로 간주되어 온 매일매일의 일상적 소비행위, 혹은 구매하지 않는 행위가 보다 나은 시장과 사회를 실현하기 위한 행동주의의 유력한 수단으로 부각하고 있는 것이다. 이러한 시점에서 자신의 소비행동을 시민적 관여 civic engagement의 한 형태로 인식하고 소비를 사회 변화를 자극하는 수단 혹은 연대의 수단으로 간주하고 실천하는 것이 더욱 중요하다.

소비자 불매운동은 불매 대상 기업의 매출 감소와 주식 가치 하락 등 금전적으로 손실을 줄 수 있을 뿐 아니라 기업 평판과 브랜드 이미지에 타격을 줄 수 있다는 점에서 소비자에게는 가장 효과적인 저항 행동이자 기업에게는 가장 위협적인 소비자행동이다(Chavis & Leslie, 2009; Davidson, Worrell, & El-Jelly, 1995). 일례로 2013년 소위 대리점 밀어내기와 영업직 사원의 대리점주에 대한 폭언 등이 드러나면서 일어난 남양유업 불매운동의 경우 2013년 175억 원, 2014년 261억 원의 영업 적자를 기록하며 20여 년 만에 적자 기업으로 전락했다. 2016년 418억 원 흑자로 돌아서며 불매운동의 위력이 사라진 듯했으나 2017년 51억 원 흑자로 영업이익이 다시 급락했다(금융감독원 전자공시, 2013~2017). 불매운동의 파급력이 커지면서 남양유업이 브랜드 숨기기 등 편법으로 대응하자 소비자들은 이런 제품들을 찾아내 알리는 이른바 '숨은 남양 찾기'까지 하고 있으며 일부 커뮤니티에서는 남양유업이 OEM 방식으로 생산하고 있는 제품들까지 불매운동을 해야 한다며 리스트를 공유하고 있다. 더욱이 '갑질'의 대표 사례로 계속 언급되면서 브랜드 이미지가 추락했다.

소비자 불매운동은 사회 정의라는 관점에서도 중요하다. 역사적으로 불매운동은 상대적으로 힘이 없는 집단의 권익에 극적인 기여

그림 1-1 미국 독립혁명의 시초가 된 보스턴 티파티
(출처: Wikimedia Commons)

를 해왔다(Friedman, 1999). 예를 들면, 영국 정부가 동인도회사에 내준 차의 전매권에 대한 미국 식민지 주민의 강력한 저항은 미국 독립혁명의 단초가 되었으며, 1955년 미국 앨라배마주 몽고메리에서 버스 좌석의 인종 분리에 항의한 로자 파크스Rosa Parks가 체포되자 몽고메리뿐 아니라 전국에서 흑백 분리주의의 철폐를 요구하며 일어난 버스 보이콧은 미국 흑인 인권운동의 발단이 되었다. 또한 영국산 소금과 의류에 대한 간디의 보이콧은 그의 비폭력저항 전략의 일부였으며 이후 인도 독립을 가져오는 계기가 되었다. 이것은 소비자 불매운동이 단순히 가격이나 품질 문제 등 경제적 측면에서만 비롯되는 것이 아님을 보여준다. 성차별을 하는 기업, 소비자의 개인정보를 유출한 기업, 노동 탄압 기업 등 불매운동의 레퍼토리는 점점 더 다양해지고 있다. 특히 인터넷과 소셜 미디어의 대중화는 사회정치 이슈와 관련된 정보를 일반 대중들도 쉽고 빠르게 접할 수 있게 해주었고 나아

사진 1-2 몽고메리 버스 보이콧의 도화선이 된 로자 파크스Rosa Parks의 체포 시 모습
(출처: Wikimedia Commons)

가 사회운동에서 일반 대중들의 참여를 확장시키는 계기를 제공했다. 일반 대중이 국내외 주요 정치적/사회적 현안에 개입하는 감독자시민monitorial citizen(Deuze, 2008)으로 이른바 거대여론을 형성하는 데 중요한 역할을 하고 있는 것이다.

소비자 불매운동은 소비자의 구매행위가 이루어지는 시장을 운동의 장으로 활용하면서 자신의 선호와 신념을 시장에 반영하고자 하는 시도(이득연, 1996; 주승희, 2009)이며 나아가 그들이 원하는 시장과 사회를 만들기 위해 구매력를 통해 경제적, 정치적, 사회적 불의와 맞서는 비폭력 저항 수단이다(Sasson, 2016). 그러나 최근의 사회적, 경제적 환경 변화는 소비자 불매운동에 마냥 긍정적이지만은 않다. 1997년을 기점으로 한국에 신자유주의가 본격화된 이후 헤게모니적 지식권력을 장악한 경제/경영 관련 담론은 각자도생의 정글자본주의로 순치되고 호혜성에 근거한 연대의 정신을 희석시키고 있다. 어떻게 소비할 것인가란 질문은 권력이 시장(자본)으로 넘어간 시대, 기업/자본의 언어가 지배담론으로 자리 잡은 시대를 관통하는 가장 중요한 질

문일 수 있다. 정치적 혁명이나 계급혁명이 아니라 소비문화를 재조정하고 소비방식에서의 혁명, 즉 소비혁명이 필요한 시대인 것이다. 소비자의 권리와 구매력을 이용하여 특정 상품의 소비를 거부하는 것, 비록 이러한 시도가 즉각적인 사회 개혁을 이끌 수 없을지라도, 심지어 '실패한' 불매운동조차도 불의에 대한 공중의 관심을 촉발시킨다는 점에서 경제 정의와 사회 정의를 이끌어낼 수 있는 잠재력을 가지고 있다고 평가할 수 있다.

3. 소비자 불매운동의 다차원성

불매를 의미하는 보이콧boycott이라는 단어는 1880년 아일랜드 토지 전쟁 시 처음 등장했다. 당시 영국의 식민지였던 아일랜드의 토지 관리인 찰스 보이콧Charles Boycott은 소작료를 체납한 농민들을 강제로 퇴거시키고자 했지만 아일랜드 민족주의 운동가였던 파넬Charles S. Parnell이 결성한 토지연맹Land League의 조직적인 저항에 부딪혔다. 농민들은 보이콧과의 대화는 물론 고율의 소작료 납부를 거부했고 지역의 가게들은 보이콧에게 식료품과 물건을 팔지 않았으며 우편 배달부는 그에게 우편 배달을 거부하면서 보이콧을 철저하게 고립시켰다. 이렇게 지역에서 완전히 고립ostracize된 보이콧은 결국 자신이 관리하던 영지에서 퇴출당한다. 이로부터 Boycott이라는 단어는 어떤 물건이나 단체와 조직적으로 거래를 끊는 것을 의미하게 되었고, boycotter(프랑스), boykottieren(독일), boycotten(네덜란드), bojkotirovat(러시아) 등의 단어로 빠르게 확산되었다(Friedman,

1999). 이후 소비자 불매운동은 학자에 따라 그리고 시대에 따라 다양하게 정의되어왔다. 가장 초기의 정의는 레이들러(Laidler, 1913: 27)와 울먼(Wolman, 1914)의 정의이다. 레이들러는 "사회적 관계나 비즈니스 관계를 철회하도록 다른 사람들을 유도하는 조직화된 활동"(Laidler, 1913: 27)으로, 울먼은 "시장을 제한할 목적으로 개인이나 집단이 행하는 연합"(Wolman, 1914: 12)으로 정의한 바 있다. 보다 최근에는 "사용, 구매, 판매 등을 금지하거나 혹은 영향력을 행사하기 위해 특정 개인이나 제도를 상대하는 것"(Wooton, 1978: 169) 혹은 "표적이 된 정책에 대한 불쾌감을 전달할 목적으로 표적대상이 수행하는 시장 거래에 대해 행하는 일치된 그러나 강제적이지 않은 거부"(Garrett, 1987: 47) 등으로 정의되기도 했다. 스미스(Smith, 1990)는 "고객의 관심사에 영향력을 행사하기 위해 구매를 제한하는 소비자권리의 조직화된 실천"(Smith, 1990: 140)으로 정의하면서 처음으로 소비자주권이라는 측면을 언급했다. 현재 가장 보편적으로 수용되는 정의는 "개인 소비자로 하여금 시장에서 구매를 삼가도록 촉구함으로써 특정 목표를 이루려는 집단의 시도"(Friedman, 1985: 97)이다. 이 정의에서 주목해야 할 점은 첫째, 특정 조직이나 단체 그리고 개인 소비자가 동시에 존재해야 한다는 것이다. 특정 조직이나 단체가 불매에 참여하도록 촉구할 수는 있지만 결국 이를 실행하는 것은 개인 소비자가 중심이 되어야 하기 때문이다. 둘째, 불매의 목표가 반드시 경제적인 것, 즉 좋은 품질의 재화를 좀 더 저렴한 가격으로 구매하는 것에만 제한되지 않는다는 것이다. 환경 문제나 노동관행 등 시장 외부에 존재하는 다양한 문제 역시 소비자 불매운동에서 중요한 쟁점이 될 수 있다. 마지막으로 실제로 불매행위가 실행된 경우는 물론 불매

행동의 실행 위협 혹은 선언도 소비자 불매운동에 포함된다는 것이다. 실제로 소비자 불매운동을 실행한 효과가 불매운동을 하겠다는 위협의 효과와 다르지 않다는 경험적 연구도 보고된 바 있다(Koku, Akhigbe, & Springer, 1997).

소비자 불매운동은 단일한 차원인 것 같지만 실제로는 복합적이고 다층적이다. 표적기업의 특정 정책이나 행위의 변화를 위해 도모하기도 하며 소비자가 자신의 분노나 좌절감을 드러내기 위해 실행하기도 한다. 전자를 도구적 불매운동instrumental boycotts 혹은 경제적/마케팅정책 불매운동economic/marketing policy boycotts으로, 후자를 표현적 불매운동expressive boycotts으로 명명하는데(Friedman, 1999; Sen, Gürhan-Canli, & Morwitz, 2001) 경우에 따라서 분노가 표적 기업의 정책이나 행위를 변화시키고자 하는 신념보다 훨씬 더 강력한 동기가 된다(Ettenson & Klein 2005). 최근에는 불합리한 가격 인상 등 경제적 차원의 불매운동 외에도 사회적 이슈에 대한 관심이 더 큰 비중을 차지하는 불매운동이 빈번하게 발생하는데 이를 경제적/마케팅정책 불매운동과 구별하여 정치적political 혹은 사회적/윤리적 불매운동social/ethical boycotts이라 명명한다(Sen et al., 2001). 이러한 불매운동은 표적기업의 고용정책부터 생산제조과정 등에서 일어나는 다양한 문제행동을 쟁점으로 삼는다.

보다 최근에는 불매운동의 차원이 한층 더 다양해지면서 가격이나 독점 등과 같은 경제상황에 대한 불만으로 구매를 거부하는 전통적인 경제적 불매운동economic boycotts부터 환경에 해를 가하는 기업에 대한 불매로 환경 보호, 나아가 동물권리 등의 이슈까지 포함하는 생태적 불매운동ecological boycotts, 노동자 혹은 기업과 거래관계를 가지는 다양한 파트너들에 대한 불공정한 행위에 대한 불매로 기업의 사회적 책임corporate social responsibility을 문제 삼는 사회적 불매운동social boycotts, 아프리카계 미국인, 동성애자 혹은 여성 등 사회적 소수자가 자신들의 권리 쟁취를 위해 특정 기업에 대한 불매를 전개하는 사회적 소수자를 위한 혹은 사회적 소수자에 의한 불매운동boycotts by or in favor of minorities, 종교적 신념에 반하는 내용을 포함한 영화, 드라마 혹은 광고 등을 보이콧함으로써 신도들의 종교적 신념을 통제하고자 하는 종교적 불매운동religious boycotts, 소비자와 기업 간 관계에서 소비자가 지각한 문제들, 예를 들면, 지연, 하자 있는 상품, 비효율적인 서비스 등에 대한 처벌의 의미를 가지는 관계적 불매운동relational boycotts까지 불매운동의 레퍼토리가 점점 확장되고 있다(Cruz, Pires, & Ross, 2013).

또한 불매운동의 대상도 다양화되고 있는데, 특정 기업에 대해 불매를 하고 다른 사람에게 불매를 촉구하는 1차적/직접적 불매운동direct boycotts이 있는가 하면, 특정 기업에 압력을 행사하기 위해 해당 기업의 고객회사, 투자회사, 납품회사 등에 대한 불매를 촉구하거나 위협하는 2차적/대리적 불매운동indirect/surrogate boycotts이 전개되고 있다(박경신, 2009).[4] 혹은 특정 기업의 제품 및 서비스를 불매

4 한국에서는 2차적 불매운동에 대한 법적 논란이 일기도 했다. 2008년 언론소비자주권행동단체가 주도한 '조중동 광고주 불매운동'은 신문사뿐 아니라 해당 신문사에 광고를 준 기업이 해당 단체를 고소하여 법적 판단으로 넘어갔다. 1심과 2심에서는 신문사와 광고주에 대한 업무 방해 혐의 모두 유죄를 선고받았으나, 2013년 대법원은 신문사에 대한 업무 방해는 무죄, 광고주에 대한 업무 방해는 유죄로 판결하여 결국 2차적 불매운동은 불법이라는 판례를 남겼으며 소비자 불매운동이 형사 처분을 받은 최초의 사건으로 남게 되었다. 또한 2차적 불매운동은 세컨더리 보이콧secondary boycott이라고도 부르는데, 최근 한국 정부가 한국인의 북한 개별 관광을 허가한 후 이것이 미국이 북한과

하는 미시적 불매운동micro boycotts과 표적기업의 정부정책을 겨냥하는 거시적 불매운동macro boycotts이 있는데(Abosag, 2010), 2005년 예언자 모하메드에 대한 카툰을 실은 덴마크 신문 『율란츠-포스텐 *Jyllands-Posten*』에 항의하여 중동지역 소비자들이 덴마크 제품 모두를 불매하거나 일본의 교과서 왜곡 문제가 발생할 때마다 한국 소비자들이 벌이는 일본 상품 불매운동도 거시적 불매운동에 포함된다고 볼 수 있다.

불매운동을 누가 주도했는가와 불매운동의 결과 누가 수혜를 받는가에 따라 주도집단과 수혜집단이 일치하기도 하고 일치하지 않기도 한다. 두 집단이 일치하는 수혜적 불매운동beneficiary boycotts과 불일치하는 양심적 불매운동conscience boycotts, 이 두 유형이 항상 배타적인 것은 아니다(Friedman, 1991). 예를 들면, 특정 기업의 반환경적 기업 활동으로 인해 직접적으로 환경 피해를 입은 주민들이 표적기업 제품의 불매운동을 벌이는 경우 수혜적 불매운동에 해당하지만, 직접적으로 피해를 입은 주민이 아니라도 환경오염의 피해는 결국 불특정 다수에 영향을 미치기 때문에 다른 지역 주민이 동참했다고 이를 반드시 양심적 불매운동이라고 단정할 수는 없다. 이와 같이 소비자 불매운동은 어떤 대상을, 왜, 어떤 수단을 사용하여 불매를 실행하는가 혹은 불매 압력을 행사하는가에 따라 상당히 다차원적 유형과 특성을 가진다.

거래하는 제3국의 정부와 기업을 제재하는 세컨더리 보이콧을 초래할 수도 있다는 논란에서 회자되기도 했다.

2장

소비자 불매운동의 맥락과 이론적 논의들

1. 신사회운동: 라이프스타일 정치

신사회운동new social movement은 미국에서 자원동원론[1]이 등장한 것과 비슷한 시기에 유럽에서 발생한 사회운동을 지칭한다. 1960년대 이후 자본주의가 고도로 발전한 후기산업사회에서 정치적으로는 국가의 정당성 위기, 경제적으로는 대량생산체제로 대표되는 포디즘의 위기, 사회적으로는 계급갈등 이외 다양한 사회집단이나 개인의 갈등 고조, 문화적으로는 물질주의 가치에 의해 황폐해진 문화와 환

1 1980년대 미국에서 시작된 자원동원론은 사회운동의 발생 원인은 어느 사회에서나 항상 존재해왔지만 이러한 원인을 구체적인 행동으로 이끄는 것은 결국 조직과 조직의 자원동원능력이라고 주장했다(최재훈, 2015; McCarthy & Zald, 1977; Tiley, 1978).

경 등에 대한 문제 제기에서 시작되었다. 특정 계급의 요구나 이해관계에 따른 계급 투쟁형 사회운동이 아닌 모든 시민을 위한 인간 해방적 관점을 지향하는 운동이다. 기존의 사회운동의 연대가 계급, 종교, 지역 등에 기반을 두었다면 신사회운동은 자본주의의 폐해를 고발하고 민주주의의 한계를 극복하고자 하는 비판정신을 연대의 핵심적 원동력으로 상정한다. 환경운동, 여성운동, 인권운동, 평화운동, 소비자운동 등으로 대표되는 신사회운동은 분배 정의 및 소유구조의 개혁을 통한 물질적 진보를 주요 목표로 삼았던 기존의 사회운동과 달리 물질적 진보를 거부하는 해방적 자율성과 새로운 정체성을 구현하며 대안적 생활양식을 추구함으로써 사회 변화를 모색한다(김호기, 2001; Scott, 1990).

신사회운동에 내재한 '새로움'이 무엇인지, 그리고 기존의 사회운동과 어떠한 차별성과 유사성, 혹은 단절성과 연속성을 갖는지에 대해서는 많은 학자들이 논의한 바 있다.[2] 신사회운동이 '새롭다'고 보는 초기 이론가 중 대표적인 학자는 잉글하트(Inglehart, 1977)이다. 잉글하트는 신사회운동이 표방하는 새로운 가치로의 변화를 조용한 혁명silent revolution이라 부르면서 이는 물질적 가치에서 탈물질적 가치post-material values로의 전환을 뜻한다고 했다. 제2차 세계대전 이후 이룩한 서구의 경제적 번영은 삶의 목표에 변화를 가져왔고 특히 개인의 자유, 자기표현, 삶의 질 등을 강조하는 탈물질주의적 가치관이 전후 세대 사이에 확산되면서 근대사회와는 근본적으로 다른 탈근

2 여기에는 잉글하트의 탈물질주의 가치관 외에도 투렌과 하버마스의 문화주의적 관점, 오페의 후기자본주의의 제도정치에 대한 문제 제기 등이 있다.

대사회로 전환하고 있음에 주목한 것이다. 즉 잉글하트의 신사회운동은 새로운 세대의 새로운 가치체계를 반영하는 것으로 탈물질주의로 대변된다고 할 수 있다. 따라서 신사회운동은 초계급적 이슈들을 다루며 기존의 사회운동에서 경시되었던 삶의 정치를 지향하고, 기존의 정당정치와 선거정치의 바깥에 존재하면서 전통적 제도와 정치에 의존하지 않은 채 자본주의적 효율성과 합리성의 본질을 비판한다(김성국, 1997). 그리고 개별 운동에 참여하는 행위자들은 탈물질주의와 같은 공통의 가치관을 공유하면서 집합적 정체성을 형성하며 자기실현을 중시한다. 오페(Offe, 1985)도 신사회운동의 '새로움'의 특징으로 기존의 정당정치 외부에 존재하면서 합리성의 제도화된 유형에 도전하지만 전통적 제도나 관행에서 해결책을 찾지 않는다는 점을 들었다. 이상의 내용을 종합하면 신사회운동은 근대 산업사회의 대표적 가치인 부와 물질적 행복 등을 추구하는 계급 중심의 제도정치에서 벗어나 탈물질주의, 탈권위주의, 생태주의, 소수자인권, 공동체 등 다양한 가치와 쟁점을 중심으로 자율성과 정체성을 강조하면서 영향력의 정치, 정체성의 정치를 추구하는 운동이라고 할 수 있다.

서구의 신사회운동과 한국의 1987년 이후의 신사회운동은 탈자본주의, 탈산업주의, 탈관료주의, 탈권위주의, 탈국가주의라는 의미에서는 일맥상통하는 부분이 있다(박우룡, 2013). 실제로 한국 사회운동의 변화과정에서도 탈물질주의적 쟁점이 한국 사회운동의 확산 및 변화에 큰 영향을 미쳤으며 사회운동 참여자에게도 탈물질적 가치성향이 전반적으로 강화되어왔다(강수택 · 박재홍, 2011). 그러나 한국의 1990년대 사회운동과 서구의 신사회운동과는 형성배경과 운동의 성격에서 결정적인 차이가 존재한다(정현석, 2004). 즉 서구의 신사회운동은 근대사회가 지니는 병폐에 대한 비판에서 출발하여 탈근대적 가치를 추구하는 반면, 한국의 신사회운동은 근대적 폐단뿐 아니라 전근대적 질곡이 동시에 존재하는 상황에서 이 둘을 모두 해결해야 하는 상황이라는 것이다. 이러한 맥락에서 강명구(1993)는 시민의 제 권리와 계급의 정치적 대표권이 보장되지 못한 한국 사회에서 삶의 정치만을 지향하는 것은 모순이라고 지적하고 삶의 정치가 탈정치가 아닌 정치의 확장이어야 함을 주장했다.

신사회운동으로서 소비자운동은 단순한 경제적 이익만을 추구하는 행동이 아니라 사회적으로는 인간의 기본권을 보호하는 인권운동이고 정치적으로는 부정부패를 제거하려는 사회개혁운동이며 문화적으로는 소비자의 삶의 질을 높이기 위한 생활개혁운동이다(문은숙, 2004). 따라서 소비자운동의 목적은 시장의 공정성과 투명성 확보를 통한 경제 정의는 물론 인간의 기본권과 평등 확보를 통한 사회 정의를 추구하는 것이라고 할 수 있다. 한국 소비자운동이 갖는 특징을 사회운동이나 신사회운동 중 하나로만 설명하기는 어렵다. 운동주체나 지지기반, 참여동기를 중심으로 보면 신사회운동론이 유용한 반면, 조직구조나 자원동원이라는 측면에서는 사회운동이나 자원동원론이 더 적절한 틀을 제공해줄 수 있다. 소비자운동이 노동운동으로 대표되는 전통적인 사회운동 및 신사회운동과 각각 어떠한 공통점과 차이점이 있는지 정리하면 〈표 2-1〉과 같다.

우선 가치와 규범적 목표라는 측면에서 사회운동이 경제 정의의 실현을, 그리고 신사회운동이 삶의 질, 가치 및 생활양식의 변화 등을 요구했다면, 소비자운동은 시장의 공정성과 투명성 확보를 통한 경제 정의뿐 아니라 소비자의 사회적 권리 및 전반적인 삶의 질적 향상을

<표 2-1> 소비자운동: 기존 사회운동과의 비교

	사회운동(노동운동)	신사회운동	소비자(불매)운동
가치와 목표	경제 정의; 계급관계의 변혁	개인의 정체성, 자율성, 삶의 질; 탈물질주의	경제 정의, 사회 정의; 소비자 권익 및 복지; 컨슈머리즘
주체	노동자계급	초계급적; 가치와 이념을 공유하는 모든 사회구성원; 신중간계급, 일부 구중간계급, 여성 등 주변적 집단	모든 시민
조직구조	노동조합; 공식적 조직; 중앙집중적	자율화, 분권화, 다원성, 네트워크화	시민의 자발적 참여
지지기반	계급적 토대	시민 참여	소비자 참여
참여동기	합리적 선택	공공선	의견/신념 표출
정치적 스타일	이익집단과 정당을 통한 이해관계 대변; 정치적 동원	비제도화; 정규정치의 외곽, 직접행동	제도 외곽, 직접행동

지향한다. 둘째, 사회운동은 계급의식에 따른 노동자집단이 주요 운동주체라면, 신사회운동은 탈물질주의적 이념과 같은 공통의 가치관을 공유하는 모든 사회구성원이 운동주체이다. 특히 오페(1985)는 신중간계급과 구중간계급 일부, 그리고 노동시장의 외부나 주변적인 위치에 있는 사람들이 신사회운동의 주요 참여자임을 주장하면서 신중간계급의 높은 교육수준과 경제적 안정, 구중간계급 및 주변부집단의 박탈감이 신사회운동 주체로 참여하는 주요 동인이 된다고 했다. 이에 비해 소비자운동은 상대적으로 가장 폭넓은 사회성원을 포괄하고 있다고 볼 수 있다. 셋째, 조직구조의 측면에서 사회운동은 대체로 중앙 집중적이고 공식적/형식적 조직형태를 취하고 있다. 이러한 조직구조를 통해 참가자를 효과적으로 동원하고 조직의 자원을 효율적으로 이용한다. 반면, 신사회운동은 분권적이고 개방적 구조를 지향하

며 이러한 구조가 구성원들의 참여를 유발하는 데 도움이 된다고 믿는다. 소비자운동 역시 개방적 조직구조를 지향하며 시민들의 자발적 참여에 의해 동력이 발생하지만 동원력에는 한계가 있다. 넷째, 사회운동은 계급적 토대가 그 지지기반이 된 반면, 신사회운동은 특정 집단만의 이익을 추구하지 않는다. 환경운동이나 평화운동 등이 사회경제적으로 불이익을 받는 사람들이나 억압된 소수집단만을 대표하지 않듯이 소비자운동 역시 자본주의 사회의 모든 소비자들이 그 지지기반이 된다고 할 수 있다. 다섯째, 사회운동은 합리적 선택이론에 부합하여 자기 이익이나 자기가 속한 집단의 이익 실현이라는 동기가 높은 반면, 신사회운동은 참가자 개인의 이익보다는 공공선을 실현하기 위해 활동한다. 소비자운동은 소비자 개인의 경제적 이득이라는 사적 동기도 중요하지만, 생산자와 소비자 간 권력 불평등에서 오는 불의를 해소하고자 하는 사회 정의/경제 정의 등 공적인 동기도 중요하게 작용한다. 마지막으로 사회운동은 국가로부터 공식적, 비공식적 지원 혹은 간섭을 받기도 하지만 정책수립과정에 참여할 수 있는 공식적 지위도 동시에 가진다. 그러나 신사회운동은 정치권과 직접 대화하는 것보다 여론의 힘을 빌려 정책에 영향력을 행사하고자 하는 것에서 알 수 있듯이 의도적으로 정부의 제도적 틀 밖에 남아 있기를 원한다. 소비자운동은 복합적인 성격을 띠는데, 소비자권리를 위해 제도적으로 정책수립과정에 참여하기도 하며 동시에 제도 바깥에서 정책에 영향력을 행사하고자 다양한 전략을 사용한다(박우룡, 2013).

이와 같이 신사회운동은 특정 계급의 요구나 이해관계가 아닌 초계급적 이슈들(자아, 보건, 환경 등)을 중심으로 지금까지 개인적 문제로 간주되어온 문제를 정치화함으로써 삶의 정치를 지향한다. 소비자운동 나아가 소비자 불매운동 역시 계급적 목표를 넘어 소비행위와 관련된 라이프스타일과 아이덴티티를 공유하는 개인 소비자의 집합행동을 통해 사회적, 문화적, 경제적 변화를 추구하는 라이프스타일 운동이라고 할 수 있다. 시민으로서 소비자가 제도적이고 공식적인 정치참여가 아닌 개인화되고 일상적인 수준, 예를 들면 오락, 패션, 소비 등에서 정치적 변화를 시도하는 것이다(Newman & Bartels, 2011). 위험사회론risk society, 하위정치론subpolitics, 탈물질주의postmaterialism 등과 어우러져 부각되기 시작한 라이프스타일 정치는 지구화, 후기 산업사회, 그리고 탈근대로 인한 사회 변화 및 위험에 대응하는 국가의 능력에 대한 불신, 그리고 정치에 대한 신뢰 감소 등에 대한 하나의 해결책으로 제시되었다(Beck, 1996; Giddens, 1991; Inglehart, 1977). 그리고 라이프스타일 정치가 확장된 것이 정치적 소비자운동이다(Bennett, 1998).

2. 정치적 소비주의: 개인화된 정치

정치적 소비주의political consumerism란 개인의 소비행위가 정치적 신념과 결합된 행태를 말하는 것으로(Neilson & Paxton, 2010), '슈퍼마켓에서의 정치politics in the supermarket(Stolle, Hooghe, & Micheletti, 2005) 혹은 '계산대 줄에서의 정치politics at the checkout line'(Newman & Bartels, 2011) 등의 말들에서 알 수 있듯이 일상의 소비행위를 정치적 행위로, 시장을 정치적 표현의 장으로 간주하는 것이다. 이 개념은 스웨덴의 정치학자 미셸리티(Micheletti, 2003)에 의해 대중적/학문적으로 알려지기 시작했는데, 일상적 소비에 자신의 정치적 신념이나 선호를 반영함으로써 소비행위가 강력한 정치적 행위로 전환되었음을 말해준다(Schudson, 2007). 특히 대부분의 민주주의 국가에서 전통적 정치참여의 대표적 행위인 투표율이 낮아지고 계급 정치의 퇴조 경향이 뚜렷해진 가운데 점점 더 많은 소비자가 자신의 정치적 관심사를 표출하는 데 자신의 소비행위를 활용하고 있다. 정치적 소비자운동이 가장 활발한 곳은 스칸디나비아 국가들인데, 전체 인구의 절반 정도가 정치적 소비자로 보고되고 있으며, 미국은 20%에서 33%, 독일은 11%가량으로 나타나고 있다(Baek, 2010; Copeland, 2014; Newman & Bartels, 2011; Stolle & Micheletti, 2013). 한국 소비자의 경우 정치적 소비자의 구체적인 수치를 파악한 경우는 천혜정(2014)의 연구가 유일한데, 이 연구에서는 전체 1,067명의 응답자 중 296명(27.7%)이 정치적 소비자로 파악되었다. 정치적 소비자운동은 기존 정당 중심의 정치현상이 약화되면서 개인화된 정치personalization of politics를 구현한다는 점에서 정치참여의 한 형태로 간주된다. 제도적, 형식적 참여를 벗어나 시장을 이용하는 일상의 행동이 정치적 목적을 달성하는 데 더 효과적인 방법일 수 있다는 믿음 때문이다. 또한 세계화로 인해 로컬 이슈와 글로벌 이슈가 충돌하는 일이 많아진 것을 들 수 있다. 예를 들면, FTA 비준 반대운동, 세계무역기구에 대한 항의 시위, 노동운동을 비롯해 각종 보건 및 환경 관련 이슈들이 급증하는 가운데 전통적인 정치적 이슈에서 광범위한 사회적 이슈로 소비자화된 유권자들의 관심이 이동한 것도 정치적 소비자운동의 부상과 무관하지 않다.

일반적으로 정치적 소비주의는 의도적인 불매운동boycotting, 의도적인 구매운동buycotting, 그리고 담론적discursive 운동[3]의 형태로 나타난다(Micheletti, 2003). 불매운동과 구매운동은 몇 가지 점에서 차이가 있다. 우선 불매운동은 항의전략protest strategy을 통해 특정 기업을 처벌하는 행위라면, 구매운동은 보상전략reward strategy을 통해 특정 기업을 지지하는 행위이다. 구매운동은 '인증labeling', 예를 들면 친환경 인증, 공정무역 인증, 유기농제품 인증 등을 통해 특정 제품의 구매를 촉진하기 위한 것이다(Neilson, 2010). 이러한 차이의 연장선상에서 윤리적 소비와 정치적 소비를 구분할 필요가 있다. 우선 윤리적 소비는 주로 구매행동(친환경제품 구매, 공정무역제품 구매 등)을 지지하는 근거로 활용되지만 정치적 소비는 주로 불매행동을 지지하는 근거로 활용된다. 또한 윤리적 소비는 양심이라는 동기에 더 주안점을 두는 규범적 의미가 강한 반면, 정치적 소비는 시장에 미칠 영향을 보다 우선시하는 결과적 동기에 초점을 두고 시장 및 거래관계에 내재된 권력관계를 전제로 하고 있다는 점에서 구별된다(강준만, 2017). 따라서 불매운동을 윤리적 소비행동의 하나로 간주할 경우 현대 사회에서 발생하는 소비자 문제를 해결하고자 하는 경향이 높은 반면, 정치적 소비행동으로서 불매운동은 소비자 문제에만 국한되는 것이 아니라 사회구조적 문제에 대한 정치참여의 형태라는 점에서도 차이가 있다. 이것은 의도적 구매운동에 참여하는 소비자와 의도적 불매운동에 참여하는 소비자가 서로 다른 특징을 가지고 있다는 연구들에서 확

---

3 담론적 운동의 형태로서 정치적 소비주의는 기업, 정당, 관련 기관 등에 기업의 정책과 관행에 대한 다양한 의견을 제시하는 형태로 이루어지며, '문화 방해culture jamming'가 대표적이다(Micheletti & Stolle, 2008; Pellizzoni, 2012). 예를 들면, 애드버스터즈adbusters는 나이키의 슬로건인 'just do it'을 'just screw it'으로 비틀어놓는 등 기업광고가 전하는 메시지를 전복하는 활동을 한다.

인할 수 있는데, 예를 들면 불매운동에 참여하는 소비자는 광고에 대해 더 냉소적인 태도를 가지고 있으며 제도에 대한 신뢰도가 낮은 반면, 구매운동에 참여하는 소비자는 브랜드에 대한 신뢰도가 더 높았다(Paek & Nelson, 2009). 특히 구매행동과 불매행동을 나누어 조사한 닐슨(Neilson, 2010)의 연구에서는 정부나 제도에 대한 신뢰가 높은 사람은 구매행동에, 신뢰가 낮은 사람은 불매행동에 더 참가하는 것으로 나타났다.

정치적 소비주의는 시장을 기반으로 한 새로운 형태의 정치 또는 시민참여이자(최연태, 2018), 소비행위가 개인적 차원에서 그리고 집합적 차원에서 혁신적이고 강력한 정치적 행위로 전환되었음을 말한다. 이런 점에서 클라크(Clarke, 2008)의 윤리적 소비주의에서 정치적 소비주의로의 전환이 필요하다는 주장은 주목할 만하다. 즉 시민참여로서 사회적 변화를 이끌어내기 위해서는 개별 소비자들이 윤리적 소비를 실천하는 것에서 나아가 제도권에 영향을 가하거나 공공정책을 결정하는 데 관여해야 한다는 것이다(Wahlen, Heiskaen, & Aalto, 2012; Willis & Schor, 2012). 그리고 이를 가장 구체적이고 강력하게 실현하는 방법 중의 하나가 소비자 불매운동인 것이다.

3. 기업의 사회적 책임: 반기업정서

기업의 사회적 책임corporate social responsibility에 대한 논의의 출발점은 기업이 사회에 대해 책임을 질 필요가 있는가에 관한 논쟁이었다. 초기에는 기업의 유일한 책임은 경제적 이익을 내는 것이며, 따라서 주주 가치의 극대화를 위한 경영만이 기업의 사회적 책임이라는 경제적 관점만을 강조했다. 그러나 이 주장에는 '공정한' 시장과 '공정한 게임' 법칙을 지키는 기업이 전제되어야 하지만 현실에서 시장은 왜곡되어 있고 기업은 공정한 게임법칙을 지키지 않는다. 따라서 '보이지 않는 손'에 의해 시장이 공정하게 움직이고 기업은 경제적 이익만 내면 된다는 주장이 힘을 잃으면서 기업의 사회적 책임에 대한 논의가 이를 어떻게 규정하고 어느 영역과 차원까지로 볼 것인가로 옮겨갔다. 그 결과 경제적 책임economic responsibility뿐 아니라 법률적 책임legal responsibility, 윤리적 책임ethical responsibility, 자선적 책임philanthropic responsibility 등 다차원적인 영역으로 확장되었다(Carroll, 1979). 경제적 책임은 경제적 수익을 극대화하고, 경쟁에서 우위를 유지하며, 효율적으로 운영하여 주주들에게 돌아갈 이익을 극대화할 책임을 말한다. 법률적 책임은 성문화된 법의 테두리 안에서 경제활동을 해야 할 책임을 말한다. 윤리적 책임은 법률적 책임을 넘어 사회적 관습과 윤리적 규범을 모두 고려하며 기업을 운영해야 할 책임을 말하며, 자선적 책임은 사회 공익을 위한 지역사회 공헌 및 자선/기부활동 등을 포함하지만 단순한 시혜활동에 그치는 것이 아니라 기업시민으로서 사회 문제 해결에 앞장서야 할 책임을 말한다(박정민 · 김수한, 2015). 결국 기업의 사회적 책임이란 경제적, 법률적 의무를 넘어서 사회가 기업에 기대하는 바람직한 사회적 역할과 기능을 수행함으로써 보편적인 사회가치의 실현에 공헌할 책임이 있음을 의미한다. 이러한 맥락에서 우드(Wood, 1991)는 기업이 경제적 책임 외 여타 책임을 도외시하고 경제적 책임, 즉 이익 극대화만을 우선시하는 것은 정당하지 못하다고 주장했다.

기업의 사회적 책임에 대한 기대는 국가별, 문화별, 개인별로도 다양하게 나타나는데, 미국은 기업의 소유와 경영이 분리되어 있어 미국 소비자는 기업의 수익창출이나 고용증대와 같은 경제적 책임을 가장 중요하게 생각하는 반면, 프랑스와 독일 소비자는 기업의 자선적 책임을 더 중요하게 생각한다(Maignan & Farrell, 2003). 한국 소비자는 대기업에 대해 수익 환원, 고용, 윤리 경영, 동반 성장에 대한 책임을 가장 높게 요구하고 있으며, 기술 개발, 고객 만족, 근로자 복지에 대한 책임 요구는 상대적으로 낮았다. 수익 환원, 동반 성장, 고용에 대한 책임을 수행할 것을 가장 높게 요구하는 것은 한국 사회에서 대기업의 시장지배와 영업이익이 일반인들의 소득이나 중소기업의 이익으로 직결되지 않고 실업률이 급증하고 있는 상황을 반영한 것으로 풀이된다(박정민 · 김수한, 2015). 또한 한국 기업은 법에 저촉되는 행위(분식회계, 부실기업, 환경오염 등) 등을 여전히 자행하는가 하면 외국인 노동자에 대한 임금체불, 여성 및 장애인에 대한 차별대우 등 기본적인 문제도 시정하지 못하고, 심지어 부실경영으로 기업의 경제적 책임조차 수행하지 못하고 국민경제를 위협하기도 한다(김형욱, 2010). 판 마르루이크와 베르레(Van Marrewijk & Werre, 2003)가 제시한 사회적 책임의 1단계[4]도 진입하지 못하고 있는 실정이라고 해

---

4 판 마르루이크와 베르레(2003)는 사회적 책임social responsibility: SR의 5단계 발전과정을 제시했는데, 1단계는 준법 중심compliance-drive 단계로 SR 비용을 단순 지출로 인식하는 단계이다. 2단계는 수익 중심profit-drive 단계로 경쟁 우위와 재무성과를 위해 SR을 전략적으로 활용하며 SR 비용을 투자로 인식하는 단계이다. 3간계는 자선 중심caring-driven 단계로 사회적 안녕과 복지를 추구하는 단계이다. 4단계는 시너지synergistic 단계로 단기 수익 창출보다 지속 가능한 기업이 되기 위해 SR을 활용하는 단계이며 5단계는 기업문화holistic 단계로 SR이 정착되어 기업활동의 근간이 되는 단계이다.

도 과언이 아니다. 이러다 보니 기업에 대한 한국 소비자의 신뢰 수준은 낮을 수밖에 없다. 한국 대학생 2,300명 중 한국 기업을 신뢰한다고 응답한 비율이 7.7%로서 이는 처음 만난 낯선 사람을 신뢰한다고 응답한 8.4%보다도 낮은 수준이었다(Wall Street Journal, 2015. 1. 19). 국가 간 비교조사에서도 한국인의 기업에 대한 신뢰도는 최하위 수준이다. 2013년 26개 국가에서 실시된 대기업에 대한 신뢰도 조사에서 한국은 러시아(44%), 멕시코(43%), 그리스(38%)보다 낮은 36%로 최하위를 기록했으며(정한울, 2013), 2016년 에델만 신뢰도 지표 조사 Edelman Trust Barometer에서도 조사 대상인 28개 국가 중에서 기업에 대한 신뢰도는 최하위를 기록했다(http://www.edelman.kr).

한국 소비자의 기업에 대한 낮은 신뢰도는 반기업정서로 연결된다. 반기업정서는 특정 대기업이나 이들의 구체적인 활동을 평가한 후 가지게 되는 부정적 감정이라기보다 대기업 전체에 대한 막연하고 종합적인 반감으로 정의된다(김수한 · 이명진, 2014). 그러나 급속한 경제성장과정에서 한국의 기업이 어떻게 노동자의 인권을 억압하며 독점적인 권력과 부를 축적해왔는지 그 역사를 고려하면 한국인이 기업에 대해 가지는 반감은 너무 당연한 것일 수도 있다. 윤영민과 최윤정(2011)도 한국 기업이 윤리적이라고 생각하는지, 법을 잘 지킨다고 생각하는지, 도덕적 가치를 중요하게 여긴다고 생각하는지, 올바른 경영철학을 가지고 있다고 생각하는지, 정당한 방법으로 사업을 하고 있다고 생각하는지 등을 7점 척도로 측정한 결과 상당히 부정적인 평가가 나타났음을 확인한 바 있다. 특히 한국 사회의 반기업정서는 기업의 불법, 탈법, 부도덕한 경영, 정경 유착과 부패 등(한국개발연구원, 2007)에 기인하며, 최근까지 이어지는 기업의 독과점 또는 문어발식 확장, 분식회계, 편법상속 등 무법적 행위나 기업가 정신을 의심케 하는 일련의 사건들은 반기업정서를 확산시키는 주요 원인이 되고 있다(최지영 · 이명진, 2015). 한국 사회에서 기업에 대한 낮은 신뢰도와 함께 반기업정서가 나타나는 이유는 기업의 영향력은 절대적으로 증가하고 있지만, 기업이 이에 상응하는 사회적 책임은 도외시하고 있기 때문이다. 요컨대 기업 외부가 아닌 기업 자체에 그 원인이 있다는 것이다.

한편 기업의 사회적 책임은 국제적인 관심사가 되어 1999년 UN은 기업의 사회적 책임 이행을 통해 세계화로 인해 발생한 여러 문제를 해결하는 데 적극 나서자는 취지로 4가지 기업의 사회적 책임을 제안했다. 이에 따라 2000년 발족된 UN 글로벌 콤팩트UN Global Compact는 4가지 기업의 사회적 책임을 제안했다. 첫째는 인권존중human rights으로 기업은 국제적으로 통용되는 인권 보호의 기준을 충족시켜야 한다. 예를 들면, 노동자는 신체적, 정신적 안전을 보장받고 정당한 임금을 받아야 한다는 것이다. 둘째, 노동기준labor standard은 어떤 형태이든 강제된 노동의 금지, 아동노동 금지, 고용과 직업에서의 차별 금지 등을 주요 내용으로 하고 있으며, 셋째, 환경environment에 대한 책임으로 환경오염을 최소화하고 환경 보호를 진작시키는 경영활동, 친환경적인 기술 개발과 확산에 대한 투자를 말한다. 넷째, 반부패anti-corruption에 대한 이슈로 기업은 모든 형태의 부패에 저항해야 한다(뇌물, 부당취득, 강탈 등)는 것이다.[5] 그러

5 2013년 7월 기준 130여 개국의 기업 · 공공기관 · 시민단체 등 1만여 개 업체가 참여하고 있다; SK텔레콤 · KT · 대한항공 · 아시아나항공 · 아모레퍼시픽 · 신한은행 · 우리은행 등 국내 240여 개 기업 · 금융기관이 가입했다. UN과 각 기업 간에 맺은 협정(UN

<표 2-2> ISO 26000 제6조의 7개 핵심 주제 및 내용

핵심 주제	내용
조직의 지배구조 Organizational Governance	신뢰성, 투명성, 도덕적 행위, 이해관계자들의 이익 존중, 그리고 법을 준수하는 결정 등
인권 Human Rights	차별 금지, 아동노동과 강제노동 금지, 종교적 전통과 관습 허용, 취약집단의 보호, 다양성 존중 등
노동 관행 Labor Practice	고용과 고용관계, 노동조건, 보건과 안전, 인적 개발과 훈련 등
환경 The Environment	오염 방지, 지속 가능한 자원 사용, 기후변동 대비, 자원환경 보호와 복원; 환경 영향 분석, 제품설계 시 환경성 반영
공정운영관행 Fair Operating Practice	반 부패, 공정한 경쟁, 재산권 존중, 사회적 책임 향상
소비자 이슈 Consumer Issues	공정한 마케팅, 정보 및 계약 관행, 지속 가능한 소비, 지원 및 분쟁 해결, 소비자 정보 보호, 프라이버시 보호, 소비자 교육
지역사회 참여와 발전 Community Involvement and Development	지역사회 참여, 교육과 문화, 고용 창출, 기술 개발, 사회 투자, 지역발전 기여

나 이 협정은 UN의 권고사항에 불과할 뿐 강제조항이 아니다. 이에 따라 기업 이미지를 개선하기 위한 전략적 술책으로만 이용될 뿐이며 UN이 기업이미지를 개선하는 데 일조하고 있다는 비판에서 자유롭지 못하다. 국제표준발전기구ISO에서도 기업의 사회적 책임에 대해 2004년 처음으로 연구를 시작하여 2010년에 기초 안을 통과시켰고 최종안을 확인한 후 77개 국가의 93%의 찬성에 따라 2010년 11월에 ISO 26000을 공식 확정했다. 총 7개 조항으로 이루어져 있으며 그 중 제6조에 기업(및 모든 조직)의 사회적 책임에 대한 7개 핵심 주제가

글로벌 콤팩트 포함)은 강제사항이 아니다. 따라서 이러한 것들은 단지 기업 이미지를 개선하기 위해 고안된 술책에 불과한 블루워싱bluewashing에 지나지 않는다고 비판받기도 한다.

담겨 있다(〈표 2-2〉 참고).

ISO 26000 역시 강제적인 성격을 가지는 것은 아니지만 실제 시장 거래에 필수사항으로 작용하기 때문에 그 파급효과나 영향력은 그 어느 표준규약보다 크다. 이례적으로 한국의 경영계와 노동계가 ISO 26000에 대한 입장을 내놓은 것도 이 때문이다. 우선 경영계는 ISO 26000이 기업의 사회적 책임이 아닌 정부를 포함한 모든 조직이나 기구, 단체 등에 적용되므로 노조 역시 사회적 책임을 이행해야 한다는 사실을 강조한다. 따라서 관행이 되어왔던 '불법파업'이나 '노사분규'를 시정해야 한다고 주장한다. 또한 선진국이 중심이 되어 진행하는 것은 선진국이 자국기업의 경쟁력을 높이고 보이지 않는 무역장벽을 쌓는 데 효과적인 수단이 된다는 점도 간과해서는 안 된다고 주장한다. 경영계가 특히 관심을 보인 분야는 '노동관행'에 대한 내용인데 이 내용을 실천하기 위해서는 주주 중심에서 이해관계자를 생각하는 방향으로의 인식 전환, 글로벌 시각에서의 중장기적 전략 마련, 사내외의 유기적인 협조체제 구축, 정부의 역할과 지원 등이 필요함을 주장했다(최재황, 2008). 반면, 노동계는 기업의 사회적 책임이 일반적인 모든 조직의 사회적 책임으로 변경되면서 기업의 사회적 책임을 희석시킬 우려가 있다는 점을 상기하고, 지속가능보고서 발간과 기업의 사회적 책임의 국제 가이드라인을 단체협약의 내용으로 요구했다. 또한 노동조합 내부의 조직운영이나 회계절차에서 보다 민주적인 제도와 관행을 정착시켜 대중의 지지를 확보하고 기업이나 정부의 책임을 보다 강력하게 추궁해야 함을 강조했다(강철웅, 2008; 강충호, 2008).

한국 기업의 사회적 책임활동은 지배구조, 인권, 노동관행, 반부패 등에 대한 이슈보다는 주로 기업재단을 통해 문화시설 건립, 사회복

사진 2-1 다큐멘터리 <트루 코스트>(The true cost, Andrew Morgan 감독)의 한 장면

지, 학술 및 교육진흥, 기타 예술 및 스포츠 활동 지원 등에 집중되어 있다. 이러한 자선활동 역시 기업 이미지 제고를 위해서거나 사회적, 제도적 압력 등에 의한 것으로 자발적이라기보다 사회적 비난이 두려워 수동적으로 이루어지는 형편이다. 몇몇 대기업 외 전담부서가 있는 경우가 드물며 전담부서가 있다 하더라도 내부적으로는 한직으로 인식되고 있다. 그 결과 각종 문화체육활동을 지원하고 소외계층에 도시락을 배달하면서 동시에 분식회계, 지배구조 세습, 노동권 무시 등이 공공연하게 발생하는 것이다. 이러한 이유로 한국 기업의 자선적, 사회적 책임활동이 반기업정서 완화에 긍정적 영향을 미치지 못하고 있는 것이다(이명진 · 최자영, 2015).

기업의 사회적 책임은 특정한 사건이 발생할 때마다 비판의 대상이 되면서 해당 기업은 불매운동의 표적이 되어왔다. 가령 1989년 엑손 발데즈의 유조선 기름 유출 사고는 기업의 윤리적/환경적 책임 문제를 부각시키면서 불매운동의 대상이 되었고, 1990년 나이키와 갭 등 의류기업들의 경우는 제3세계 노동자의 노동력 착취 문제가, 2000년 초 엔론Enron 사태 때는 기업지배구조와 경영자 윤리 문제가 비판의 대상이 되었다. 이런 맥락에서 스미스(Smith, 1990)는 소비자 불매운동이 기업의 사회적 책임에 영향을 미친다는 점에서 반드시 필요함을 역설했다.

4. 소비자의 사회적 책임: 소비자 역할의 확장

사회적으로 책임 있는 기업활동을 할 때 수익성을 확보할 수 있는 시장환경을 만드는 것, 이것은 또 다른 CSR(consumer's social responsibility)로서 소비자의 사회적 책임의 영역으로 간주된다. 소비자의 사회적 책임은 마케팅적 관점에서 사회 문제나 환경 문제에 민감한 소비자들이 증가하고 있다는 사실에 주목하고 사회의식social consciousness을 시장 세분화의 한 구성요소로 제기하면서 논의되기 시작했다(Anderson & Cunningham, 1972). 그러나 소비자의 사회적 책임을 어떻게 측정할 수 있는가의 문제가 지적되었는데, 왜냐하면 구체적인 소비행동이 아닌 일반적인 사회적 책임 척도[6]를 주로 활용했기 때문이다. 이에 대한 제한점들이 나타나면서 소비행동과 관련된 사회적 책임 척도로 재활용과 친환경적 소비행동으로 구성된 측정도구가 개발

6 앤더슨과 커닝햄(Anderson & Cunningham, 1972)이 사용한 사회적 책임 척도social responsibility scale는 베르코위츠-다니엘스 척도(Berkowitz-Daniels Scale)로서 '현재 사회적 이슈에 대해 관심을 가지는 것은 쓸모없는 일이다', '지역사회를 위해 일정 시간을 봉사해야 한다', '투표에 참여하지 않으면 우리 사회는 나아질 수 없다', '자신의 직업에서 최선을 다해야 하는 것은 개인의 의무이다' 등 시민의 일반적인 사회적 책임에 대한 동의 정도를 묻는 8문항으로 구성되어 있다.

되기도 했다(Webster, 1975). 이후 사회적 책임 소비행동은 부족한 자원 문제를 언급하며 주로 친환경적 소비행동의 영역으로 연구되었다(Antil, 1984; Tucker, 1978). 또한 소비자의 사회적 책임 소비는 제품의 특성에 대한 소비자의 반응이라는 점을 전제로 음료 용기, 자동차 엔진, 헤어제품 각각에 대한 생태적 효과ecological impact, 사회적 효과societal impact, 제품 성과product performance, 제품 확장product extension, 제품 정보product information, 제품 디자인product design, 제품 광고product embellishment라는 7개의 영역이 제안되기도 했다(Leigh, Murphy, & Enis, 1988). 이러한 연구들에서는 인구사회학적 특성보다 환경 문제에 대한 관심과 지식, 삶에 대한 낙관적 태도, 지역사회 활동 참가 등의 요인이 사회적 책임 소비에 주로 영향을 미치고 있는 것으로 보고했다.

이와 같이 1990년대까지 주로 친환경 소비와 등치되던 소비자의 사회적 책임에 대한 연구는 로버츠(Roberts, 1995)에 이르러 변화가 나타나는데, 그는 환경에 대한 영향을 고려하여 제품과 서비스를 구매하는 소비자와 사회적 이슈에 대한 자신의 의견을 피력하는 데 구매력을 사용하는 소비자를 구분하여 후자를 사회적으로 책임 있는 소비자socially responsible consumer로 규정했다. 이 연구에서는 사회적으로 책임 있는 소비자를 사회적 소수자를 차별하는 기업, 노동자를 탄압하는 기업, 그리고 사회적 소수자를 부정적으로 묘사하는 광고의 제품을 구매하지 않는 소비자로 정의했으며, 환경에 대한 영향을 고려하는 소비자와 사회적으로 책임 있는 소비자가 일치하지 않음을 발견했다. 나아가 환경 의식적 소비행동과 사회 의식적 소비행동에 근거해 소비자집단을 4개의 집단으로 구분하고 사회적으로 책임 있는 소비자는 환경 문제를 고려한 소비를 하지만 환경 문제를 고려하는 소비자가 반드시 사회적으로 책임 있는 소비를 하지 않는다는 결과를 보고했다. 이후 소비자의 사회적 책임은 기업의 사회적 책임과 병행하여 개인적 그리고 도덕적 신념에 따라 특정한 소비행위를 하는 의식적이고 의도적인 선택으로 규정되면서 불매운동을 비롯한 특정한 조직적 운동, 구매 혹은 비구매로 나타나는 행위, 시장조사를 통한 의견 제시 등의 방식으로 나타나는 것으로 그 개념 및 논의의 폭이 확대되었다(Devinney, Auger, Eckhardt, & Birtchnell, 2006). 이러한 움직임에 따라 사회적으로 책임 있는 구매와 처분Socially Responsible Purchase and Disposal은 기업의 사회적 책임 수행에 근거한 구매, 재활용, 그리고 환경적 영향을 고려한 제품 구매 및 사용이라는 세 가지 차원으로 구성되어 있다는 주장이 나타나기도 했다(Webb, Mohr, & Harris, 2008). 이와 같이 소비자의 역할과 영향력이 확대되면서 국제소비자기구Consumers International는 소비자의 책임으로 첫째, 소비자는 자신에게 공급되는 재화 및 서비스의 질에 대해 비판적 시각을 가져야 하며 둘째, 소비자는 공정한 거래를 위해 행동해야 하며 특히 자신의 소비가 사회적 소수자에게 미칠 영향에 대해 관심을 가져야 하며 셋째, 현재와 미래세대를 위해 소비자로서의 의사 결정이 환경에 미치는 영향에 대해 민감해야 하며 넷째, 소비자이익을 위해 결사체를 형성하여 집단적 노력을 기울여야 한다는 네 가지 영역에서의 책임을 천명하기도 했다.

한국에서도 1990년대까지 자원고갈 및 환경오염에 대한 문제의식에서 출발하여 주로 환경 문제에 대한 소비자의 사회적 책임을 논의했다(서정희, 1997; 유두련 · 송영우, 1994; 유두련 · 심미영, 1998). 이때에는 소비생활의 결과 유발되는 환경오염에 주목하고 이를 환경 문제에 대한 소비자의 책임으로 간주했다. 이에 따라 자원 절약, 환경상품으로 수요 변화 및 구매, 분리수거 및 재활용 등이 소비자의 사회적 책임을 구성하는 구체적인 행동으로 제안되었다. 그러나 2000년대 이후 소비자의 사회적 책임에 대한 논의가 너무 단편적인 시각에 그치고 있다는 비판이 제기되면서 소비자를 사회에 대한 비판적 시각과 행동을 포함한 사회적 책임을 지닌 존재로 바라보아야 한다는 주장이 설득력을 얻기 시작했다. 이에 따라 소비자의 사회적 책임영역으로 경제적 주체의식, 기업의 생산과정에 대한 감시와 통제력, 사회경제적 위상정립을 통한 재분배적 기능, 환경과 자원, 그리고 생애소비계획을 통한 건전한 소비자로서의 역할에 관한 내용 등의 5가지 차원이 제시되기도 했으며(권정호, 2007), 미시적으로는 합리적 소비와 효율적 자원배분, 소비 관련 법이나 윤리 준수, 환경 친화적 소비로, 거시적으로는 사회 전체의 경제후생 증진, 건전한 소비문화 조성, 정의로운 민주소비사회 공동체 조성 등으로 유형화하는 시도도 나타났다(심영, 2009). 또한 소비자 문제에 대한 관심, 소비자정책에 대한 관심, 불매운동에 대한 참여, 환경친화적 소비에 대한 참여, 합리적 소비에 대한 참여, 시정고발에의 책무 등으로 소비자의 사회적 책임을 구조화하기도 한다(손지연, 2015). 이와 같이 소비자의 사회적 책임은 사적 소비로 인해 초래되는 공적 결과를 염두에 두는 소비로서 사회적 책임의식이 높은 소비자가 소비자경제, 안전과 환경, 인권/노동, 지역발전에 대한 요구도가 높으며(서정희 · 전향란, 2011), 불매운동 참여 여부에 영향을 미치는 주요한 요인이 됨을 유추할 수 있다.

소비자본주의 사회에서 기업 및 정부와 더불어 시장을 구성하는 주체로서 소비자는 자신의 소비행위가 환경 및 생태에 미치는 영향을 고려해야 할 책임을 넘어 사회에 대한 비판적 시각을 가지고 더 나은 사회를 위해 자신의 구매력을 사용해야 할 책임이 있다. 그러나 소비자의 사회적 책임에는 몇 가지 딜레마가 존재한다. 우선 소비자의 사회적 책임을 인지하고 이에 대해 긍정적 평가를 내리지만 실제 구매/불매행위로까지 이어지지 못하는 경우이다(김혜연 · 김시월, 2014). 여기에는 여러 가지 이유가 있을 수 있지만 우선 사회적 책임소비가 개인적 수준에서의 혜택을 감소시킨다는 믿음, 특히 가격저항이 혜택지각을 감소시키며 어떤 상품과 서비스를 구매/불매해야 할지 판단하는 데 상당한 시간과 노력이 들어가며, 나아가 개인소비행동이 사회 전체적으로 어떠한 영향을 미치는지에 대한 지식이 부족할 수 있다는 것이다. 무엇보다도 권리의 주체가 되어야 할 소비자가 스스로를 사회적 책임을 져야 할 당사자로 간주하기 시작하면서 신자유주의적 통치대상이 되고 있다는 점이다. 즉 공적인 문제를 개인 문제로 환원시킴으로써 개인 소비자가 사회구조적 문제로 인한 위험과 저항을 스스로 관리하고 통제하면서 신자유주의 통치에 포섭된다는 것이다. 이 과정에서 국가의 사회적 책임은 시야에서 사라지고 이를 대신하여 기업을 압박하는 것이 오롯이 개인 소비자의 책임인 듯 보이게 한다. 이런 맥락에서 소비자의 사회적 책임을 지나치게 강조하는 것은 오히려 신자유주의를 강화하는 방향으로 귀결될 수 있다(김주환, 2012).

3장

누가 왜 소비자 불매운동에 참여하는가

1. 인구사회학적 특성: 전통적 정치참여에 대한 대체재인가, 보완재인가

정치적 소비자운동으로서 불매운동에 참여하는 소비자의 인구사회학적 특성을 살펴보면, 우선 연령이 많을수록 불매운동에 참여하는 경향이 높다는 연구결과(Shah et al., 2007)가 보고된 반면, 26세에서 35세 사이의 상대적으로 젊은 소비자가 가장 적극적으로 불매운동에 참여하고 있다는 결과(조정인, 2012; 천혜정, 2014; Strømsnes, 2009)도 보고되고 있다. 혹은 연령에 따른 차이는 없다는 결과(김춘식 · 강형구, 2009) 등 다소 일관되지 않은 결과들이 보고되고 있다. 또한 남성보다 여성이 불매운동에 더 많이 참여하는 것으로 나타나는데(조정인, 2012;

Barda & Sardianou, 2010; Klein, Smith, & John, 2004; Micheletti, 2003; Stolle et al., 2005; Neilson & Paxton, 2010), 이 이유에 대해 여성은 일상생활에서 소비에 더 관심을 가지고 있으며, 비공식적인 네트워크를 선호하여 다양한 라이프스타일에의 참여도가 높기 때문이라고 설명하기도 한다. 그러나 다른 한편으로 여성이 불매운동에 더 많이 참여하는 동기가 죄책감 때문이라는 주장도 있다(Cruz et al., 2013). 즉 표적기업의 문제행동을 인지한 이후 불매운동에 참여하지 않는 것에 대한 죄책감 혹은 불매운동을 하는 소비자가 자신이 해당 기업의 제품을 구매하는 것을 보게 될 때 느끼는 불편함 등을 남성보다 여성이 훨씬 더 많이 생각하기 때문에 여성의 참여도가 높다는 것이다. 그러나 여성이 보다 참여적이기는 하지만 아주 의미 있는 차이가 아니라는 주장도 있다(김춘식 · 강형구, 2009; Strømsnes, 2009).

소득수준과 교육수준이라는 사회경제적 지위에 따른 정치적 소비행동에 대한 연구결과 또한 엇갈린다. 일반적으로 사회경제적 지위가 높은 사람이 낮은 사람보다 정치적으로 더 적극적인 경향이 높다는 결과와 마찬가지로 사회경제적 지위가 높은 사람이 낮은 사람보다 정치적 소비행동에도 더 많이 참여한다고 보고되고 있다(Forno & Ceccarini, 2006; Micheletti & Stolle 2005; Shah et al., 2007). 특히 교육수준이 높은 소비자들이 상대적으로 정치적 소비자운동에 더 적극적으로 참여하고 있다(조정인, 2012; 천혜정, 2014; Strømsnes, 2009). 그러나 사회경제적 지위가 낮은 소비자가 높은 소비자보다 정치적 소비행동에 더 적극적으로 참여한다거나(Micheletti, 2003) 소득수준이 정치적 소비행동에 영향을 미치지 않는다는 연구결과도 보고되고 있다(김춘식 · 강형구, 2009; Strømsnes, 2009).

이러한 결과는 정치적 소비행동으로서 불매운동이 전통적 정치참여의 대체재substitute인지, 보완재suppliment인지에 대한 논의와 맞닿아 있다. 즉 대체재라고 보는 관점은 정치적 아웃사이더, 즉 여성, 청년, 낮은 교육수준과 소득수준을 가진 시민이 자신의 정치적 표현의 수단으로 정치적 소비행동, 요컨대 불매행동에 적극적으로 참여하며 이것은 결과적으로 참여의 불평등을 완화시킬 수 있다고 주장한다. 특히 인권, 평등, 환경, 노동 등의 사안에 대한 기존의 정치권에 대한 실망은 이들이 정치적 소비와 같은 비통상적 정치참여에 더 적극적으로 나서게 되는 계기가 된다. 예를 들면, 여성과 탈물질주의적 가치관을 가진 청년들은 노동권과 인권을 존중하지 않거나 젠더 감수성이 떨어지는 기업의 제품을 불매함으로써 기업관행 및 정부정책에 압력을 가한다. 이와 같이 비통상적 정치참여행동으로서 불매운동은 전통적인 정치참여행동에서 나타나는 젠더 갭과 연령 갭을 줄이면서 기존에 소외되었던 시민 혹은 소비자에게 대체재로서 잠재력을 가지고 있다(조정인, 2012; Stolle et al., 2005). 그러나 정치적 소비행동으로서 불매운동이 전통적 정치참여의 보완재라고 보는 관점에서는 정치적 소비행동이 오히려 더 높은 인지적 기술과 효능감 등을 필요로 하기 때문에 교육수준과 사회경제적 지위가 높은 사람이 더 흥미를 느낀다고 주장한다. 또한 정치적 소비행동은 기존 정치체제에 대한 불신에서 비롯된 것으로 볼 수 없는데, 왜냐하면 정치적 소비자는 다른 소비자들만큼 통상적 정치행동에 참여하며 통상적 정치행동 참여가 효과적이지 않다고 평가하지 않는다는 것이다. 따라서 불매행동을 포함한 정치적 소비행동은 전통적 혹은 통상적 정치참여 채널의 보완재 혹은 확장으로 보아야 한다고 주장한다(Strømsnes, 2009).

정치적 소비자의 인구사회학적 특성은 다소 모순된 결과들을 보이면서 대체재 혹은 보완재 논의로 이어지지만 분명한 것은 한국의 많은 소비자-시민들은 기존의 정당정치를 불신하고 이탈하고 있다는 점이다. 정치적 소비행동이 대체재인지 보완재인지가 중요하다기보다 이것이 기존의 정당정치 혹은 통상적 정치참여행위에 변화를 일으킬 수 있다는 것, 그리고 불매운동과 같은 비통상적 정치참여행동을 통해 사회 정의를 실현할 수 있다는 것이 중요하다고 볼 수 있다.

2. 참여동기와 비용-혜택모델

불매운동에 참여하기 위해서는 우선 해당 기업의 행위가 얼마나 심각하고 악의적인가에 대한 지각perceived egregiousness이 중요하다. 기업행위에 대한 지각된 심각성은 기업의 행위로 인해 피해를 입을 가능성에 대한 지각으로 정의할 수 있는데, 심각성을 높게 지각하는 사람이 그렇지 않은 사람보다 불매운동 참여의도가 높은 것으로 보고되고 있다(이윤재 · 강명수 · 이한석, 2013; Smith 1990; Smith & Cooper-Martin, 1997). 이에 근거하여 기업 혹은 생산자의 악독한 행위에 대한 소비자의 지각 정도가 불매운동 참여의 선행조건이 된다고 보고 네슬레[1]의 기업행위를 어느 정도 악독하게 생각하는지 조사한 결과

1 아프리카에서는 오염된 물을 정수하거나 끓여 마시는 풍습이 없는데도 네슬레는 별다른 설명 없이 그저 '물에 분유를 타 먹으라'며 분유를 공짜로 나눠준 뒤, 분유를 먹이느라 젖이 마른 여성에게 비싼 값에 팔았다. 그리고 분유에 관한 지식이 없는 여성은 맹물에 분유를 타 아이에게 먹여 제 자식을 묻어야 했다(이영면 외, 2013)

응답자의 70%가 네슬레의 행위를 악독하다고 평가했지만 실제 네슬레 불매운동에 참여할 의향이 있다고 응답한 비율은 45%에 불과했다(Klein, Smith, & John, 2002). 기업의 악독함에 대한 지각이 불매운동 참여에 핵심적인 요인임에도 불구하고 심각성을 인식한 모든 소비자들이 불매운동에 참여하지 않는 것은 기업의 악독함이 불매운동 참여로 연결되는 데 영향을 미치는 다른 요인들이 있기 때문이다. 이에 대해 여러 학자들은 불매운동에 참여하는 동기에 주목했는데, 우선 프리드먼(Friedman, 1999)은 도구적 동기instrumental motivation와 비도구적/표현적 동기noninstrumental/expressive motivation로 구분했다. 도구적 동기는 특정 기업의 행동 및 결정을 바꾸거나 중지하도록 압력을 가하기 위한 수단으로 불매운동에 참여하는 동기를 말한다. 여기에는 불매운동 참가를 통해 해당 기업의 행동, 나아가 사회 변화를 꾀할 수 있다는 믿음이 중요하다. 이것은 소비자의 효능감이라는 개념과 연결되는데, 이것은 자신의 능력에 대한 확신 또는 신념을 말한다. 즉 소비자 불매운동을 통해 목적을 달성할 수 있다는 낙관적 기대가 높은 소비자일수록 다른 사람의 참여 여부와 상관없이 불매운동에 참여하는 정도가 높다는 것이다(박은아·박민지, 2018; Sen et al., 2001). 이것은 도구적 동기가 불매운동 참여에 영향을 미치는 강력한 동기임을 보여준다. 반면 비도구적/표현적 동기는 특정 기업의 행동이나 결정에 대한 분노를 표시하기 위해 불매운동에 참여하는 것이다. 경우에 따라서는 도구적 동기보다 불매운동 참여를 결정하는 더 강력한 동기가 되기도 한다(Ettenson & Klein, 2005). 1990년대 중반 열악한 작업장에서 노동력을 착취당하고 있는 어린이의 사진 한 장이 소비자의 분노를 일으켜 나이키 불매운동으로 확산된 것이 대표적인 예이다. 또한 소비자는 스스로에 대해 긍정적인 감정을 느끼기 위해 혹은 죄의식을 피하기 위해 불매운동에 참여한다. 이것을 스미스(Smith, 1990)는 클린 핸즈 동기clean-hands motivation로 명명했다. 네슬레 불매운동 참여동기에 대한 조사 결과, 도구적 동기가 압도적으로 높게 나타났지만 클린 핸즈 동기 역시 상당히 보편적이며 도구적 동기와 표현적 동기가 동시에 불매운동 참여를 이끌었음을 보고했다.[2] 결국 소비자들이 불매운동에 참여하는 동기는 다양하며 세 가지 동기가 서로 뒤섞여 있음을 알 수 있다(Klein et al., 2002). 이러한 연구들은 불매운동 참여 동기를 비용-혜택모델cost-benefit model로 확장시키는 데 기여했다. 즉 불매운동에 참여함으로써 사회 변화를 야기하고자 하는 도구적 동기는 일종의 혜택 혹은 보상으로 작용하며 표적기업의 문제행동을 종식시키는 성공을 거둠으로써 외적 효용성이라는 보상을 획득한다는 것이다. 또한 불매운동 참여를 통해 스스로에게 긍정적 감정을 가지고자 하는 표현적 동기를 통해서는 자아의식 고양이라는 내재적 보상을 얻을 수 있다는 것이다(Klein et al., 2004).

반면, 작은 규모의 행위자 문제small agent problem와 무임승차자free riders는 불매운동 참여에 대한 비용으로 작용한다. 불매운동의 성공에는 광범위한 소비자의 참여가 필수적인데, 광범위한 참여는 역

---

2 각각의 동기를 측정한 문항들의 예는 다음과 같다. 도구적 동기는 “내 의견을 내기 위해서는 보이콧이라는 수단을 사용해야 한다”, “네슬레가 가난한 국가에 분유를 파는 행위를 중단해야 한다”, “보이콧에 참여함으로써 네슬레의 경영정책을 변화시키기 위한 압력을 행사할 수 있다” 등이었으며, 표현적 동기는 “나는 네슬레에 대한 분노를 표시하고 싶다”, “나는 네슬레를 벌주고 싶다” 등으로 측정했으며, 클린 핸즈 동기를 측정한 문항은 “네슬레 제품을 사면 죄책감을 느낄 것이다”, “네슬레 대신 다른 브랜드를 구매하면 기분이 좋을 것이다”, “내가 네슬레 제품을 먹고 있는 걸 다른 사람이 본다면 내 기분은 안 좋을 것이다” 등이다.

으로 무임승차의 의도를 증가시키는 역설이 존재한다. 특히 불매운동 참여로 인해 자신이 선호하는 제품, 혹은 자신이 가지고 싶은 제품을 포기해야 하는 직접적 비용을 치러야 하지만, 불매운동 성공의 혜택은 불매운동에 참여하지 않은 사람, 즉 비용을 치르지 않은 소비자도 동일한 보상을 취할 수 있다는 점에서 무임승차의 유혹이 존재한다. 결과적으로 작은 규모의 행위자 문제와 무임승차자 문제는 불매운동 참여의 비용으로 작용하여 참여의도를 제한하는 효과를 가진다(Hoffmann & Müller, 2009; John & Klein, 2003; Tyran & Engelmann, 2005). 이러한 문제는 사회적 딜레마social dilemma라는 개념으로도 접근할 수 있다. 사회적 딜레마란 개인의 효용 극대화와 사회적 합리성 혹은 공동의 선의 충돌이 일어나는 상황을 말한다(Dawes, 1980; Hardin, 1968). 사회적 딜레마는 세 가지 특징을 가지는데, 첫째, 다른 사람의 결정과 상관없이 비협조적 행동을 선택하는 것이 협조적 행동을 선택하는 것보다 이득이 더 크고, 둘째, 비협조적 행동은 다른 사람에게 해가 되며, 셋째, 많은 사람이 비협조적 행동을 선택했을 때 구성원의 이득의 총량은 모두가 협조적 행동을 선택했을 때보다 더 적다(van Lange et al., 1992). 따라서 개인의 입장에서는 즉각적인 보상을 가져오는 결정이 집단 전체에는 궁극적으로 비합리적 혹은 최적이 아닌 결과를 야기할 수 있으며(Kollock, 1998), 개인의 이득을 위해 행동하면 이득은 개인이 가지지만 그로 인해 발생하는 손실은 구성원 모두가 부담하게 된다. 사회적 딜레마는 사회적 덫social traps과 사회적 울타리social fence 상황으로 나누어지는데, 사회적 덫은 개인에게 이득을 주는 행위가 결국에는 집단 전체에 손실을 가져오는 상황을 말한다. 즉 공동자원을 두고 개인에게 이득이 되는 행동의 결과와 공동에게 이득이 되는 행동의 결과가 일치하지 않아 발생하는 딜레마이다.[3] 사회적 울타리는 개인에게는 손실이 발생하지만 많은 구성원들이 참여하면 집단 전체에게 이득이 되지만 참여하는 구성원이 적으면 집단 전체에 손실이 발생하는 상황을 말한다. 불매운동 역시 불매운동에 참여하지 않아서 생기는 개인적 혜택과 불매운동이 성공함으로써 모든 사람이 공유할 수 있는 혜택 사이에서 선택을 해야 한다는 것이다.

3. 정서적 관점

기업의 문제행동에 대한 지각된 심각성, 즉 기업이 잘못된 행동을 한 결과 어떤 집단에게 부정적인 결과나 피해를 발생시켰다는 믿음은 소비자의 정서적 반응을 야기한다. 기업의 부당행동으로 인해 피해를 입은 사람과 동일시를 하거나 감정 이입이나 공감, 혹은 연민, 분노 등을 일으키고 이러한 정서는 불매운동의 참여의도 및 참여행동에 긍정적 영향을 미친다(박민지 · 박은아, 2017; 박은아 · 박민지, 2018; 이한석 · 주영혁, 2011; 장정헌 · 김선호, 2014; Brewer & Brown, 1998)는 점에서 상당히 감정적이고 개인적인 표현이자 경험으로 간주된다(Kozinets & Handelman, 1998). 이와 같이 정서라는 요소가 불매운동 참여를 비롯

3 사회적 덫은 하딘(Hardin, 1968)의 '공유지의 비극'에서 가장 쉽게 확인할 수 있는데, 공동 목초지를 운영하던 양치기 중 일부가 개인 소득을 늘리기 위해 자신의 양의 수를 늘리면 다른 양치기도 자신의 양의 수를 늘리게 되면서 공동 목초지는 망가지고 모든 양들은 굶어 죽고 공동체도 해체될 수밖에 없다는 것이다.

한 소비자행동에서 중요한 역할을 수행한다는 연구들이 축적되면서 불매운동 참여에 영향을 미치는 정서에 대해 주목하기 시작했다. 특히 개별 정서 중 공감 내지 감정 이입, 피해자와의 동일시, 연민, 분노 등의 정서는 불매운동 참여행동과 밀접한 관계가 있는 것으로 논의된다.

공감과 감정 이입은 자주 혼용되어 사용되는데, 공감을 감정 이입의 이전 단계로 설명하기도 한다. 에스칼라스와 스턴(Escalas & Stern, 2003)은 공감은 'with feeling', 감정 이입은 'in feeling'으로 구분하기도 했다. 이에 따라 공감과 감정 이입을 구분해보면 공감은 상대방의 감정에 대해 인지하고 이를 이해하는 상태라면, 감정 이입은 상대방의 상황과 감정을 이해하고 몰입하여 상대방과 동일한 감정을 느끼는 상태이다. 데이비스(Davis, 2018)는 감정 이입의 구성요소로 관점 취하기perspective taking, 공감적 관심empathic concern, 개인적 고통 personal distress[4] 등을 제시하기도 했다. 보다 세분화해서 들어가면 피해자와의 동일시라는 개념도 피해자에게 공감하고 감정이 이입된 것이라 할 수 있다. 그리고 공감과 감정 이입, 혹은 피해자와의 동일시의 정도는 불매운동 참여의도에 유의한 영향을 미치는 것으로 나타난다(박은아 · 박민지, 2018; 이한석 · 주영혁, 2011). 최근 한국 사회에서 일어난 옥시 레킷벤키저나 남양유업 불매운동에 한국 소비자가 지속적으로 참여하고 있는 것 역시 가습기 살균제의 피해자가 자신이 될

4 데이비스(Davis, 2018)에 따르면, 관점 취하기는 다른 사람의 관점과 태도를 자발적으로 취해보려는 태도로 특정 사건이 자신에게도 일어날 수 있는 것으로 생각하는 경향을, 공감적 관심은 다른 사람의 상황에 동정을 느끼거나 불행에 대해 관심을 갖는 경향을, 개인적 고통은 다른 사람의 불행이나 고통을 보면서 마음이 불편하고 괴로운 것을 말한다.

수도 있다는 동일시 정도, 그리고 생존을 위해 '갑질'을 감수해야 하는 '을'에 대한 공감과 감정 이입 등의 정서가 큰 영향을 미쳤다고 할 수 있다.

분노와 연민 역시 자신이 피해를 직접 당하지 않아도 제3자로서 느낄 수 있는 대표적인 개별 감정이다(장정현 · 김선호, 2014). 분노는 가해자가 상황을 통제할 수 있었음에도 사회규범을 위반함으로써 누군가에게 고통을 초래했다고 인식할수록 커지며(Learner et al., 2003), 연민은 고통을 받지 않아야 할 사람이 고통을 느끼는 것을 목격했을 때 유발되는 감정으로 다른 사람의 고통에 대해 이해할수록 더 크게 느낀다(Iyer & Oldmeadow, 2006). 특히 불매운동 참여의 선행조건으로 간주되어온 기업행위에 대한 지각된 부조리성은 부정적 결과에 대한 책임이 기업에게 있다고 믿는 것이며, 이는 책임귀인이라는 개념과 밀접한 관계를 가진다. 또한 책임귀인에 대한 평가에 따라 분노와 연민이 차별적으로 유발되는데, 예를 들면, 소비자가 기업을 피해자로 인식할 경우 기업에 대해 연민을 느끼는 반면, 기업이 위기의 책임이 있다고 평가하면 기업에 대해 분노하게 된다는 것이다(Coombs & Holladay, 2005). 따라서 부정적 결과에 대한 책임이 기업에 있다고 지각할수록 분노나 연민이 유발되고 이로 인해 불매운동 참여의도가 높아질 수 있다.

한편, 공감과 감정 간의 인과관계는 논란의 대상이 되어왔다. 사람들은 타인을 이해하고 공감(감정 이입)을 하게 되면 연민, 분노, 죄책감, 증오 등의 감정을 느끼게 된다(Eisenberg & Miller, 1987; Hoffman, 2001)는 주장과 특정 대상에 대한 감정이 공감을 불러일으킨다는 주장(Zillmann, 1995)이 그것이다. 장정현과 김선호(2014)는 전자의 입장을 수용하여 2013년에 시작된 남양유업 불매운동 실제 사례를 실험 자극물로 사용하여 남양유업 사태에 대한 공감과 책임귀인이 분노 및 연민 등을 유발하여 남양유업 불매운동 참여의도에 어떠한 영향을 미치는지 분석했다. 연구 결과, 피해자에 대한 공감과 기업에 대한 책임귀인은 피해자에 대한 연민과 기업에 대한 분노를 유발시켰으며, 분노와 연민이 불매운동 참여의도에 유의미한 영향을 미쳤음을 밝혔다. 그러나 이한석과 주영혁(2011)은 후자의 입장을 수용하여 소비자가 불매운동 메시지에 노출되었을 때 유발된 부정적 정서가 감정 이입을 증가시키며 감정 이입은 불매운동 참여에 유의미한 영향을 미치고 있음을 확인했다. 특히 개별 부정적 감정 중 분노와 긴장이 감정 이입에 많은 영향을 미쳤으며, 감정 이입의 세부 요소 중에서는 관점 취하기가 가장 중요한 요소임을 밝혔다. 특히 최근 사회 정의를 지향하는 사회적 불매운동이나 사회적 소수자를 위한 불매운동 혹은 이타적 소비자의 양심적 불매운동 등 소위 친사회적 행동으로서의 불매운동이 증가하는 경향을 고려할 때, 불매운동의 정서적 메커니즘에 대한 관심이 더욱 필요할 것으로 생각된다.

4. 참여의도와 행동이론

인간의 행동을 이해하고 예측하는 데 가장 영향력 있는 이론 중의 하나로 간주되었던 합리적 행동이론theory of reasoned action은 개인의 행동의도가 행동에 영향을 미치며 태도와 주관적 규범이 행동의도에 영향을 주는 변수임을 밝히는 데 기여했다(Fishbein & Ajzen, 1975).

여기서 태도는 어떤 행동에 대해 가지는 호의적 혹은 비호의적 느낌이나 감정적 반응을 말하며 주관적 규범은 특정 행동에 대해 주변 사람들이 행사하는 압력이나 기대에 대한 개인의 지각을 말한다. 그래서 합리적 행동이론을 빌리자면, 불매운동에 대해 긍정적인 태도를 가지고 불매운동에 참가할 것을 요구하는 압력이나 기대를 높게 지각할수록 불매운동 참여의도를 높이며 이는 실제 불매운동 참여행동에 영향을 미치는 것으로 예측할 수 있다. 그러나 합리적 행동이론에서 행동의도가 실제 행동의 정확한 예측변인이 되기 위해서는 인간 행동이 개인의 완전한 통제하에 있다는 전제가 선행되어야 한다. 즉 개인의 의지를 넘어서는 시간, 자원, 기회 등이 부족하다면 행동의도와 실제 행동 사이에는 괴리가 생길 수밖에 없다. 이에 따라 아이젠(Ajzen, 1985)은 행동이 개인의 통제력 하에 있지 않은 상황을 고려하여 개인이 행동을 수행하는 데 스스로 통제할 수 있다고 여기는 정도인 지각된 행동통제감을 선행변수에 추가한 계획행동이론theory of planned behavior을 제안했다. 지각된 행동통제감은 행동을 수행하기가 쉽거나 어렵다고 지각하는 정도를 말한다. 따라서 방해요인이 많거나 자원 및 기회가 적다고 지각하면 행동의도와 행동에 미치는 영향력이 감소한다고 예측할 수 있다. 불매운동에 참여하는 데 방해하는 요인이 없고 대체재가 많다고 지각하면 불매운동에 참여할 의도가 높아지고 실제 불매운동에 참여하게 된다는 것이다. 실제 불매운동 참여의도에 영향을 미치는 요인들을 검증하기 위해 계획행동이론을 적용한 실증적 연구들이 수행되었는데, 예를 들면 레바논 소비자의 불매운동에 대한 태도와 주관적 규범은 미국 상품 불매운동 참여의도에 86.7%의 설명력을 가지고 있으며, 지각된 행동통제감 요인을 추가하면 설명력이 89.5%로 증가했음이 보고되기도 했다(Farah & Newman, 2010).

한편 계획행동이론의 선행변수들과 관련하여 기존의 태도, 주관적 규범, 지각된 행동통제감이라는 세 변수 이외에 행동의도에 추가적인 예측력을 기대할 수 있는 변수를 모색하는 시도가 있어왔다. 예를 들면, 제미경과 전향란(2013)은 불매운동에 대한 태도, 주관적 규범, 지각된 행동통제감이라는 계획행동이론의 변인에 소비자효능감과 준거집단[5]을 추가한 확장된 계획행동이론을 적용하여 불매운동 참여의도와 참여행동을 분석했는데 소비자효능감과 준거집단을 포함한 5개의 변수 모두 불매운동 참여의도에 그리고 참여의도는 참여행동에 정적인 영향을 미치고 있음을 보고했다.

그러나 계획행동이론 역시 한계점이 지적되었는데, 예를 들면 개인의 과거 행동이나 감정적 요소 등을 고려하지 않고 있다는 것이다. 이러한 비판을 수용하여 기대감정anticipated emotion, 열망desire 및 과거 경험past experience 등을 포함시킨 목표 지향적 행동모델model of goal-directed behavior이 등장했다(Perugini & Bagozzi, 2001). 열망이란 사람, 사물, 행동을 포함하는 대상에 대한 강렬한 감정상황으로서 열망이 형성되지 않으면 행동의도도 강하게 형성되지 않는다. 열망이 태도보다 행동의도 및 행동에 더 강력한 영향을 미친다는 것이 검증된 것에서도 알 수 있다(Bagozzi & Kimmel, 1995; Fishbein & Stasson, 1990). 또한 기대감정은 확실하지 않은 상황에서 설정한 목표를 달성

5 소비자효능감이란 특정 행동을 통해 문제를 쉽게 해결할 수 있다는 기대를 말하며 준거집단은 자신이 속한 사회 속에서 직간접적인 관계를 맺고 있는 집단의 영향 정도를 말한다.

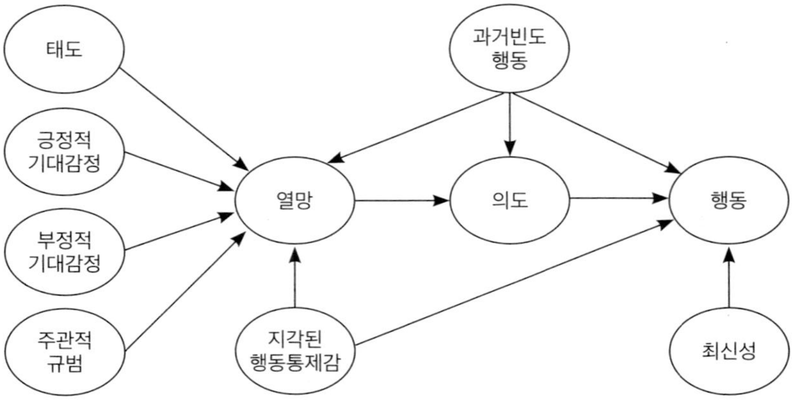

그림 3-1 목표 지향적 행동모델
(Perugini & Bagozzi, 2001: 80)

하는 데 도움을 주며, 과거의 경험은 미래의 행동을 예측할 수 있는 중요한 변수이다. 이 모델에서는 태도, 주관적 규범, 지각된 행동통제감 및 기대감정은 열망에, 그리고 열망은 행동의도에 영향을 미치며, 행동의도와 실제 행동에는 과거 경험이 영향을 미친다고 가정한다. 즉 목표 지향적 행동모델은 정서, 동기, 그리고 습관이라는 변수를 통합함으로써 계획된 행동이론을 확장한 것으로 볼 수 있다.

목표 지향적 행동모델을 적용한 연구들은 열망 및 행동의도의 변량을 더 많이 설명하기 위해 모델을 확장하려는 노력을 지속적으로 하고 있다. 예를 들면, 장몽교, 이승신, 류미현(2017)은 목표 지향적 행동모델의 변수에 윤리적 소비성향이라는 변수를 추가하여 불매운동 참여의도를 조사했는데, 주관적 규범, 즉 중요한 타인으로부터 불매운동에 대한 압력, 기대, 인정은 불매운동 참여의도에 영향을 미친 반면, 부정적 기대감정은 불매운동에 대한 열망을 매개로 참여의도에 영향을 미쳤다. 특히 긍정적 기대감정이 아닌 부정적 기대감정만이 불매운동 열망에 정적인 영향을 미치는 것으로 나타나 목표를 달성했을 때 느끼는 긍정적 감정결과보다 목표를 달성하지 못했을 때 느끼는 부정적 감정결과가 더 중요한 것으로 나타났다. 또한 시간, 자원, 기회 등이 자신의 통제하에 있다고 지각하는 것이 불매운동 열망에 긍정적 영향을 미치는 것으로 나타났다. 마지막으로 추가된 윤리적 소비성향은 불매운동 열망과 불매운동 참여의도에 모두 유의미한 영향을 미치는 것으로 나타나 윤리적 소비자들이 불매운동에 참여할 가능성이 높음을 보여주었다.

5. 소비자 적대감과 소비자 자민족중심주의

소비자 적대감consumer animosity은 소비자가 특정 국가에 대해 가지고 있는 반감으로 인해 해당 국가의 제품에 거부감을 느끼는 요인으로 주목받고 있다. 소비자 적대감은 과거에 발생한 정치적, 경제적 혹은 군사적 사건과 관련하여 특정한 국가에 대해 가지고 있는 정치적, 경제적, 혹은 군사적 적대감으로 구분되기도 하며(Klein, Ettenson, & Morris, 1998), 여기에 종교적 혹은 문화적 차이로 인해 다른 국가에 대해 가지는 문화적 적대감과 종교적 적대감이 추가되기도 한다(Kalliny & LeMaster, 2005). 종교적 혹은 문화적 적대감은 종교적 혹은 문화적 차이로 인해 다른 국가에 대해 가지는 반감 내지 편협함을 말한다. 또한 안정적stable/상황적situational 적대감 그리고 개인적personal/국가적national 적대감으로 분류할 수도 있다(Ang et al., 2004). 안정적 적대감은 과거의 역사적 경험에 근거한 부정적 감정에 기인하며 세대 간 전수되는 경향을 보이는 반면, 상황적 적대감은 구체적인 특정 상황과 연관된 부정적 감정을 말한다. 개인적 적대감은 특정 국가나 국민에 대한 개인의 부정적인 경험에 기인하며, 국가적 적대감은 국가 전체에 해를 야기한 사건에 근거한다. 또한 소비자 적대감은 역사적 적대감과 경제적 적대감이라는 두 가지 차원으로 구분하기도 한다. 이때 역사적 적대감은 안정적 적대감과 유사하며 경제적 적대감은 상황적 적대감과 유사하다고 본다(Klein et al., 1998). 혹은 한 국가 내에서도 지역 간에 일어나는 분쟁이 적대감으로 나타나 소비자행동에 영향을 줄 수 있어 이를 자국 내 적대감domestic animosity 혹은 지역적 적대감regional animosity이라고 분류하기도 한다(Hinck, 2005; Shimp, Dunn, & Klein, 2004).

소비자들이 특정 국가에 대해 가지는 다양한 종류의 적대감은 해당 국가의 기업 제품을 구매하고자 하는 의도에 부정적인 영향을 미친다는 사실이 많은 선행연구들을 통해 확인되었다. 예를 들면, 전쟁의 가해국과 피해국이라는 관점에서 한국과 중국 소비자들이 가지는 일본에 대한 적대감은 일본 제품 구매의도에 부정적인 영향을 미치는 것으로 나타났다(남상민, 2011; 안종석 · 곽의 · 황설빈, 2014; 이장로 · 정인식 · 김미옥 · 초수봉, 2009; 정성훈 · 왕려원, 2013). 난징대학살과 같은 역사적 사건이 중국 소비자들에게 반일감정으로 작용하여 일본 제품의 품질에 대한 평가와 무관하게 일본 제품의 구매의도에 부정적인 영향을 미쳤다(Klein et al., 1998). 그러나 한국 소비자가 일본에 대해 가지는 역사적 적대감은 일본 제품의 구매의도에 영향을 미치지 않았으며 경제적 적대감만이 부정적 영향을 미쳤다거나(박명호 · 장영혜, 2012),

역사적 적대감이 일본 제품 구매의도에 부정적 영향을 미쳤다는 엇갈린 결과들도 있다(김승영 · 김석수, 2010). 또한 중국 소비자의 한국에 대한 적대감은 한국산 제품 신뢰 및 구매의도에 부정적인 영향을 미치는 것으로 나타났다(이유경, 2010). 최근 미국과 중국 간에 일어난 무역정책 관련 정치적 갈등과 함께 미국에 대한 적대감이 강한 중국의 젊은 세대는 미국 의류, 화장품 및 맥도날드에 대한 소비를 줄이고 있는 것으로 나타났다(신선애 · 이진권, 2018). 또한 프랑스의 남태평양 핵실험에 대한 오스트레일리아 소비자의 적대감이 프랑스 제품 및 기업에 대한 불매운동 참여에 영향을 미쳤으며(Ettenson & Klien, 2005), 네덜란드 소비자의 독일에 대한 적대감 역시 독일제 자동차 구매거부에 영향을 미쳤다(Nijssen & Douglas, 2004). 이외에도 말레이시아 소비자의 미국에 대한 적대감(Ahmed, Anang, Othman, & Sambasivan, 2013), 프랑스 소비자의 미국에 대한 적대감(Amine, 2008), 이스라엘 소비자의 아랍국가에 대한 적대감(Rose, Rose, & Shoham, 2009), 보스니아-헤르체고비나라는 하나의 국가 내 분쟁(Cicic, Brkic, Husic, & Agic, 2005) 등 다양한 유형의 적대감이 해당 국가의 제품 구매 거부에 어떠한 영향을 주는가에 대한 연구들이 수행되어왔다. 이와 같이 소비자 적대감은 주로 국가 간 혹은 지역 간 적대감이 상대 국가의 제품 불매에 영향을 주는 반면, 한 국가 내에서 기업의 악독 행동으로 인해 생긴 소비자 적대감 역시 불매운동 참여의도에 유의한 영향을 미치기도 한다(신성연 · 윤성욱, 2017).

한편 소비자 자민족중심주의consumer ethnocentrism는 소비자 적대감과 상호 영향을 주고받는다. 섬너(Sumner, 1906)에 의해 소개된 소비자 자민족중심주의는 외국제품 구매 시 타당성 혹은 도덕성에 대해 소비자들이 가지고 있는 신념을 말한다(Shimp & Sharma, 1987). 다시 말해 소비자 자민족중심주의는 자신이 속한 집단의 제품이나 서비스의 품질이 다른 집단의 제품보다 우월하다는 인식과 아울러 다른 사회나 나라의 제품을 사는 것이 여러 가지 이유로 부적절하거나 바람직하지 않다고 생각하는 태도를 말한다. 따라서 소비자 자민족중심주의가 강한 소비자는 대체로 외국제품을 구매하는 것이 자국 내 일자리를 감소시키는 등 국내 경제에 좋지 않은 영향을 미치는 것으로 간주하기 때문에 외국제품 구매를 거부하는 경향이 높은 것으로 나타난다(Shimp & Sharma, 1987).

소비자 적대감은 특정 국가의 제품에 대한 구매를 거부하는 행동으로 나타나는 반면, 소비자 자민족중심주의는 전반적인 외국제품에 대한 구매를 회피하는 행동으로 나타난다(Klein & Ettenson, 1999). 그러나 소비자 적대감은 소비자 자민족중심주의에 정적인 영향을 미치며, 역으로 소비자 자민족중심주의 역시 소비자 적대감에 정적인 영향을 미치면서(이유경, 2010; Rose et al., 2009) 불매운동 참여에 직접적 혹은 간접적 영향을 미친다. 네이선과 더글라스(Nijssen & Douglas, 2004)는 자국 브랜드의 이용이 가능한 제품(TV)과 이용이 불가능한 제품(자동차)을 대상으로 네덜란드 소비자의 독일에 대한 전쟁 적개심과 경제적 적개심이 소비자 자민족중심주의에 미치는 영향을 연구했다. 분석 결과, TV의 경우에는 경제적 적개심이 소비자 자민족중심주의에 부정적 영향을 미치지만 전쟁 적개심은 소비자 자민족중심주의에 영향을 미치지 않는 것으로 나타났다. 반면, 자동차의 경우에는 전쟁 적개심과 경제적 적개심 모두 소비자 자민족중심주의에 영향을 미치는 것으로 나타났다. 중국 소비자의 일본에 대한 소비자 적대감은 불매운

사진 3-1 이스라엘의 군사 점령에 반대하는 비폭력저항운동, BDS(Boycott, Divestment, Sanction)
(출처: Wikimedia Commons)

동 참여의도에 직접 영향을 미쳤지만 자민족 중심주의는 제품에 대한 판단을 통해 간접적인 영향을 미쳤으며(Smith & Li, 2010), 멕시코 소비자의 자민족중심주의는 불매운동에 대한 태도를 통해 미국 제품 불매운동 참여에 영향을 미쳤다(Chapa, 2014).

한국 소비자의 자민족중심주의는 일본 제품의 불매의도에 긍정적인 영향을 미치는 것으로 나타났는데 자민족중심주의는 제품 품질에 대한 판단 정도에 따라 그 영향력이 감소되었다. 즉 소비자 자민족중심주의가 강한 한국 소비자일지라도 일본 제품에 대한 품질을 높게 평가하는 경우 일본 제품에 대한 불매의도가 감소할 수 있다는 것이다(우정 · 고원현 · 박경도 · 허원무, 2007). 또한 한국 소비자의 자민족중심주의와 미국에 대한 소비자 적대감이 불매운동에 미치는 영향력을 조사한 결과 두 변수 모두 불매운동에 유의한 영향을 미쳤으나 자민족중심주의가 더 영향력이 큰 것으로 나타나기도 했다(전향란 · 제미경 · 이석기, 2016). 마우한과 김효규(2017)는 사드 배치로 인한 중국 소비자의 한국에 대한 상황적 적대감과 자민족중심주의가 중국 내 롯데 브랜드 구매의도에 미치는 영향을 조사했는데, 중국 소비자의 자민족중심주의는 불매운동에 중요한 영향을 미치지 않았으며 사드 배치와 상관없이 기존에 형성된 한국에 대한 적대감은 구매의도에 부정적 영향을 미치지만 사드 배치로 야기된 상황적 적대감은 구매의도에 상당히 큰 부정적 영향을 미치고 있음을 밝혔다.

소비자 적대감 및 소비자 자민족중심주의는 소비자 불매운동의 다차원성에서 언급했듯이 개별 기업의 부적절한 행동에 의해 촉발된다기보다 국가 간 정치적, 경제적 갈등에 의해 촉발되어 특정 기업을 표적으로 삼아도 궁극적인 대상은 특정 국가 및 정부가 된다. 2019년 한국 사회에서 일어난 일본 불매운동 역시 일본이라는 국가에 대한 한국 소비자의 뿌리 깊은 적대감이 폭발력을 배가시켰다고 볼 수 있다. 글로벌화로 인해 국가 간, 혹은 지역 간 물리적 경계는 약화되고 있지만, 정치, 경제, 종교, 영토, 민족 등 다양한 이유로 끊임없이 분쟁이 일어나고 있는 현 상황을 고려해볼 때, 소비자 적대감 및 소비자 자민족중심주의는 앞으로도 불매운동을 비롯한 소비자행동에 영향을 미치는 중요한 요인으로 작용할 것이다.

2부

한국 소비자 불매운동의 역사와 쟁점

2부에서는 지난 100여 년간에 걸쳐 한국 소비자들이 전개한 불매운동의 구체적인 사례를 살펴본다. 역사적 변천과정의 내용을 들여다보기에 가장 적절하다고 판단되는 신문기사를 중심으로, 그리고 그 밖의 기타 자료를 활용하여 객관적 사실들을 정리한 후, 이 내용을 토대로 한국 소비자 불매운동의 주요 쟁점, 불매 대상, 그리고 주도집단의 특성을 재분석하면서 한국 소비자 불매운동의 과거와 현재를 돌아볼 것이다.

4장

사건으로 본 한국 소비자 불매운동의 역사

1. 일제 강점기

그림 4-1 1922년 평양 조선물산장려회 포스터
(출처: 국사편찬위원회)

일제 강점기 가장 대표적인 불매운동은 물산장려운동이다. '조선 사람 조선 것, 내 살림 내 것'이라는 슬로건에서 알 수 있듯이 물산장려운동은 일제의 경제적 수탈정책에 항거한 민족경제 자립실천운동으로 외국산품(일제 상품)에 대한 불매가 실천 강령 중의 하나였다.[1] 기본 실행 요강으로 설탕, 소금, 과일,

1 이와 별개로 물산장려운동에 대한 평가는 엇갈린다. 초기에는 민족기업설립운동이라는

土産奬勵 今日부터實行 自作自給

二千萬民衆의一致合勢로成就할自活運動

兩處의大講演

行列禁止에憤慨

사진 4-1 토산 장려를 금일부터 시행한다는 보도
(출처: 동아일보, 1923. 2. 16)

음료를 제외한 나머지 음식물은 모두 우리 것을 사 쓰고, 일상용품은 우리 토산품을 상용하되 부득이한 경우 외국산품을 사용하더라도 경제적 실용품을 써서 가급적 절약할 것을 요구했다.

1920년대 일제의 식민지 통치정책의 변화로 한국인에 의한 민간지 발행이 허용된 이후 특정 신문에 대한 불매운동이 있었다. 1922년에는 운양 김윤식의 장례 문제를 둘러싸고 서울청년회가 사회장을 주장한 동아일보 불매를 결의했으며(채백, 2003), 1923년에는 전조선청당대회에서 동아일보가 민중의 표현기관이라는 슬로건이 무색하게 자산 층의 옹호에 주력하고 있다며 간부들의 총 사퇴 요구와 함께 불매운동을 결의했다. 1924년에는 동아일보의 사설 '민족적 경륜'이 일제의 식민 지배를 인정하는 것이라며 동경 및 북경 유학생 단체와 국내 조선노농총동맹을 중심으로 불매운동이 일어났다. 이에 대해 동아일

긍정적 평가가 주류였으나, 이후에는 조선인 자본가들의 자본축적운동으로 보는 관점도 등장했다(전상숙, 2003).

보 측은 사설에 오해가 있었다고 변명했으나 불매운동이 가라앉지 않자 임원진에 대한 대대적인 인사 조치를 취하면서 일단락되었다(채백, 2005). 이외 혁청단의 동아일보 불매운동(1925), 진남포 객주조합의 조선일보 불매운동(1925), 마산지역의 유지들이 벌였던 남선일보 불매운동(1926-1927), 그리고 부강청년회가 벌였던 조선일보 불매운동(1927) 등이 있다. 이 중 '민족적 경륜' 사설로 인한 동아일보 불매운동 외에는 모두 특정 집단에 대한 비우호적 보도 태도가 직접적인 불매 이유였다. 그러나 자료의 한계로 실제 불매운동이 어떻게 진행되었고 해당 신문사에 어떠한 영향을 주었는지는 확실치 않다. 그럼에도 언론 소비자들의 권리 의식이 일찍부터 존재해왔으며, 이러한 권리 의식이 불매라는 적극적 실천으로 이어졌음을 확인할 수 있다(채백, 2003; 2005).

또한 1910년대 중반 처음 등장한 것으로 보이는 고무신이 1930년대 짚신 생산액의 7배에 이르자 농한기에 짚신을 만들어 팔던 농민들의 피해가 심각해졌다. 이에 함남 신흥군 원평면의 전동典洞 농민청년회는 농촌생활 개신을 위한 대회에서 '고무화 침입 방지'를 결의했고(동아일보, 1932. 6. 16), 보통학교 생도와 그 부형들은 "조선 사람 손으로 맨드러진 신(草鞋 · 초혜)을

고모신을벗고 조선의집신을신자
일년간고모신소매만일천칠백만원
전인구평균하면일인일년일원소비
—朝鮮農村經濟影響甚大

사진 4-2 고모신을 벗고 조선의 집신을 신자
(출처: 조선일보, 1931. 3. 9)

벗고 이 고모신을 신는 것은 민족의 경제적 파멸 과정을 조장하고 있는 것"이라며 전국적으로 고무신 불매운동을 벌였다(조선일보, 1931. 3. 9).

한편 식민지 지배정책의 하나로 시행된 공창제도에 대한 폐지운동도 일종의 불매운동으로 간주할 수 있다. 공창제도 폐지운동은 금주금연운동과 함께 절제운동의 일환으로 1920년대에 시작되어 1930년대까지 이어지는데, 공창폐지운동기관 조직, 총독부에 폐창요구진정서 제출, 강연회 및 토론회를 통한 계몽과 교육 등 상대적으로 소극적인 방법으로 이루어졌다. 이를 통해 공창 폐지에 대한 여론을 고양시키고 1934년 총독부로부터 '창기대우개선책'을 이끌어냈으나 기대했던 폐창은 이루어내지 못하고 성매매 여성들의 대우가 개선되는 데 만족해야 했다(윤은순, 2007).

해방 이후 전쟁으로 국토의 황폐화는 물론 산업시설을 비롯하여 모든 경제체제가 마비되어 '소비자'의 불매는 성립하기 힘든 환경이었다. 1960년대 이후 수출주도형 발전국가전략 및 국가의 시장 개입 등과 함께 소비와 관련된 이슈들이 등장하면서 크고 작은 불매운동이 본격적으로 시작된다.

2. 1960년대

1961년 군사 쿠데타로 정권을 잡은 박정희는 미국의 지지 및 정권의 정당성을 확보하기 위해 한일국교정상화라는 이슈를 들고 나왔다. 이러한 정부정책에 대항하여 1964년 3월부터 학생 및 야당을 중심으로

日製商品 보이콧

延大서 汎國民運動펴기로

사진 4-3 한일협정 반대운동의 일환으로 일어난 일제 상품 보이콧
(출처: 동아일보, 1965. 6. 29)

한일회담 반대운동이 대규모로 전개되기 시작했다. 1965년 6월부터 한일협정 조인이 가까워지자 시위는 본격적인 반정부운동으로 격화되었다.[2] 한일회담 반대운동은 한국 정부의 일본에 대한 저자세 외교뿐 아니라 밀실 외교, 평화선 사수 문제, 미국의 개입 반대와 더불어 일본의 경제 침략에 대한 경계가 주요 이슈였다(유지아, 2016). 그리고 일본에 대한 경제 침략에 대한 반대논리의 일환으로 일본 상품 불매운동이 전국적으로 일어났다. 대학생들은 한일협정 비준 반대성토대회를 열었는가 하면 결의를 다지기 위해 단식투쟁에 돌입했다. 이와 더불어 전국 대학생들은 일본 상품 불매운동에 들어갔으며 기독교어머니회 회원 등은 일본 상품 불매 1백만인 서명운동을 전개했다(경향신문, 1965. 7. 8; 동아일보, 1965. 6. 29). 그러나 당시 일본 상품은 밀수

2 1964년 3월부터 1965년 9월까지 5. 16 군사정권에 대한 항거와 한일회담에 대한 반대투쟁은 연인원 350여만 명이 참여하여 1년 6개월간 지속되었다. 6. 3 학생운동으로 불리는 당시 투쟁은 1964년 6월 3일 비상계엄령 선포와 함께 학생과 시민들이 군사재판에 회부되고 휴교령으로 각 대학이 폐교 위기를 맞았던 날을 기억하기 위한 것이다.

學生들絶叫 들리지 않는지…

「日商品不買」운동 外面

市場선 그

사진 4-4 일본 상품 불매운동을 외면하는 실태 비판
(출처: 경향신문, 1965. 7. 7)

나 PX 경유 혹은 항공편을 통해 선물이라는 용도로 들어왔는데 이를 제지할 마땅한 규정이 없었을 뿐 아니라 세금을 물어도 시중 가격보다 훨씬 저렴했다. 이러다 보니 백화점과 시장에서 일본 상품의 매출이 줄어들지 않아 일본 상품 불매운동을 외면하는 사람들을 규탄하기도 했다(경향신문, 1965.7.7.)

또한 박정희 정권은 한일회담 반대시위 등으로 정국이 어수선해지자 이를 언론의 선동 탓으로 돌리고 '사회혼란을 부추기는' 언론에 대해 신문용지 배급 제한이나 은행융자 거부 등을 통해 사실상 폐간 효과를 거둘 수 있는 내용을 담은 '언론윤리위원회법'을 제정, 통과시켰다. 겉으로는 언론사의 참여와 자율 규제를 표방했지만 실제 내용은 언론을 통제하려는 의도였다. 정부의 언론윤리위원회 소집에 참여를 거부한 동아일보, 조선일보, 경향신문, 대구매일신문에 대해 정권은 광고주에 대한 압력, 심야 신문배달 제한, 소속 기자의 여권 발급 중단, 해외 특파원에 대한 월급 송금 방해뿐 아니라 신문의 구독 금지령 등 압력을 행사했다. 이러한 소식이 알려지면서 야당 및 재야를 중심으로 '언론윤리위원회법' 시행 찬성 신문에 대한 불매운동이 일어났다

(경향신문, 1964. 9. 1; 동아일보, 1964. 9. 1). 결국 박정희 정권은 언론사에 대한 보복 조치를 철회하고 '언론윤리위원회법' 시행은 전면 보류되었다.

1966년 일본 상품 불매운동이 다시 벌어지는데, 일본 정부가 '북괴' 기술자의 일본 입국 허가를 결정한 데 대해 한국 정부는 보복 조치 1단계로 일본과의 상거래 제한 조치와 일반 여행자 출입국 불허를 단행했고 끝내 비자를 발급하면 제2단계 조치로 주일 고급외교관의 단계적 철수, 일본인 출입국 제한, 일본에서 수입하던 품목을 제3국으로 대체, 그리고 일본 상품 불매운동 등을 전개할 것이라고 경고했다(경향신문 1966. 7. 16). 그러나 당시 경제기획원 장관은 일본 상품 불매운동은 현재 시점에서 있을 수도 없고 또 할 수도 없다며 거시적인 안목에서 보복 조치는 냉정하게 해야 할 문제임을 언급해 보복 조치에 대해 정부 안에 이론이 있음이 드러나기도 했다(경향신문, 1966. 7. 21; 동아일보, 1966. 7. 22).

1966년에는 삼성제품 불매운동도 있었다. 민중당전남도지부, 춘천신한당, 4·19회 등은 밀수 재벌총수를 구속할 것을 요구하고 삼성재벌 및 판본재벌에서 생산하는 상품에 대한 불매운동을 벌이기로 결의했다(경향신문, 1966. 9. 22; 동아일보, 1966. 11. 23). 이 운동의 계기는 삼성계열사인 한국비료가 부산세관을 통해 사카린을 밀수한 후 판매하려다 정부 당국에 적발된 것이었다.

이 밖에 대한어머니회는 고깃값을 내리라는 정부의 결정을 받아들이지 않은 업자에 대해 가격을 내릴 때까지 쇠고기 불매운동에 돌입한다고 선언했으며(경향신문, 1965. 3. 8), 일부 제과업자들이 유독성 색소를 과자 속에 넣어 판매하고 있다며 유독성이 판명되면 유해상

고기안사기운동

대한어머니 주부들에

料食業者들 호응

家計簿위협하는 당국微溫的처사 값 내릴때

사진 4-5 가격을 올린 고기 안 사기 운동
(출처: 경향신문, 1965. 3. 8)

품의 이름을 제시, 불매운동을 벌이고 당국에 판매 금지 조치를 요구하겠다고 밝혔다(경향신문, 1966. 11. 12). 대한어머니회와 대한기독교여자절제회에서 주도한 여성소비자각성운동궐기대회에서 4백여 명의 여성들은 불량상품, 외래상품, 부당한 가격의 상품 등에 대해서는 언제나 단결하여 불매운동으로 항거하자고 결의했다(동아일보, 1965. 6. 15). 또한 면세 수입된 일제 석유난로가 당초의 시판약정가격을 어기고 폭리를 취하고 있다며 대한어머니회, 한국부인회, 가정경제보호회 등 여성단체의 주부들은 가격을 내릴 것을 요구하고 계속 폭리를 취하는 경우 불매운동을 벌이기로 했다. 이 사건은 폭리업자 2명이 구속되고 허위로 수입위탁증명서를 발부해준 세무원 4명이 구속되는 것으로 일단락되었다(경향신문, 1967. 11. 23). 수인성전염병이 돌면서 방역당국은 비닐주스 거리 냉차 불매운동, 괸 물 없애기, 우물 소독, 식사 전 손 씻기 등 5개 항목의 국민준수사항을 발표하기도 했으며, 불량상품, 불량서적 및 에로잡지 불매운동도 진행되었다(동아일보, 1966. 7. 19; 동아일보, 1969. 6. 14). 신민당의 일부 의원들은 일본에서 수입된 쌀이 2년이나 묵은 것 혹은 벌레 먹은 것까지 있다며 국회 재경위에서 책임자 인책을 요구하고 일본 쌀 불매운동을 주장하기도 했다(동아일보, 1969. 4. 7).

4. 19와 5. 16이라는 정치적 격변기에 발생한 불매운동은 한일협정 반대운동의 일환이었던 일본 불매운동이나 언론 탄압에 찬성한 신문에 대한 불매운동과 같이 반정부운동의 일환으로 재야, 학생, 야당 등에서 주도하여 국민의 자발적 참여를 호소한 사례가 있었는가 하면, 일본의 대북정책에 항의하여 정부가 주도한 사례도 있었다. 불량식품, 불량서적 및 에로잡지, 가격 인상 상품 등에 대한 불매운동은 표면적으로는 주부 및 어머니, 그리고 대학생을 중심으로 일어난 불매운동이나, 실제로는 박정희 정권의 국민계몽정책의 일환으로 관 주도의 불매운동의 성격이 더 강했다. 국민계몽정책의 일환이었던 정부 주도 불매운동은 1970년대까지 이어졌으며 관제 성격이라는 특성이 1970년대에는 더욱 두드러지게 나타난다.

3. 1970년대

1960년대에 이어 1970년대 초반 불매운동의 주요 표적은 불량상품이었다. 불량상품 전시회가 열리고, 부녀회를 중심으로 불매운동과 불량상품 고발운동이 일어났다(경향신문, 1970. 9. 30). 불량상품 전시회는 기업이 생산한 불량품, KS표시 상품 중 불량품, 기술제휴에 의한 생산품 중 불량품 등을 소비자에게 알리기 위한 목적으로 상공부와 보건사회부가 주도한 관제 행사였다. 하지만 이를 계기로 여성단체가 불량상품을 만든 기업의 제품에 대한 불매운동과 소비자계몽운동을 벌이게 된 것은 하나의 성과라고 할 수 있다. 불량상품과 함께 부정외래품에 대한 불매운동도 있었는데, YWCA 등 전국 여성단체는 부정

"不良商品" 리스트뽑아 안사기 "運動"

女性단체협의회

한국여성단체협의회는 지난24、25일 열렸던 제8회 전국여성대회를 통해 불량상품 불매운동을 전개하기로 결정했다。소비자들의 권익을 옹호하기 위해 제조업자의 성의가 보일때까지 본 협의회가 사지않기로 결정한 물품은 의류 위생용품 화장용품 전기제품등。그 자세한 리스트는 다음과 같다。

▲양말 남자=동신양말 여자=남영나일론 화장패스▲장화=국제화학 여자운동화=삼화공업 태화공업▲호스=동신화학▲유류공업=금성사 하이파이사 동아전기상업주식회사▲세탁비누=금성표 삼양표 삼성표▲화장지=무궁화위생화장지공업사 장미목수화장지공업사。

이 리스트와 함께 한국여성단체협의회는 정부의 보다 강력한 소비자보호대책、생산자와 상인에 대한 강력한 촉구등도 결의문으로 채택、불량상품 식별의 안목을 높이기 위해 계속 소비자를 계몽할 것도 다짐했다。

한편 제8회 전국여성대회는 인구증가의 문제를 70년도의 가장큰 주제로 지적하고 이에대한 결의문과함께 대정부 건의문도 발표했다。발표된 결의문은 한국여성단체협의회의가입단체가 가족계획 프로그램을 우선적으로 취급할것과 여성단체협의회는 가족계획위원회를 따로 설치、가족계획사업을 수행하기로 했으며 대정부 건의문은 ①가족계획 보조원의 시급한훈련 ②정부의 가족계획정책기구에 여성단체를 참여시킬것 ③모자보건법안의증설 ④가족법상의 남녀차별폐지 ⑤연탄가스의 해독에서 벗어나기위한 연료정책의 개선등 5개 항목을 골자로 하고있다。

사진 4-6 불량상품 리스트 뽑아 안 사기 운동을 벌이기로 한 여성단체
(출처: 경향신문, 1970. 10. 1)

외래품을 많이 쓰고 있는 대도시의 부유층 및 지도층의 각성을 촉구하고 이들을 대상으로 계몽운동을 하고 불매운동을 전개했다(경향신문, 1974. 6. 26).

1971년 폭등하는 쌀값을 막지 못한 농림부는 상인의 농간을 막는 것은 주부들의 손에 달렸다며 정부미 소매상이나 농협 직매상에서 정부미를 사고 일반 미곡상에 대한 불매운동을 호소했다(매일경제, 1971. 5. 20). 1973년에는 전국주부교실중앙회가 악덕상인, 조악품 생산업자, 각종 행정명령을 불이행하는 요식업소 등에 대해 불매운동을 벌였으며 이에 대해 서울시는 적발되는 업자에 대해 강력한 행정조치를 취하기로 하면서 불매운동을 뒷받침했다(매일경제, 1973. 1. 25). 구정을 앞두고 인상된 돼지고깃값에 항의하여 대한어머니회, 주부교실중앙회 등을 중심으로 돼지고기 불매운동이 벌어졌으며(동아일보, 1973. 1. 31), 한국부인회 등 26개 여성단체 대표자들은 가격을 올린 상품에 대해 연중 불매운동을 계속하기로 결의하기도 했다(경향신문, 1973. 2. 1). 1974년에는 추석을 앞두고 한국부인회, 주부클럽

등의 여성단체가 전국 시장에 물가 조사반을 구성하여 암행 물가조사를 실시하고 행정가격보다 비싼 물품은 사지 않기로 하는 한편, 가정의례준칙에 따라 검소한 추석, 선물 안 보내는 추석, 특히 일제 상품 안 사는 추석을 보내도록 계몽활동을 펴기도 했다(경향신문, 1974. 9. 13). 1978년에는 신정 연휴가 지나자마자 전국 주요 도시에서 고기파동이 일어났다. 정부가 수급계획을 잘못 짠 데 따른 공급부족에서 빚어진 것으로 부산 지역에서는 여성단체들이 고기 불매운동을 벌여 쇠고기 판매량이 평소의 절반 수준으로 감소하기도 했다(동아일보, 1978. 1. 9). 1979년에는 소비자보호단체협의회가 물가대책을 위한 긴급소비자대회를 열고 5가지 행동강령을 선언했는데(동아일보, 1979. 2. 9) 구체적인 내용은 다음과 같다. 첫째, 행동하는 소비자로서 인간의 존엄성 확립을 목표로 전진한다. 둘째, 실천하는 소비자로서 사지 않는 자유와 사지 않는 권리를 행사한다. 셋째, 고발하는 소비자로서 어리석고 선량한 소비자로 머물지 않는다. 넷째, 정부가 약속한 물가 안정과 기업이 약속한 유통구조 확립을 지키지 않을 때는 즉각 조직적인 불매운동으로 돌입한다. 다섯째, 물가 안정 및 유통질서를 문란케 하는 매점매석 행위자에게는 소비자의 자율적 규제로 서로의 고발정신을 고취한다 등이었

"物價못잡으면 不買운동"

60여團體모여 긴급 消費者대회

사진 4-7 물가 못 잡을 시 불매운동 전개를 선언한 긴급 소비자대회
(출처: 동아일보, 1979. 2. 9)

다. 이와 같이 1970년대 소비자 불매운동은 주로 불량상품과 가격횡포를 쟁점으로 일어났으며 이에 대해 소비자단체는 한편으로는 기업을, 또 다른 한편으로는 정부를 압박했다. 소비자단체가 정부의 물가대책이 실효를 거두지 못하고 있다고 통박한 것은 주목할 만한 움직임이었다.

또한 한국부인회는 합성세제에 대한 공청회를 열고 국내에서 생산되는 합성세제가 모두 물에서 용해되지 않는 경성세제이기 때문에 수질오염을 발생시킨다고 주장하고 전국 주부들을 상대로 합성세제 불매운동을 벌일 것임을 선언했으며(경향신문, 1973. 2. 2)[3] 설탕 품귀를 틈타 소비자가 원하지 않는 조미료를 끼워 파는 악덕상행위가 계속되고 있다며 시정되지 않을 경우 불매운동을 펴겠다고 밝혔다(경향신문, 1974. 7. 24). 특히 백설표 설탕을 팔 때 같은 업체의 제품인 조미료 미풍을 끼워 팔고 있는 진상을 파헤치기 위해 한국부인회총본부는 구체적인 사례를 모으기도 했으며 상인과 제조업자 측을 불러 백설표 설탕의 유통과정을 조사하기도 하는 등 다양한 활동을 했다. 조사과정에서 제조업자 측은 판매상의 문제라고 해명했지만 판매상에 설탕과 조미료가 함께 배정되기 때문에 조미료를 끼워 팔지 않을 수 없는 판매구조의 문제를 지적하고 이의 개선을 요구했다(경향신문, 1974. 7. 31). 불량상품 및 가격횡포뿐 아니라 환경 문제나 판매행위에 대한 문제 제기도 시작되었음을 보여주는 사례라고 할 수 있다.

1970년에는 일본 히다찌 회사가 재일교포 청년이 입사시험에 합격

---

3 그러나 합성세제 불매운동을 위해 개최한 공청회가 '내부의 복잡한 사정'이라는 이름으로 합성세제 사용법을 강의하는 교양강좌로 변질되어(경향신문, 1973. 2. 9) 소비자보호단체의 활동에 문제가 있음이 드러나기도 했다.

"在日교포就職차별에 항의
한국에서「日立」不買운동
아사히新聞 보도

사진 4-8 재일교포 취업 차별에 대한 한국인의 일본 제품 불매운동
(출처: 경향신문, 1974. 5. 4)

日製商品" 사지도 쓰지도 말자
한국婦人會 消費者대회 不買운동 펴기

사진 4-9 일본 견제품 수입조치에 대한 일제 상품 불매운동 선언
(출처: 경향신문, 1976. 3. 9)

했음에도 한국인이라는 이유로 합격을 취소시킨 것이 알려지면서 전국적인 일제 상품 불매운동이 일어났다. 기독교단체를 중심으로 시작된 불매운동은 세계교회협의회의 인종차별투위의 의제로까지 번져 민족 차별을 하는 히다찌 회사제품의 불매운동이 전 세계에서 전개되기도 했다(동아일보, 1974. 5. 10). 4년여에 이르는 소송 끝에 히다찌 회사는 사과문을 발표하고 채용 취소 조치를 철회했다. 1976년에는 일본이 한국의 견제품에 대한 수입 규제를 고집하자 한국부인회, 주부클럽연합회 등은 이에 항의하여 일제 상품 불매운동을 결의하고 범국민적으로 전개할 것을 각계에 촉구했다. 한국부인회는 전국 시군 소비자대표들이 참석한 전국소비자대회에서 "우리는 일본 상품을 절대 사지 않는다. 우리는 감언이설로 한국 경제를 교란하는 일본의 행위를

「東亞」돕기 全國운동
廣告解約業體조사 商品不買도
教會 女性연합회 聲明

사진 4-10 동아일보 광고 해약 기업 불매 선언
(출처: 동아일보, 1975. 1. 1)

절대 용서할 수 없다. 우리는 교활한 일본 정부의 처사를 슬기롭고 현명한 자립정신으로 대처하자."라는 3개항의 결의문을 채택했다. 주부클럽연합회 역시 일제 상품 배격이 여성단체 활동의 주요 의제임을 재확인하고 전국의 주부들에게 적극 참여할 것을 촉구했다(경향신문, 1976. 3. 9).

1974년 말에는 소위 동아일보 광고탄압사태가 발생했다. 유신정권의 언론 탄압에 저항한 동아일보사 기자들의 '자유언론 실천선언' 결의문을 빌미로 동아일보 상품광고의 98%가 해약되는 사태가 발생했다. 이에 천주교를 비롯한 종교계와 일반 국민들이 광고를 해약한 기업 상품에 대한 불매를 결의하고[4] 독자와 시민들이 격려광고로 언론자유실천운동을 뒷받침했지만(동아일보, 1975. 1. 1), 7개월간 진행된 광고탄압으로 동아일보사는 기자를 해임하고 무기정직을 처분했다.

한편 1970년대는 소비자운동과 노동운동의 연대가 이루어지기 시작했다. 한국노총은 노조를 결성하려는 근로자를 해직시키는 등 노조 결성을 방해하는 기업을 고발하고, 노조를 파괴하거나 노조 결성을 방해

4 신민당의 동아일보광고해약사건 진상조사위원회는 광고해약회사의 명단을 공개하기로 했지만 광고주도 타의와 압력으로 인한 피해자라는 점을 감안하여 명단공개를 보류했다(경향신문, 1975. 1. 16).

하는 기업 제품의 불매운동을 호소했다(경향신문, 1971. 1. 15). 또한 서울YWCA 근로여성복지향상 특별위원회에서는 여성의 차별정년제 폐지를 촉구하고 제도 개선에 소극적인 기업의 상품에 대한 불매운동을 선언했으며(매일경제, 1975. 6. 2) 여성단체협의회는 은행이 사원공채 시 남자에게만 응시자격을 주는 입사 규정과 여행원들에게 결혼 전까지만 근무한다는 조건의 내규 등을 폐지하지 않을 경우 불매운동이나 예금거래 중단운동을 전개할 것임을 천명했다(경향신문, 1975. 5. 14).

정치적으로는 10월 유신체제로 시작해 10. 26으로 막을 내리고 경제적으로는 2차례의 석유파동과 인플레이션 및 물자부족을 겪은 1970년대 한국 사회의 소비자 불매운동은 불량상품 불매운동에서 시작해 물가대책을 위한 긴급소비자대회로 막을 내렸다. 정부의 물가관리정책을 비판하기도 했지만 대부분 정부의 경제정책을 지지하는 활동이었으며, 이는 1973년 박정희가 연두 기자회견에서 물가 안정에 국민의 협조가 필요하다며 소비자인 국민이 폭리상품의 구매를 거부함으로써 물가 안정을 기할 수 있다(경향신문, 1973. 1. 12)고 강조한 것에서도 짐작할 수 있다. 또한 1978년 정부는 한국여성단체협의회, YMCA연합회, 주부클럽연합회, 전국주부교실중앙회 등을 망라한 소비자보호단체협의회를 민법에 의한 사단법인으로 인가하고 예비비 2천만 원을 들여 적극 지원하겠다고 발표했는데, 이 협의회의 주요 업무는 소비자 교육을 통해 주권의식과 권익을 계몽하고 부당한 가격 및 거래행위, 불량상품에 대한 불매운동을 전개하고 소비자 의견을 정부나 기업에 전달하고 건의하는 것이었다. 그럼에도 1970년대에는 가격 인상이나 불량상품 등과 같은 경제적 측면의 소비자 문제 외 여성노동자 문제와 관련된 불매운동이 여성단체를 중심으로 전개되기 시작한 시기이다. 무엇보다도 소비자보호법(1979)[5]을 제정하는 성과를 올리면서 1970년대는 근대적 소비자 불매운동의 태동을 알린 시기라고 할 수 있다.

4. 1980년대

기습引上상품不買운동
샘표간장 삼양간장 對象

사진 4-11 가격을 기습적으로 인상한 상품에 대한 불매운동
(출처: 동아일보, 1981. 7. 9)

1981년 일시적인 물가불안이 발생하더라도 가격을 규제하지 않고 시장에 맡기기로 한 공정거래법이 확정되면서 가격 자율화 정책이 시행되었다. 이를 악용해 기습적으로 가격을 올린 금성사, 미원, 샘표간장, 삼양간장에 대해 소비자보호단체협의회 등은 불매운동을 벌이겠다고 통보했다. 이후 금성사, 미원, 삼양간장은 가격을 원래대로 환원했으나 샘표간장은 응하지 않았다. 이에 주부클럽연합회는 "정부가 물가결정에 사전에 개입하지 않으므

5 소비자보호법의 주요 내용은 정부 및 지방자체단체는 소비자의 의견이 충분히 반영되는 소비자보호시책의 수립과 소비자의 피해구제 및 불만처리를 위한 기구 설치를 의무화하고 사업자는 이에 적극 협조해야 할 뿐 아니라 소비자의 피해를 보상처리하는 기구를 설치 운영토록 한다는 것과 거래내용이나 거래조건이 소비자의 합리적인 선택을 방해하고 소비자에게 손해를 끼칠 우려가 있다고 인정될 경우 정부는 소비자의 피해 방지

로 소비자들 자신이 힘을 합해 가격을 올린 상품을 쓰지 않는 것으로 부당한 물가인상을 막을 수밖에 없음"을 결의했다(동아일보, 1981. 7. 9). 이와 같이 가격과 관련된 불매운동은 1980년대에도 계속 발생했는데, 대학가에서는 비싼 커피에 대한 불매운동을 벌여 가격을 인하시켰으며, 비협조 업소에 대해서는 학생들에게 이용하지 말 것을 호소하기도 했다(경향신문, 1985. 8. 24). 이화여대 총학생회는 지나치게 값을 비싸게 받는 학교 부근의 업소에 대해 불매운동을 벌이자는 대자보와 스티커를 붙이면서 업소들과 타협에 들어갔으나 타협이 이루어지지 않은 170개 업소를 불매업소로 지정하기도 했다(경향신문, 1986. 6. 11). 1989년에는 대형백화점이 바겐세일 상품가격을 종전보다 터무니없이 높게 표시해놓고 이 가격을 기준으로 대폭 할인 판매하는 것처럼 소비자를 속이는 행위가 발각되면서 소비자단체들은 연대하여 피해소비자 신고 접수를 받고 대형백화점을 사기죄로 고발했으며 동시에 이들 백화점에 대한 불매운동을 전개했다(한겨레, 1989. 1. 15)[6]. 이후

百貨店상품 不買시위

소비자연맹 속임수 바겐세일 규탄

바겐세일 횡포등 백화점들의 정도를 벗어난 상혼이 소비자들의 분노를 불렀다.

한국소비자연맹 회원들은 13일오전10시반부터 서울 롯데백화점앞등 유명백화점 부근 앞길에서 「소비자 우롱하는 백화점의 사기행위에 대한 처벌강화」「유인성 광고중단」등을 요구하며 피켓을 들고 백화점상품 불매운동을 벌였다.

사진 4-12 사기 세일을 한 백화점 상품 불매운동
(출처: 동아일보, 1989. 1. 16)

를 위해 이를 일반에게 공표하게 하거나 직접 공표할 수 있도록 하고 부당한 거래행위에 대해서는 이를 제한 또는 중지할 수 있다는 것 등이다.

6 이와 관련하여 백화점 대표가 아닌 실무자 6명이 구속되었지만 결국 모두 무죄선고를

백화점협회는 일간지에 사과광고를 게재했지만 고의성이 없었음을 강변하는 데 그쳐 소비자들의 분노와 반발은 더 거세졌다(동아일보, 1989. 1. 16).

1982년은 제1차 일본 역사교과서 왜곡 파동이 일어난 해이다. 일본 정부의 검정제도하에 출판된 일본 역사교과서가 침략을 진출로, 출병을 파견으로, 수탈을 양도로, 전제를 통치로, 3월 1일 만세운동을 폭동으로, 8월 15일 해방을 일본의 지배권 상실로 표현한 것이 알려지면서 국민들의 대일감정이 악화되었다. 반일민족단체 등 각 사회단체들은 일본 정부에 공식적인 사과와 교과서 시정을 촉구했으며 일본과의 국교 단절과 일본 상품에 대한 불매운동을 정부와 국민에게 요구했다. 또한 일본인 출입 금지와 일본 상품 불매운동 현수막이 전국에 나붙었으며 택시업자들은 일본인 안 태우기 운동을 벌이는 등 범국민적인 불매운동이 일어났다(매일경제, 1982. 8. 13).

사진 4-13 1980년대 제작된 KBS 시청료 거부운동 스티커
(출처: 동아일보, 1986. 4. 4)

1980년대 일어난 KBS 시청료 거부 운동은 신군부에 도전한 국민저항운동의 일환이었다. 전두환 군사독재정권의

받았다. 또한 형사재판과 별도로 사기세일로 피해를 입었다고 고발한 소비자 52명은 소비자 문제를 연구하는 시민의 모임의 변호인단을 통해 손해배상 청구소송을 제기했으며 결국 최종 승소했다(한겨레, 1992. 10. 31). 이 판결은 대형생산유통업체를 상대로 한 소비자의 첫 승소로 평가받는다.

하수인으로 전락한 공영방송에 대한 소비자들의 불만이 폭발하면서 'KBS-TV시청료거부기독교 범국민운동본부'가 발족되었고 여기에 야당이 동참하면서 범국민운동으로 확산되었다. 그리고 '시청료 거부 및 언론자유 공동대책위원회'기 결성되었다. 이들은 국민의 시청료와 독점적 광고료 수입으로 운영하는 KBS 공영방송이 정권의 비위만을 맞추는 관제 왜곡 보도만을 일삼는데 대해 시청료 납부를 거부하는 것은 정당한 국민의 권리임을 천명했다. KBS 시청료 거부운동은 1980년대 계속 지속되었는데 수도료, 전기료 등과 함께 시청료를 통합 고지서로 발부하여 강제 징수하는 것의 불법성을 고발하고 KBS 뉴스 시간에 방영되는 광고상품에 대해서도 불매운동을 전개했다(동아일보, 1986. 4. 3). 1983년에는 YWCA 모니터클럽이 어린이 대상 불량 TV 프로그램을 고발하고 불량 프로그램은 물론 해당 프로그램의 광고주에 대한 불매운동도 벌일 것임을 결의했다. 이를 통해 특정 만화영화가 방송 중단되었으며 일부 프로그램의 세트 및 등장인물이 바뀌었다(동아일보, 1983. 5. 30). 바야흐로 미디어 소비자운동이 시작된 것이다.

1970년대 중반 기업의 신입사원 채용 시 여성들에 대한 차별을 쟁점으로 여성단체에서 불매운동을 결의하기도 했지만 1980년대 중반에도 여성에 대한 취업 차별은 심각한 사회 문제였다. 여대생들이 불공평한 취업구조에 대해 단체행동을 취하고 여성단체에 호소문을 보내는가 하면, 차등을 두는 기업의 제품을 불매하는 운동을 전개했다(매일경제, 1984. 11. 5). 또한 1985년 여성을 상품화한 광고를 일간지에 게재한 뉴코아백화점에 대해 여성단체협의회는 이를 시정하라고 요구했다. 이에 대해 별다른 반응을 보이지 않던 뉴코아 측은 불응 시 불매운동을 전개하겠다는 선언에 광고내용을 시정하겠다고 약속했

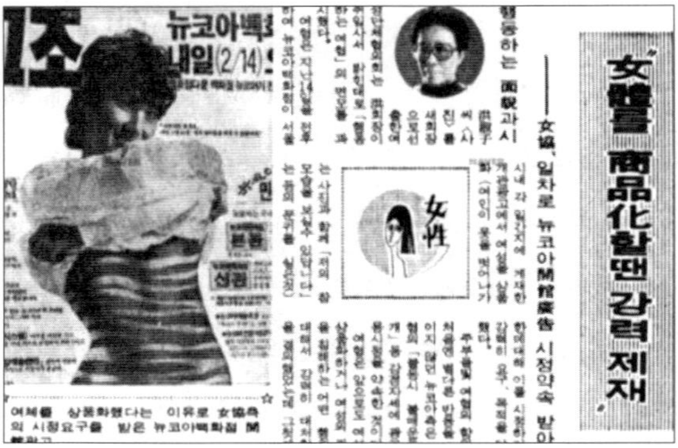
女性을 商品化할땐 강력 제재
女協, 일차로 뉴코아백화점廣告 시정약속 받아

사진 4-14 뉴코아 성 상품화 광고 시정 불응 시 불매운동 전개
(출처: 매일경제, 1985. 2. 27)

다(매일경제, 1985. 2. 27). 이는 여성의 상품화 광고가 여성단체의 요구에 따라 시정된 첫 번째 사례로 꼽힌다. 이후에도 ㈜쌍방울의 스타킹 광고에서 여성을 동물적으로 다룬 것, 대우바네트 트럭광고에 반라의 여성이 등장한 것, 효성오토바이 광고에 여성을 포르노적으로 다룬 것 등을 지적, 불매운동도 불사하기로 결의했다. 이외 와코루의 브래지어 광고, 에이스 침대, 삼성 VTR, 선경 스매트 등의 광고에서도 여성을 성적 대상으로 다루고 있다고 지적하고 여성의 상품화 시정을 요구했다(경향신문, 1987. 6. 26). 여성의 상품화, 그리고 여성에 대한 차별적 내용을 담은 광고에 대한 문제 제기 및 불매운동 결의는 1988년 미스코리아대회에 대한 반대운동으로까지 이어졌다. 한국여성유권자연맹 등은 인간의 존엄성을 무시하고 왜곡된 아름다움과 성의 상품화를 야기하는 미스코리아대회를 비판하고 해당 대회의 후원자인 태평양화학에 대해서도 불매운동을 벌이겠다고 선언했다(한겨레, 1988. 6. 1).

또한 수입제품에 대한 불매운동도 활발히 일어났는데, 한국소비자연맹은 외채를 갚을 때까지 외국수입품을 사 쓰지 않으며 국내제품이라도 외국상표의 로열티를 내는 물건은 절대 쓰지 않는다는 결의문을 채택했다(매일경제, 1985. 3. 22). 그러나 미국 레이건 정부는 한국의 보호무역정책에 항의하며 수입 개방을 강하게 압박했다. 이에 저항하기 위해 한국부인회는 압력이 계속될 경우 전면적인 미국 상품 불매운동을 벌이기로 했다(동아일보, 1985. 10. 31). 특히 1986년부터 농산물 수입 개방 압력이 커지면서 농민들을 중심으로 수입 개방을 반대하고 수입농산물에 대한 불매운동이 확산되었다.[7] 특히 미국산 수입 자몽에서 농약이 검출되었다고 발표한 소비자 문제를 연구하는 시민의 모임에 대해 농수산부가 발표를 정정할 것을 요구한 것이 알려지면서 전국 10여 개의 소비자단체가 모든 수단과 방법을 동원해 미국산 자몽 불매운동을 벌이겠다고 발표했다(경향신문, 1989. 6. 29). 소비자보호단체협의회는 소비자들에게 자몽 불매운동에 적극 참여할 것과, 가족과 이웃에게 자몽의 구매나 사용을 중지하도록 권유할 것을 부탁하고, 백화점과 대형판매상은 위해한 자몽의 판매를 자제해줄 것을 촉구하는 등 구체적인 불매운동 방안을 발표했다. 또한 금강개발산업, 대산실업, 매일무역, 삼성물산, 아남

노예시장같은 미인대회를 차버리자
'미스코리아 대회는 굴욕적이고 반여성적인 추태'
볼거리 위해 갈수록 선정적분위기 연출

사진 4-15 미스코리아 반대운동
(출처: 여성신문, 1989. 5. 5)

7 1989년부터 딸기, 파파야 등 농산물 38개, 오리고기, 양고기 등 축산물 10개, 연어, 대구, 새우 등 수산물 26개, 주류 3개 등 84개 품목의 수입이 자유화되었다.

협은 또 금
개발산업·대산
업·매일무역·
물산 · 아남
산·한양유통·
상사·한진무
·효성물산등
국내 자몽수
사 명단을공

消協은 구체적인 자몽불매운동을 벌이고있다

消協, 자몽不買운동 펴기로

"發癌性농약 「알라」검출 명백한사실"
農藥硏발표는 美압력탓…· 구체증거

사진 4-16 미국산 수입 자몽에 대한 불매운동
(출처: 경향신문, 1989. 7. 5)

수산, 한양유통, 해태상사, 한진무역, 효성물산 등 43개 국내 자몽수입회사 명단을 공개하는 한편, 거리 캠페인과 전국 규모의 위해농산물추방대회를 열 계획이라고 밝혔다(경향신문, 1989. 7. 5). 그러자 미국무역대표부는 자몽에 대한 한국 소비자들의 불매운동이 계속될 경우 불공정 무역행위로 간주, 보복할 수 있다고 경고하고 나서 자몽의 발암물질 검출 시비가 한미 무역분쟁으로 비화될 움직임까지 나타났다.[8] 이 와중에 미국의 63개 식품회사가 참여하는 89 서울 아메리카 식품전시회 소식이 알려지면서 전국농민단체협의회에서는 행사 중단을 요구하고 미국 농산물 불매운동을 결의했다(한겨레, 1989. 9. 6).

1988년 7월 1일부터 미국 담배 가격 인하 판매 및 광고가 허용되면서 양담배 불매운동이 범국민적으로 일어났다. 이 불매운동을 주도

8 사태가 이렇게까지 악화된 것은 외국산 농축산물 수입이 본격화되었으나 한국 정부가 수입농산물의 잔류 농약, 발암물질 등에 대한 적절한 검사제도와 규제기준을 마련하지 않은 데서 비롯되었다. 1989년 4월 말까지 자몽은 4천1백19톤, 3백46만5천 달러어치가 수입되었는데 이 물량은 1988년 같은 기간 수입량의 약 5배, 1년 전체 수입량의 90%에 이르는 것이었다. 그럼에도 농림수산부와 보사부가 농축산물 수입 당시 유해물질에 대한 검사업무가 서로 업무영역 밖이라고 책임을 전가하는 사례가 많았다(한겨레, 1989. 7. 9).

한 YMCA는 미국에서 소비자 단체를 중심으로 강력한 금연 운동이 펼쳐지면서 담배소비량이 줄자 미국 담배회사들이 의회 및 행정부 로비활동으로 한국, 일본, 대만 등에 수입 개방을 강력히 요청하고 나섰다고 주장했다. 따라서 이는 민족자주경제의 존립근거를 위협하는 처사일뿐더러 최소한의 도덕성마저 저버리는 굴욕적 외교 자세라고 비판했다. '양담배는 사지도 말고 피지도 말자'라는 슬로건 아래 양담배 수입회사의 제품뿐 아니라 양담배 광고를 게재하는 잡지 또한 불매할 것임을 결의했다. 좀 더 구체적으로는 양담배 안 피우기 시민감시대 조직, 판촉용 무료담배 티셔츠, 라이터, 양말 모자 등 판촉물 수거 및 소각, TV 양담배 흡연 장면에 관한 모니터 및 양담배 광고 모니터, 불매운동에 대한 시민 간담회 개최, 불매 포스터, 스티커, 표어, 노래 가사 공모, 각종 사회단체 및 문화행사에서 양담배 회사의 지원 안 받기 캠페인 등의 구체적인 불매운동 방안을 제시했다(동아일보, 1988. 6. 17).[9] 실제로 1988년 대한실업테니스연맹에서 여는 그랑

사진 4-17 양담배 불매운동 스티커
(출처: 경향신문, 1988. 7. 20)

9 그러나 한국전매공사가 전국의 담배소매점 50곳을 대상으로 조사한 바에 따르면, 양담배 시장점유율이 1988년 7월 이전에는 0.12%에 불과했으나 7월 들어 0.93%로 8배가량 높아졌고 특히 대도시의 경우 2.79%까지 급격하게 증가해 연말에는 5%를 넘어설 것으로 전망(매일경제, 1988. 7. 11)하여 불매운동의 효과는 크게 없었던 듯하다.

프리 실업테니스대회가 미국 담배제조업체인 'R. J. 레이놀즈'사의 후원을 받는 것으로 알려져 논란이 되기도 했다(동아일보, 1988. 11. 19). 이러한 움직임은 1990년대까지도 이어져 1991년 말보로 테니스대회를 저지하기 위해 한국금연운동협의회가 성명서를 발표하고 선수들의 참가 거부까지 종용했고 유일하게 초정 받아 출전계약까지 맺었던 선수가 출전을 포기하기도 했다(경향신문, 1991. 9. 26).

식품의 품질 문제도 불매운동의 대상이 되었는데, 대한주부클럽연합회는 양조간장의 화학성분 표시를 의무화할 것을 요구하고 표시 불이행 간장에 대해서는 불매운동을 벌일 것을 결의했다(동아일보, 1985. 8. 9). 1989년에는 한국 식품업계 역사에서 가장 큰 사건 중의 하나인 소위 삼양라면 우지파동이 있었다. ㈜삼양식품공업이 식품원료로 사용할 수 없는 공업용 쇠기름을 사용하다 적발되어 부회장 및 상무 등이 보건범죄단속에 관한 특별조치법 위반혐의로 구속되었다. 식용으로 사용할 수 없는 공업용 쇠고기 기름을 썼다는 사실은 온 국민을 충격과 분노 속에 몰아넣었고 소비자단체들은 불매운동을 벌이면서 소비자에게 사과하고 문제 식품을 모두 회수할 것을 촉구했다(경향신문, 1989. 11. 8).[10]

1980년대에는 노동 문제와 연계된 불매운동도 본격적으로 시작되었는데, 톰보이로 널리 알려진 성도섬유가 노동절 행사에 참여했다는 이유로 여성 근로자 11명을 해고하거나 권고 사직시킨 것이 알려지

10 삼양식품에서는 공업용 쇠기름을 정제해 썼기 때문에 인체에는 아무런 해가 없다고 주장하면서 법정 투쟁을 준비하는 한편, 자신들이 사용하는 우지가 보사부의 기준규격에 합격된 식품원료임을 대대적으로 홍보했다. 결국 법정으로 간 삼양라면 우지파동 사건은 7년 9개월 만인 1997년 대법원이 무죄를 확정함으로써 식품회사의 최종 승리로 종결되었다.

근로자해고 항의
「톰보이」不買운동
10개女性단체·學生등

18일 저녁6시40분경 서울 鍾路구鍾路1가37「톰보이」종로직매장앞길에서 「여성평의회」「민중불교연합회여성부」 등 10여개 여성단체, 이화여대 숙명여대 경희대등 10여개대 여학생, 성도섬유 해고근로자등 1백여명이「톰보이 불매운동 적극참여하자」「해고근로자 복직시키라고 쓰

동안 가두시위를 벌였다.
이들은「톰보이」메이커인 성도섬유가 지난 3월14일 노동절행사에 참가했다는 이유로 鄭貴南양(24)등 여성근로자 11명을 해고하거나 권고사직시킨것을 부당하다며 이들의 복직을 요구했다.
이날 시위로「여성평의회」대표 李미경씨(36)숙명여대 총학생회장 劉美賢양(23)등 20여명이 서울종로경찰서에 연행돼 성도섬유의 관할인 서울남부경찰서에 넘겨

사진 4-18 톰보이 불매운동
(출처: 동아일보, 1985. 6. 20)

「뱅뱅」
"불매운동을 종결합니다"

저희 한국여성단체연합은 뱅뱅 청바지를 만드는 제일피복주식회사에서 해고된 노동자들의 정당한 생존권 요구를 지원하고자 뱅뱅제품에 대한 불매운동을 전개해 왔읍니다.
다행히 지난6월15일 노동자와 회사측과 저희 단체의 노력에 의해, 해고자들이 자유의사에 따라 원직 복직되었으므로 뱅뱅불매운동을 종결합니다.

그동안 뱅뱅불매운동에 협조해주신 모든분들께 감사드리며 앞으로 제일피복주식회사가 모처럼 이룩한 화해와 협력의 노사분위기를 발전시켜 우리나라 타 기업의 귀감이 되는 회사로 성장하길 바랍니다.

아울러 로얄티를 지불하는 외국상표의 홍수 속에서, 우리 순수 국산상표 뱅뱅에게 격려를 보내며 더욱 발전하기를 기원합니다.

1987. 7.

한국여성단체연합
Tel. 737-6891

사진 4-19 뱅뱅 청바지 불매운동 종결 선언 알림 광고
(출처: 동아일보, 1987. 7. 4)

면서 10개 여성단체와 학생들이 톰보이 불매운동을 선언했다(동아일보, 1985. 6. 20). 또한 뱅뱅 청바지 생산업체인 제일피복공업주식회사가 임금 인상과 처우 개선 등을 요구하며 농성을 벌인 노동자를 집단 폭행하고 그중 22명을 부당해고하자 한국여성단체연합은 노동자들과 연대하여 뱅뱅 불매운동을 벌였다. 이 불매운동은 노동자와 회사 측의 합의에 의해 해고자들이 복직됨으로써 두 달 후 종결되었고(동아일보, 1987. 5. 16), 한국여성단체연합은 신문광고를 통해 뱅뱅 불매운동을 종결함을 알리기도 했다. 또한 한국노총은 노동조합 설립률이 극히 낮은 국내 재벌그룹 산하 기업들에 노조 설립을 촉구하기 위해 불매운동 등 사회적 여론조성방법을 펴나갔는데 특히 삼성그룹에 대해 삼성중공업의 유령노조 자진해체, 민주노조 탄압중지 및 공개사과를

요구하고 이에 불응하면 삼성의 전 제품에 대한 불매운동을 벌이겠다고 선언했다(한겨레, 1988. 11. 30). 1990년에는 삼성조선 노동자 이근태 씨가 노동쟁의활동으로 중징계를 받은 것에 항의, 음독자살을 했다.[11] 이 사건에 대해 국제금속노련은 성명을 발표하고 노조를 인정하지 않는다면 삼성제품에 대한 불매운동을 국제적으로 벌여나갈 것을 선언해 국제사회로까지 불매운동이 확대되었다(한겨레, 1990. 7. 8).

1979년 12월 12일 군사 쿠데타로 집권한 전두환 정권의 제5공화국과 함께 시작한 한국의 1980년대는 1980년 5월 광주민주화운동, 1987년 6월 민주항쟁을 통한 대통령 직선제 개헌과 연이은 노동자대투쟁, 1987년 12월 16년 만에 대통령 선거 실시, 그리고 노태우 당선까지 정치적으로 폭압과 저항 속에 변혁을 도모했던 시기였다. 또 다른 한편에서는 86 아시안게임 및 88 서울올림픽과 같은 국제스포츠 메가 이벤트가 열리고 국내 프로스포츠가 출범했으며, 해외여행 자유화, 야간통행 금지 해제, '마이 카' 시대 등 여가의 '대중화' 시대가 시작된 시기이기도 했다. 경제적으로는 이른바 '3저 호황' 속에 가처분소득이 증가하여 생활수준이 향상되었고 동시에 한국 경제와 재벌의 규모가 커지고 경제의 자율화 및 개방화라는 정책방향의 일환으로 시장개방정책이 실시되었다. 이 과정에서 외국수입품과 농산물 수입 개방을 반대하는 운동이 격화되었고 결국 미국 수입산 자몽의 농약검출 사태가 발생했다. 이 문제를 처음 거론한 소비자 문제를 연구하는 시민의 모임[12]

11 이 사건은 삼성그룹의 노무관리와 노조불인정에 대해 그동안 쌓여온 노동자들의 불만이 빚은 비극이었다. 삼성중공업 거제조선소는 노조 설립 움직임이 가장 활발했던 곳이나 이를 그룹차원에서 조직적으로 방해했다.

12 학계, 법조계, 노동계, 언론계 등 전문가 집단이 부분적 지원에서 벗어나 직접 소비자운동의 리더로서 소비자운동단체를 조직했다는 것은 소비자운동 역사상 중요한 의미를

은 미국 정부뿐 아니라 한국 정부와도 대립하면서 불매운동을 주도했다. 여기에는 소비자운동이 헌법상 보장되고,[13] 소비자의 7대 권리를 포함한 구체적 권리의 확대와 실현 내용을 바탕으로 소비자보호법[14]이 전면 개정되고, 이를 바탕으로 한국소비자보호원이 설립되면서 소비자운동이 법적으로 뒷받침받게 된 것이 중요한 배경이 되었다. 또한 소비자 문제를 보는 시각 역시 확대되어 가격이나 불량품 등 소비자에게 즉각적인 불이익을 주는 경제 문제를 넘어 여성을 상품화한 광고를 하고 여성을 차별하며 노동자를 탄압하는 재벌기업을 겨냥하는 등 거시적이고 구조적인 문제에 소비자 불매운동이 본격적으로 관여하기 시작한 시기였다.

5. 1990년대

1990년대는 우루과이라운드 협상으로 농축산물 시장 개방이 초읽기

지닌다. 특히 13인의 설립자 중 실무를 맡게 되는 소비자협동조합운동 출신의 송보경 씨와 여성단체 출신의 김재옥 씨는 당시의 소비자운동을 광범위한 사회운동으로 발전시키는 데 커다란 역할을 한다(문은숙, 2004).

13 1980년 헌법 제124조에 "국가는 건전한 소비행위를 계도하고, 생산품의 품질향상을 추구하기 위한 소비자보호운동을 법률이 정하는 바에 의하여 보장한다"고 규정함으로써 헌정사상 최초로 헌법조문에서 소비자운동을 국민의 적극적 권리로서 보장하게 되었다.

14 1986년 소비자보호법의 선언적 규정들을 보다 실효성 있게 개정하고 소비자보호에 관한 기본법으로서의 성격을 명백히 하며, 법체제를 체계적으로 정비하는 등 현행법의 미비점을 보완하기 위해 전부 개정이 되었으며 주요 내용은 소비자의 7가지 기본권리(안전할 권리, 선택할 권리, 정보를 받을 권리, 의견 반영의 권리, 교육을 받을 권리, 단체조직 및 활동의 권리, 안전한 환경에서 소비할 권리)를 명기한 것과 광고를 규제할 수 있는 근거 규정을 마련한 것 등이다.

에 들어가면서 이에 대한 우려가 높아졌다. 소비자 입장에서도 문제의 심각성을 인식하고 적극적인 대응책을 마련하기 위한 움직임이 활발하게 전개되었다. 수입농산물 불매운동과 함께 수입농산물 위해성 홍보, 검역제도의 문제점 폭로, 광고규제운동 등을 지속적으로 전개하고 더불어 우리 농산물 먹기 운동도 강력하게 펼쳐나갔다. 그러나 1990년 방한한 미 국무부 아시아/태평양 차관보가 한국 사회의 과소비추방운동, 우리 농산물 먹기 운동이 시장 개방 노력을 약화시키고 있다고 발언한 것이 보도되면서 미국 상품 불매를 촉발시켰다. 소비자보호단체협의회는 이러한 발언은 몰지각한 내정간섭행위라고 비판하고 이번 사태를 계기로 미국 상품 불매 및 과소비 추방운동을 더욱 확산시켜나가기로 결의했으며(한겨레, 1990. 11. 17), 우루과이라운드 범국민공동대책위도 수입상품 불매, 외국인 경영상점 거부, 농산물 제값 받기 등의 운동을 벌여나갔다(동아일보, 1991. 1. 14). 1993년

"과소비 추방운동 중지 압력 내정간섭"

사과 안하면 미국상품 불매

소비자보호단체협 성명

10개 민간단체로 구성된 소비자보호단체협의회(회장 박금순)는 "한국에서 일고 있는 과소비추방운동을 중지하라는 미국 정부의 압력은 몰지각한 내정간섭

년도 소비자운동 사업계획 수립을 위한 정책협의회'에 앞서 긴급채택된 이 성명은 지난 15일 한국에 온 리처드 솔로몬 미 국무부 아·태 차관보의 "과소비추방운동, 우리농산물먹기운동이 시장개방 노력을 약화시키고 있

은 망언을 즉각 취소·사과 △사과하지 않으면 미국상품 불매운동을 전개할 것 등을 는 한편, 이번 사태를 계기 소비추방과 에너지절약운동 국민적 시민운동 차원으로 확산시켜 나가기로 다짐했

사진 4-20 내정간섭에 항의하는 소비자보호단체협의회의 성명
(출처: 한겨레, 1990. 11. 17)

"미국제품 불매운동"

과소비추방본부·경실련 슈퍼301조 발동 규탄

자동차 6개업체 노조 항의방문단 파견키로

한-미 양국의 자동차협상 결렬에 따라 미국정부가 한국을 '슈퍼 301조' 상의 우선협상대상국관행(PFCP)으로 지정하자 국내 소비자단체가 미국제품에 대한 강도높은 불매운동을 경고하고, 자동차노조가 미대사관에 항의방문단을 파견키로 하는 등 일제히 반

지 여부와 관계없이 '미국의 강압적 대한협상 규탄캠페인'과 'O-157 대장균, 리스테리아균에 감염된 미국산 쇠고기 전량 리콜 및 수입금지', '미국의 담배를 비롯한 소비제품의 불매운동'을 전국적으로 벌여나가겠다"고 밝혔다.

캠페인 등을 벌이겠다"고 밝혔다.

현대와 대우, 기아 등 국내 완성자동차 생산 6개업체 노조도 이날 이 문제와 관련해 명동성당에서 모임을 갖고 미국쪽의 슈퍼301조 적용에 강력 대응키로 결정하고 오는 7일께 주한 미대사관에 항의방문단을 파견키로 하는 등 구체적인 대응방안 마련에 들어갔다.

사진 4-21 슈퍼 301조 발동에 항의하는 한국 소비자의 미국 제품 불매 운동
(출처: 한겨레, 1997. 10. 3)

한국과 미국 간 기초농산물시장 개방협상이 타결되면서 쌀과 기초농산물 수입개방저지범국민비상대책위원회가 조직되고 이들은 모든 농기계 반납, 농림수산부 장관 퇴진, 수입에 앞장서는 재벌기업상품 불매운동, 미국 상품 불매운동은 물론 정부불복종운동 등을 벌여나가기도 했다(한겨레, 1993. 12. 15). 1997년에는 한국의 자동차 시장 개방을 위한 미국의 슈퍼 301조 발동조치와 관련, 미국의 통상압력에 반발하는 시민단체들의 항의가 확산되었다. 과소비추방 범국민운동본부는 미국 제품 불매운동 캠페인을 벌였으며 소비자단체에서도 슈퍼 301조를 철회하지 않을 경우 범국민적인 불매운동에 돌입할 것이라고 경고했다(경향신문, 1997. 10. 3; 한겨레, 1997. 10. 3). 특히 미국이 0-157균에 감염된 미국산 쇠고기의 전량 리콜 등에는 소극적이면서 부당한 통상압력만을 하고 있어 국민들의 반미 감정이 더욱 악화되었다. 이와 같이 1990년대 초반에는 쌀과 기초농산물에 대한 수입 개방과 함께 수입상품에 대한 불매운동이 활발하게 전개되었다.

1990년대에는 한국 사회에 환경에 대한 경각심을 불러일으킨 낙동강 페놀 오염 사건이 발생했다. 두산그룹 산하 회사인 두산전자에

사진 4-22 두산제품 불매운동 집회
(출처: 한겨레, 1991. 3. 31)

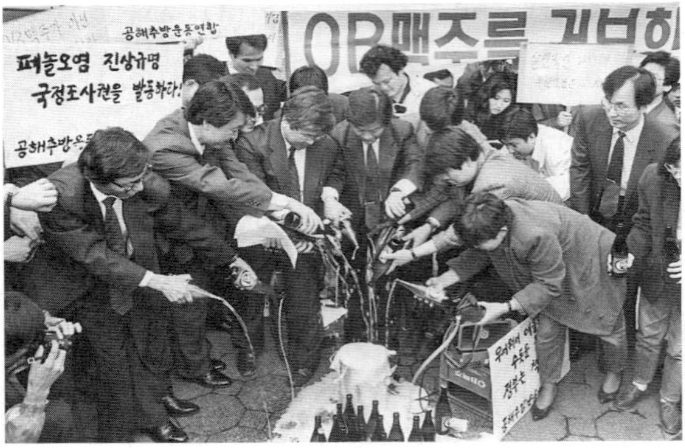

사진 4-23 OB맥주 버리기 퍼포먼스를 벌이는 시민단체 회원들
(출처: 한겨레, 1991. 3. 30)

서 다량의 페놀 원액이 유출되어 대구·부산·마산을 비롯한 전 영남 지역의 식수원인 낙동강을 오염시킨 것이다. 조사 결과 두산전자는 1990년 10월부터 페놀이 다량 함유된 악성폐수를 옥계천에 무단방류해온 사실이 드러났다. 분노한 시민들이 OB맥주, 코카콜라, 우유, 치즈, KFC 등 두산제품에 대한 대대적인 불매운동을 벌여 이들 제품의 판매량이 최고 60-70%까지 격감했다(경향신문, 1991. 3. 25).[15] 또한 전국 3만여 슈퍼마켓에서도 두산그룹이 생산하는 전 제품을 취급하지 않기로 결의했다. 그동안 소비자단체의 불매운동은 지속적으로 일어났지만 전국 단위의 유통업계에서 불매운동을 결의한 것은 처음이었

15 그러나 환경처는 수출에 지장을 준다는 이유로 4월 8일 두산전자의 조업재개를 허용, 보름 만에 사고가 재발되었다. 4월 22일 페놀 탱크 송출 파이프 이음새가 파열되면서 또 페놀 원액 2톤이 유출되었다. 이 사건으로 두산그룹 박용곤 회장이 물러나고 환경처 장관이 경질되었으며, 대구 시민들은 두산 측에 물질적 정신적 피해 170억 100만 원(1만 3,475건)의 배상을 청구, 두산은 그중 1만 1,036건 10억 1,800만 원만 배상하고, 임산부의 정신적 피해, 확인하기 어려운 물질적 피해 등 나머지는 지불하지 않았다. 그러나 경제성장의 논리에 밀려 그중 단 한 건도 제대로 시행되지 못한 결과, 94년 1월 다시 낙동강 수원지에서 다량의 벤젠·톨루엔이 검출되고 수돗물에서 악취가 심하게 나는 물 오염사건이 재현되었다(한국사사전편찬회, 2005).

다. 그러나 공정거래위원회는 한국슈퍼마켓협동조합연합회가 두산제품을 팔지 않는 것은 공정거래법상 불공정거래에 속하는 특정 사업자와의 거래를 공동으로 거절하는 행위라며 시정명령을 내렸고 소비자문제를 연구하는 시민의 모임 측은 국민감정에 수용되지 않는 형식적 법조문 해석이라고 비난했다(동아일보, 1991. 5. 17).

두산전자의 낙동강 페놀 오염사건 이후 환경을 오염시키는 기업에 대한 감시가 강화되어 환경법규를 상습적으로 위반한 24개 업체에 대해 환경운동연합과 소비자단체 등에서 불매운동을 벌였으며(경향신문, 1993. 12. 9), 환경오염업체에 대한 실사를 통해 개선 노력이 미미한 업체를 대상으로 소비자 불매운동을 벌이기도 했다. 또한 프랑스의 핵실험 강행에 반대하는 환경운동단체와 소비자단체를 비롯한 12개 시민단체는 그린피스 및 외국의 환경단체와 연대하여 반핵서명운동 및 프랑스 제품 불매운동을 벌였다(한겨레, 1995. 9. 13). 핵 문제 관련 프랑스 제품 불매운동은 호주 정부가 프랑스 업체를 입찰에서 의도적으로 제외시킴으로써 촉발되었으며 이는 정부 차원에서 이루어진 첫 불매운동 사례라는 점에서 프랑스 정부에 큰 충격을 주었다. 프

사진 4-24 두산 제품을 팔지 않겠다는 슈퍼마켓 협의회 결의대회
(출처: 한겨레, 1991. 3. 28)

公害업체」 24곳 제품 不買

경실련등 운동전개 대기업선 납품 안받

國校문제지 유출

서점주인에 令狀

사진 4-25 공해업체 불매운동
(출처: 경향신문, 1993. 12. 9)

랑스가 핵실험을 계속 고집할 경우 각국 정부에 대한 민간단체의 압력이 더욱 거세지면서 국가 차원의 불매운동으로 번질 수 있다는 신호였기 때문이다. 국내에서는 1995년 9월 환경운동연합, 배달녹색연합, 경실련, 소비자 문제를 연구하는 시민의 모임 등 12개 환경 · 시민단체가 프랑스 핵실험과 관련해 프랑스 제품에 대해 대대적인 불매운동을 벌였는데, '프랑스 생수와 와인 안 마시기, 프랑스 영화 안 보기' 등의 홍보활동과 함께 서명운동을 병행했으며, 이들이 선정한 불매 대상 제품은 프랑스를 대표하는 상표인 피에르 가르뎅, 이브 생 로랑과 에비앙 생수 등이었다(경향신문, 1995. 9. 13). 1997년에는 환경운동연합, 경실련 등 6개 시민단체는 북한의 식량난을 미끼로 대만이 핵폐기물을 북한에 반출하는 것은 인륜을 무시한 파렴치한 행위라고 비난하고 대만 상품 불매운동, 대만 관광 안 가기 운동을 펼치기도 했다(경향신문, 1997. 1. 25). 1999년에는 환경부에서 일회용품 사용 제한 조치를 발표한 후 관련 업계에서는 준비 부족과 매출 손실 등의 이유로 거세게 반발했으나 전국 304개 단체로 구성된 '쓰레기 문제 해결을 위한 시민운동협의회'는 일회용품을 사용하는 업체를 지방자치단체에 고발하고 해당 업체에 대한 불매운동을 벌여나갈 계획이라고 밝혔다(한겨레, 1999. 2. 25).

한편, 과장광고 및 무분별한 광고에 항의하는 불매운동도 있었는

사진 4-26 프랑스 핵 실험 비난과 함께 프랑스 제품 불매운동을 벌이는 시민들
(출처: 한겨레, 1995. 10. 3)

데 소비자단체는 분유회사들이 무분별한 광고로 모유 수유에 대한 잘못된 인식을 퍼뜨리고 있다고 주장했다. 결국 3개 분유회사들이 모유 먹이기 운동에 동참한다는 뜻으로 대중매체를 통한 광고를 중단하기로 하고 합의식을 갖기로 했으나 남양유업 측의 불참으로 합의는 결렬되었다. 이에 소비자단체는 남양제품 불매운동을 선언했다(한겨레, 1991. 3. 29). 또한 아기 얼굴 그림을 뺀 새로운 디자인 용기의 제품을 판매하기로 한 합의를 지키지 않은 매일유업을 상대로 소비자 문제를 연구하는 시민의 모임에서 불매운동에 나섰다(동아일보, 1991. 9. 13; 한겨레, 1991. 9. 12). 이 문제는 1992년 매일유업이 법으로 금지된 분유광고를 일간지에 게재하면서 '세계 최초', '모유에 한층 더 가까워진' 등 금지된 표현을 사용하면서 분유광고 논쟁이 재연되기도 했다(동아일보, 1992. 12. 1). 또한 국내 14개 생수업체가 전량 수출 혹은 주한 외국인에게만 판매하고 대중광고는 하지 않는다는 조건으로 판매허가를 받은 후 내국인을 상대로 판매하자 한국부인회 등은 허가조건을 어기고 생수를 시판해온 11개 생수업체에 대해 불매운동을 벌였다

(경향신문, 1990. 8. 10). 국내 다단계 판매시장을 주도하던 한국 암웨이 역시 방문판매원들의 변칙 판매술과 허위 과장 광고 등으로 불매운동의 표적이 되었다. 암웨이 측은 명예 훼손 등으로 법적 절차를 밟겠다고 밝혔지만 이후 소비자단체의 주장을 일부 시인하고 과장 광고 등 불공정행위에 대해 사과 광고를 내기로 약속했다(한겨레, 1997. 4. 26). 그러나 사과 광고 약속은 지켜지지 않았고 국내 82개 시민사회종교단체들의 모임인 다단계 판매 암웨이 제품 대책위는 공정거래위 제소 및 불매운동 등을 벌여나간다고 밝혔다(한겨레, 1997. 6. 13). 국내 시장에서 평균 400억에 가까운 매출을 기록하고 국내 다단계 판매시장의 60-70%를 점유했었던 한국 암웨이는 불매운동 이후 월 매출액이 67% 급감되는 타격을 입었다(매일경제, 1997. 6. 20).

서울 YMCA 등 18개 종교단체 및 21개 시민단체로 이루어진 스포츠신문폭력공동대책위원회는 스포츠 일간 신문 만화의 음란폭력 조장에 항의하며 스포츠신문 구독 정지와 스포츠신문에 광고를 게재한 상품 불매를 선언했다(동아일보, 1992. 11. 13). 1996년에는 중앙일보 지국원이 조선일보지국원을 살해한 사건이 발생하면서 재벌신문 규

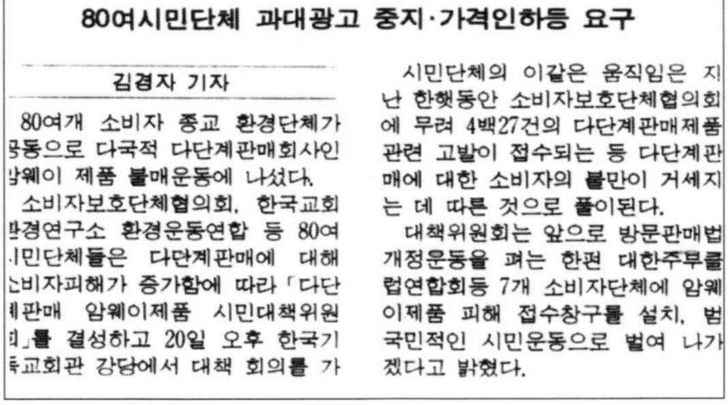

다단계판매 암웨이제품 불매운동

80여시민단체 과대광고 중지·가격인하등 요구

김경자 기자

80여개 소비자 종교 환경단체가 공동으로 다국적 다단계판매회사인 암웨이 제품 불매운동에 나섰다.

소비자보호단체협의회, 한국교회환경연구소 환경운동연합 등 80여 시민단체들은 다단계판매에 대해 소비자피해가 증가함에 따라 「다단계판매 암웨이제품 시민대책위원회」를 결성하고 20일 오후 한국기독교회관 강당에서 대책 회의를 가

시민단체의 이같은 움직임은 지난 한햇동안 소비자보호단체협의회에 무려 4백27건의 다단계판매제품 관련 고발이 접수되는 등 다단계판매에 대한 소비자의 불만이 거세지는 데 따른 것으로 풀이된다.

대책위원회는 앞으로 방문판매법 개정운동을 펴는 한편 대한주부클럽연합회등 7개 소비자단체에 암웨이제품 피해 접수창구를 설치, 범국민적인 시민운동으로 벌여 나가겠다고 밝혔다.

사진 4-27 다단계 판매 암웨이 불매운동
(출처: 매일경제, 1997. 3. 21)

탄대회가 전국 곳곳에서 열렸으며 '바른언론을위한시민연합'은 수단과 방법을 가리지 않는 재벌언론의 불공정거래에 대한 조치를 촉구하고 문제가 해결되지 않을 경우 사회단체 등과 연계해 불매운동을 전개할 것임을 밝혔다(동아일보, 1996. 7. 18).

소비자 문제를 연구하는 시민의 모임은 제약회사들이 기존의 제품에 비슷한 성분이나 함량을 소량 추가해 신제품처럼 내놓으며 약값을 대폭 인상하는 것에 대해 시정을 촉구하고 가격 인상을 철회하지 않을 경우 불매운동을 벌여나갈 것이라고 밝혔다(동아일보, 1992. 9. 4). 제약회사들이 이와 같은 방식으로 제품을 출원하는 이유는 기존 제품의 연간 생산액이 일정 수준 이상이 되면 행정관리품목으로 지정되어 가격을 올리지 못하는 규제 때문이었다. 또한 소비자단체 등은 그동안 요구해온 식품에 제조일자 표시를 의무화하는 방안이 백지화되고 제조일자 표시를 권장사항으로 유지하고 유통기한 표시만을 의무화하도록 한 정책에 항의하면서 제조일자 표시를 의무화하지 않을 경우 제조일자 표시 없는 가공식품 안 먹기 운동을 대대적으로 펼칠 것을 선언했다(매일경제, 1993. 11. 12). 이외 카드사가 떼어가는 카드 이용 수수료가 너무 비싸 이를 낮추자는 시민들의 연대모임인 신용카드 수수료 인하를 위한 공동대책위원회가 결성되어 높은 카드 수수료를 계속 받는 카드업체에 대해서 불매운동을 벌이기로 했다(매일경제, 1999. 11. 25).

1996년에는 마이클 잭슨의 내한공연이 추진되면서 경실련 등 시민사회단체 및 종교단체에서 내한공연을 반대하는 성명서를 발표했다(경향신문, 1996. 7. 13). 그의 기소 전력과 초청 비용 등이 문제되면서 국회에서도 논란이 되었다. 그러나 이후 문화체육부가 내한공연을 허가했고 50여 개의 종교시민단체로 구성된 마이클 잭슨 내한공연 반대

'마이클 잭슨 공연' 공방가열

시민-종교단체 반대운동에 팬클럽 중단 촉구

사진 4-28 마이클 잭슨 내한공연 반대운동
(출처: 경향신문, 1996. 9. 5)

공대위는 성명을 내고 공연을 후원하는 기업 제품에 대한 불매운동과 공연 보지 않기 캠페인을 벌일 것이라고 밝혔다(한겨레, 1996. 7. 31).[16] 이에 내한공연을 함께 주관하기로 했던 금강기획이 주관사 참여를 취소한다고 발표했으며 입장권 발매 계약을 취소하는 은행들도 생겨났다. 이후 내한공연 기획사인 ㈜태원예능에서 18세 이상을 대상으로 입장권을 판매하기로 함에 따라 내한공연 저지운동은 일단락되었다.[17] 또한 한·미 투자협정 추진 과정에서 스크린쿼터(한국 영화 의무상영일수) 축소 내지 폐지가 논의되면서 반미감정이 악화되었고 영화인비상대책위원회를 중심으로 30개 시민단체는 미국 영화부터 미국 상품까지 불매운동을 펼치기로 했다(동아일보, 1999. 6. 18).

역사 왜곡으로 인한 일본 불매운동은 1990년대에도 계속 일어났다.

16 다른 한편에서는 해외 아티스트들의 국내 팬클럽 모임에서 성명을 내고 마이클 잭슨 내한공연 반대공대위의 즉각 해체를 주장하여 논란이 확산되었다(경향신문, 1996. 9. 5).

17 이후 ㈜태원예능이 시민단체들의 공연반대운동으로 손해를 봤다며 공동대책위 간부 3명을 대상으로 손해배상 청구소송을 냈다. 대법원까지 간 이 소송에서 재판부는 "피고가 일반시민을 상대로 공연 관람 거부운동을 벌이고 공연 협력업체에 공연 주최측을 후원하지 말도록 설득한 것은 공익 관철을 위한 시민단체의 활동으로 허용되지만 공연 협력업체 제품에 대해 불매운동을 벌여 경제적 압박을 가한 것은 원고의 권리를 지나치게 침해한 것으로 위법하다"고 밝히고 피고는 4,600여만 원을 지급하라"며 원고 일부승소 판결했다(동아일보, 2003. 12. 30).

일본상품 불매 운동

YMCA 내달 9일까지 '극일기간'…곳곳 독도망언 규탄

한총련 일대사관 기습시위…20개단체 해상시위 계획

일본의 독도 영유권 주장에 대한 시민·사회단체들의 항의시위·집회가 사흘째 계속된 가운데, 이번 사건이 일본상품 불매운동으로까지 번질 조짐을 보이고 있다.

서울기독교청년회(YMCA)는 13일부터 다음달 9일까지를 '극일

푸른독도가꾸기모임 등 울릉지역 20여개 단체로 구성된 '독도망언 규탄시위 추진위'(위원장 이예균·49)는 이날 11개 어촌계장들과 함께 모임을 열고, 이번주중에 50여척을 동원해 독도 근해에서 대규모 해상시위를 벌이기로 했다.

이 과정에서 한상근(23·용인)씨가 일본대사관에 이웃한 일보사 별관 담을 타고 대 안으로 들어갔다가 경찰에 연 다.

또 경제정의실천시민연합· 연대·환경운동연합 등 11개 사회단체 회원 2백여명은 낮

사진 4-29 독도 망언 규탄, 일본 상품 불매운동
(출처: 한겨레, 1996. 2. 13)

일본 외상의 독도 영유권 주장 망언, 그리고 자민당이 총선공약에 독도 영유권 주장을 포함시킨 것이 알려지면서 일본 상품 불매운동이 전국으로 확산되었다(경향신문, 1996. 2. 14). 이외 해태상사가 미국에서 수입해 국내에 판매하는 과자의 유통기간을 불법적으로 연장해서 판매하고 있다며 시민단체들이 해태그룹 전 제품을 대상으로 불매운동에 들어갔으며(한겨레, 1996. 5. 8), 삼성자동차 청산에 반대하는 부산지역 시민단체와 협력업체들은 대정부 규탄집회를 가지면서 삼성제품 불매 100만인 서명운동을 벌였다(동아일보, 1999. 7. 7).[18]

한국의 1990년대는 군사정권이 끝나고 이른바 문민시대의 막이 열린 시기이며 개발 독재의 패러다임이 민주화, 정보화, 세계화의 급격한 흐름 속에서 신자유주의 패러다임으로 바뀌어간 전환기이다. 이에 따라 농축산물 시장이 본격적으로 개방 압력에 직면하면서 소비자단체를 비롯한 여성단체에서는 관련 공청회를 열고 수입농산물 불매운동뿐 아니라 우리 농산물 먹기 시민 결의대회 등을 벌이고 수입

18 대구에 본사를 둔 삼성 상용차의 퇴출 발표가 있었던 2000년 11월에는 대구의 시민사회단체들이 삼성제품에 대한 불매운동을 벌이기도 했다.

상품감시단을 조직, 수입농산물의 위해성 홍보, 수입농산물 검역제도의 문제점 폭로, 외국농산물 가공식품의 광고규제운동 등을 전개해나갔다(한겨레, 1990. 10. 11). 그러나 수입농축산물 소비 실태에 대한 조사 결과 응답자 708명 중 수입농축산물을 구입한 경험이 있는 소비자가 73.9%에 달했으며 구입 동기로 저렴한 가격을 꼽아 1990년대 초반 한국 소비자에게는 가격이 구매 결정에 중요한 요인이었음을 짐작할 수 있다(동아일보, 1990. 10. 10). 또 다른 한편에서는 국내 기업의 독과점 횡포 등을 이유로 국산품 애용이나 외제품 불매를 펼치면 그만큼 국내 기업은 시장 개방으로 인한 경쟁 압력을 두려워할 필요가 없기 때문에 무조건적인 외제품 불매운동은 허점이 많다는 지적이 나오기도 했다(최병선, 1992). 우루과이라운드만큼이나 한국의 1990년대를 결정짓는 사건은 IMF 외환위기이다. 한국의 1990년대를 실질적으로 끝낸 IMF 외환위기 역시 1990년대 소비자운동 및 소비자의 삶에 막대한 영향을 미쳤다. 예컨대, 외환위기의 원인 중 하나로 과소비와 사치 등이 지적되면서 국산품 애용, 해외여행 자제, 과소비 지양, 건전 소비문화 유도, 에너지 절약운동 등이 소비자단체의 주요 활동 목표가 되어(매일경제, 1997. 12. 3) 소비자의 반성을 촉구하는 분위기가 조성되었다. '샴페인을 너무 일찍 터뜨렸다'로 요약되는 국민책임론은 결국 국민 개개인의 책임을 강조하는 효과를 가져왔다. 그러나 이것은 정부정책의 실패와 무능을 대중의 소비 문제로 연결시켜 책임을 회피하는 것일 뿐이다. 그러나 또 다른 한편에서는 환경 문제, 광고 문제, 가공식품 제조일자 표시 문제, 재벌기업의 폭리 문제 그리고 다국적 기업의 횡포 등을 꾸준히 지적하면서 소비자 불매운동의 쟁점을 넓혀가 1990년대를 소비자운동의 도약기로 명명하기도 한다(문은숙, 2004).

6. 2000년대

2000년대 한국 소비자 불매운동은 일본 불매운동으로 시작했다. 일본 우익단체인 '새로운 역사교과서를 만드는 모임'에서 만든 중학교 역사교과서가 문부성 검정을 신청했다는 사실이 알려지면서[19] 전국의 시민사회단체들은 일본을 규탄하는 집회를 열고 일본의 만행을 응징하기 위해 일본 제품 불매운동을 아시아 각국에 확산시켜나갈 것을 결의했다. 정치권에서도 일본 역사교과서 왜곡 시정을 촉구하는 국회 결의안을 채택했다. 몇 달 후 일본 총리의 방한 소식이 전해지면서 과

日製 불매운동 번지나?

백화점 전자제품 판매 격감… 대전

불매서명운동·캠페인 벌여… 청주

일본 교과서 왜곡에 항의

일본의 역사교과서 왜곡에 대한 시민들의 맘없는 항의가 거세지는 가운데 백화점의 일제 전자제품 판매가 급감했으며 시민단체는 일제 불매운동을 적극적으로 펼칠 계획이어서 결과가 주목된다.

대전 갤러리아 백화점 타임월드점에 따르면 4월들어 일제 가전제품의 지 2300만원에 머물렀다. 이는 올 3월 같은 기간 판매액인 3700만원에 비해서는 37%나 감소한 것이며, 지난해 같은 기간의 일제 가전제품 판매액 4500만원에 비해서는 무려 48% 감소한 것이다. 구체적인 제품을 보면 일본산 텔레비전은 지난달 5대 판매에서 이달에는 1대로 줄었으며, 캠코더는 10대에서 3대로, 오디오는 5건에서 1건으로, 카세트 및 CD플레 원인이 아니겠는가"라고 말했다.

한편 청주경실련(공동대표 박만순·조수종)은 일본의 역사교과서 왜곡에 대한 항의표시로 일본상품 불매운동을 적극 전개할 계획이라고 16일 밝혔다.

경실련은 이를 위해 지난 14일 오후 청주 성안길에서 시민들을 상대로 거리 캠페인과 서명운동을 벌인데 이어 불매운동에 동참할 시민들을 접수 중이다. 경실련은 일본상품 불매운동의 효율적인 추진을 위해 대일 무역역조 및 일본상품 소비실태 등에 대한 자료수집 등을 거쳐 조만간 구체적인 행동지침을 마련할

사진 4-30 역사 왜곡 문제에 항의하는 일본 불매운동
(출처: 조선일보, 2001. 4. 17)

19 2002년도 검정 신청한 일본 중학교 역사교과서의 내용이 국내 신문에 알려진 것은 2000년 7월경이었다. 신문들은 새 교과서 검정 신청을 제출한 출판사 8개사 중 5개사가 종군위안부 기술을 완전히 삭제하고 나머지 3개사도 축소 또는 은폐하고 있다는 간단한 정보를 제공하면서 특히 새역모의 새역사 교과서에 문제의 초점을 맞추어 일본의 침략전쟁을 미화하고 가해행위를 부정하거나 의도적으로 무시하는 왜곡내용을 보도하기 시작했다(이동후, 2003).

"日 교과서 수정거부에 분노"

80개단체 규탄대회

80개 시민사회단체로 구성된 '일본교과서 바로잡기운동본부'는 9일 "올바른 한·일 간의 미래를 만들어 가고자 하는 한국 국민의 염원을 부정한 일본 정부의 태도에 분노한다"며, 왜곡된 일본 역사교과서 재수정을 거부한 일본 정부를 규탄했다.

운동본부는 이날 오전 서울 종로2가 탑골공원에서 규탄대회를 갖고 ▲전국 자치단체에서 일본 내 자매결연 자치단체를 대상으로 한 결의문 채택 및 항의 방문 ▲일본 언론에 소하는 광고 게재 ▲'새로운 역사교과서를 만드는 모임'의 후원 기업 제품에 대한 불매운동 등을 3대 행동 계획으로 채택했다.

운동본부는 또 기자회견에서 "6월 일본 도쿄에서 개최된 '일본 역사교과서 규탄 집회'에 참가했던 다른 아시아 10개국과 함께 왜곡 교과서 규탄 운동을 국제적으로 전개해 나갈 것"이라고 밝혔다.

이들은 이날 오후 일본 대사관을 방문, 일본의 47개현 교육위원회에 보내는 40만명의 '왜곡교과서 반대' 서명이 들어있는 상자 47개를 전달했다.

노총 "日製 불매운동"

한국노총은 9일 일본의 교과서 왜곡과 관련, 전 조합원을 동원해 '일본 제품 불매운동'에 돌입하겠다고 선언했다. 한국노총은 이날 성명을 통해 이같이 밝히고 "일본 회사 가운데 일본 왜곡 교과서 지원 기업, 일본군 위안부 문제의 전향적 처리에 반대하는 기업을 우선적으로 택해 불매운동을 펼쳐나가겠다"고 말했다.

한국노총은 또 교과서 왜곡 문제 해결을 위해 일본노총에 적극적인 동참을 요구하는 서한을 보내기로 했다고 덧붙였다.

사진 4-31 일본의 역사 교과서 수정 거부에 분노한 한국 사회
(출처: 조선일보, 2001. 7. 10)

소비추방범국민운동본부 및 정신대문제대책협의회 등은 왜곡 교과서를 채택하고 그 수정을 거부한 일본 총리의 방한에 반대한다는 성명을 발표하고 1,000만 명 서명운동에 들어가는 한편 피켓 시위와 역사 왜곡 사진전, 일본 제품 불매운동을 벌였다(동아일보, 2001. 10. 7). 또한 2005년에는 일본 시마네현 의회가 독도의 날 조례를 기획하고 독도 영유권을 주장하는 TV 광고를 내자 시마네현과 자매결연을 하고 있던 경상북도는 시마네현과의 교류를 전면 중단했으며 한국 정부 또한 독도의 날 조례안의 즉각적인 폐기를 강력히 촉구했다(경향신문, 2005. 3. 20; 한겨레, 2005. 3. 17). 게다가 주한 일본 대사의 독도는 명백한 일본 땅이라는 망언까지 겹치면서 범국민적인 반일감정이 폭발했고 일본 제품 불매운동이 일어났다. 여성단체를 포함한 많은 시민사회단체들이 일본 우익 역사교과서를 후원하고 있는 미쓰비시, 후지쓰, 가와사키, 이스즈 제품에 대해 전국적으로 불매운동을 벌였다(연합뉴스, 2005. 3. 17). 또한 국내의 한 네티즌이 일본산 전자사전이 독도를 일본 땅이라고 안내하고 있는 사실을 밝혀 불매운동이 확산되었으며 이 사전의 국내 유통을 담당한 업체가 판매된 제품을 모두 리콜하고 일본 본사에 관련 내용을 수정해줄 것을 요구했다(경향신문,

2005. 4. 12).[20]

2002년 여름에는 경기도 양주에서 주한 미군 장갑차에 의해 한국 여중생 2명이 압사당한 사건이 일어났다. 특히 이 사건으로 기소된 미군 2명이 모두 무죄 평결을 받으면서 이에 대한 항의 시위가 미국 상품 '안 사고 안 쓰고 안 먹기' 운동으로 확산되었다(경향신문, 2002. 12. 5). 가장 먼저 불매의 표적이 된 것은 개봉을 앞둔 영화 〈007 어나더 데이〉, 맥도날드와 코카콜라였다. 그뿐만 아니라 네티즌들은 사이버 범국민 대책위원회를 발족하고 백악관과 미 국방부 사이버 공격, 대선후보 공개질의서 전달, 세계 각국어로 된 항의문 사이버 배포를 비롯 전면적인 미국 제품 불매운동을 벌이기로 했다(한겨레, 2002. 12. 9). 이 사건 직전 동계올림픽에서 일어난 이른바 '오노 사태' 때도 인터넷을 중심으로 미국 제품 불매 리스트가 소개되기도 했다(연합뉴스, 2002. 2. 28)

미군 규탄시위 확산

미군장갑차량 여중생 사망사건 규탄과 한미주둔군지위협정(SOFA) 개정을 위한 시위가 전국적으로 확산되는 가운데, 춘천에서는 매일 낮 12시부터 1시간동안 미군부대 캠프페이지앞에서 1인시위가 계속되고 오후5시30분에는 명동에서 SOFA개정 촉구 서명운동이 전개되고 있다.

민노당 춘선시 선거대책본부는 강원대·한림대·춘천교대의 대선실천단과 함께 '미국제품 불매운동'과 '미군 손님 받지 않기 운동'을 강행

사진 4-32 미군 장갑차량에 치여 숨진 여중생 사건으로 확산되는 미군 규탄 시위
(출처: 조선일보, 2002. 12. 11)

미국 제품 불매운동은 이라크 파병 문제로 다시 일어났다. 시민사회단체를 비롯 각계각층 인사들은 '반전 평화를 위한 비상 국민회의'를 열고 전쟁 중단과 한

20 국내 유통업체들도 일본산 제품 판매를 중단했는데, CJ홈쇼핑은 일본산 디지털 카메라 판매를 잠정 중단했다(동아일보, 2005. 4. 6).

"전쟁반대·파병철회" 7000여명 촛불행진

광화문서… 광주·대전도 집회

700여개 시민·사회단체로 구성된 '전쟁반대 평화실현 공동실천'과 '미군 장갑차 여중생 살인사건 범국민대책위'는 이라크 전쟁 발발 사흘째인 22일 오후 4시부터 서울 종묘공원에서 소속 회원과 시민 7000여명(경찰추산 5000명)이 참석한 가운데 '반전 평화 촛불대행진' 령이 그려진 천을 불태우기도 했다. 이날 행사에는 민주당 김근태, 김영환 의원, 개혁국민정당 김원웅 의원, 권영길 민노당 대표 등 정치인들도 참석했다. 요르단 암만에서 활동 중인 한국인 반전평화팀원들은 이날 집회 도중 전화연결을 통해 '노무현 정부 파병결정 철회'를 주장하는 성명을 발표했다.

이들은 오후 7시부터 광화문 교보문고 옆 소

사진 4-33 전쟁 반대, 파병 철회를 주장하는 시민들의 촛불행진
(출처: 조선일보, 2003. 3. 23)

국군 파병 반대, 한반도 평화 실현을 위한 범국민 서명운동 전개, 전쟁 중단을 위한 유엔 긴급 총회 소집에 나서도록 정부와 국회에 촉구했으며, 이라크 난민 지원을 위한 구호기금 모금운동 동참, 반전 평화 상징물 부착, 청와대 및 정부에 반전 평화 이메일과 엽서 보내기, 맥도날드, 코카콜라 등 미국 제품 불매운동 등 7개항의 '반전 평화를 위한 국민행동지침'을 발표했다(한겨레, 2003. 4. 3).

2008년 11월에는 소비자 불매운동사에서 가장 획기적인 사건이 발생했는데 일명 광우병 논란으로 인한 미국 쇠고기 불매운동과 언론소비자주권 국민캠페인(현 언론소비자주권연대)의 조중동 광고주 제품 불

사진 4-34 조중동 광고주 불매운동을 주도한 언론소비자주권국민캠페인 카페

매운동이다. '인터넷 민란'이라고도 칭할 만큼 미국 쇠고기 불매운동이 급속도로 번졌으며 미국산 쇠고기 수입을 추진하는 기업에 대한 불매운동으로까지 이어졌다. 대형마트 3사가 미국산 쇠고기 판매를 시작하자 시민사회단체들은 전국 각지에서 판매 중단을 요구하는 시위를 벌이고 미국 쇠고기를 판매하는 대형마트들에 대해 불매운동에도 나설 것이라고 경고했다(경향신문, 2008. 11. 27). 또한 인터넷에선 광우병 위험을 '과장됐다'고 보도한 조선, 중앙, 동아일보 등 보수언론에 대한 불매는 물론 해당 신문에 광고를 내는 기업의 제품도 불매 대상이 되었다. 이것이 소위 '제3자 대상 불매운동' 논란으로 세 신문과 세 신문에 광고를 낸 기업들이 언론소비자주권국민캠페인을 상대로 소송을 제기했다. 결국 2013년 대법원에서 신문사에 대한 업무방해죄에는 무죄를, 조중동 광고주에 대한 불매운동에는 유죄를 판결하면서 지난한 싸움이 끝이 났다. 그러나 조중동 광고기업 제품 불매운동은 소위 제3자를 대상으로 한 불매운동의 합법성, 나아가 소비자 불매운동의 헌법적 허용한계와 형법적 규제에 대한 학문적/실천적 논쟁으로 이어지는 계기가 되었다.

2000년대에는 노동운동과 불매운동의 연대가 강력하게 일어났다.

사진 4-35 미국산 쇠고기 불매운동 기자회견
(출처: 한겨레, 2008. 8. 20)

경남 창원 두산중공업의 노동자 배달호 씨가 노조 탄압에 항의하여 분신자살하면서 '노동열사 고 배달호 동지 분신대책위원회'는 대한상공회의소 회장인 박용성 두산중공업 회장의 퇴진 등을 요구했으며, 만약 박 회장이 퇴진하지 않으면 두산제품 불매운동은 물론 국제올림픽위원회 위원, 국제유도협회 회장, 국제상업협회 부회장 등의 직함을 내놓도록 국제 노동 인권단체와 연대운동도 불사하겠다고 밝혔다(동아일보, 2003. 1. 14). 특히 분신대책위는 주류와 외식식품, 의류, 출판, 수입품 등 전 품목에 걸쳐 불매운동 대상 제품을 선정하여 배포했으며,[21] 여성단체들도 두산제품 불매운동을 결의하면서 주부들의 참여를 유도했다(오마이뉴스, 2003. 1. 30).

이외에도 육아휴직자와 고령 직원을 정리 해고한 로케트전기와 광주은행에 대한 불매운동(경향신문, 2004, 2. 18),[22] 170명의 노동자를 정리 해고한 외환카드사에 대한 불매운동(경향신문, 2004. 2. 26) 등이 연이어 일어났다. 2007년에는 뉴코아와 홈에버 등 이랜드의 비정규직 근로자의 계약해지 등 해고가 이루어지면서 이에 항의하는 점거농성과 이에 대응한 사측의 매장 봉쇄 조치로 이랜드 계열 대형마트 12곳의 영업이 중단되었다. 민주노총은 홈에버, 뉴코아 등의 유통업체를

---

21 주류(산소주, 그린, 라믹스, 뉴그린, 산송이, 청하, 수복, 설화, 국향, 군주, 마주앙, 설중매), 외식식품(햄버거 와퍼, KFC, 트위스터, 종가집 김치, 카페라테, 카푸치노), 의류(POLO, GUESS, DKNY, Mickey Club), 유리(파카글라스, 파카크리스탈), 출판(두산백과, 두산출판, 두산인쇄, 동아전과, 소녀 졸업, GQ 코리아, VOGUE KOREA, 리더스 다이제스트), 수입품(VOLVO S80, 월풀), 기타(두산타워, 연강홀, 두산베어스, 인지질, 두산 배합사료, 식물 성장제 'LPE') 등을 불매운동 대상 상품으로 지정했다.

22 광주경실련 등 광주지역 10개 시민단체는 로케트전기와 광주은행이 여직원 중 육아휴직자와 고령 직원을 정리해고한 것과 관련, 복직이 받아들여지지 않을 경우 소비자단체와 연계해 상품 불매운동과 거래 중단 등을 하기로 결의했다(경향신문, 2004. 2. 18).

사진 4-36 두산제품 불매운동 선전물
(출처: 전국민주노동조합 총연맹)

비롯해 이랜드 그룹이 운영하는 패션업체, 호텔 및 레스토랑의 목록을 공개하고 비정규직을 위한 싸움이 승리할 수 있도록 이랜드 그룹의 모든 상품에 대한 불매운동에 동참해달라고 호소했다. 인터넷에서는 불매운동을 주장하는 글이 퍼지고, 노동시민단체, 지식인 등을 중심으로 전국 각지로 자발적 이랜드 불매운동 움직임이 확산되었다(경향신문, 2007. 7. 13; 연합뉴스, 2007. 7. 16; 한겨레, 2007. 7. 13). 2009년에는 기타제조업체 콜트콜텍 노동자의 부당해고에 맞서 뮤지션들의 불매운동이 일어났다. 콜트콜텍의 노동자투쟁은 2005년부터 있었으나 노동자 분신사태 등이 일어나면서 알려지기 시작했다. 특히 해고노동자들이 미국과 일본 등에서 원정 투쟁까지 벌이면서 세계적인 뮤지션들의 비판이 이어지고 콜트콜텍 노동자들

사진 4-37 이랜드 불매운동 선전물
(출처: 전국민주노동조합총연맹)

사진 4-38 공연 중 콜트 콜텍 노동자에 대한 지지를 표현한 오조매틀리 (출처: 문화연대)

을 지지하는 국제 네트워크가 조직됐다(경향신문, 2010. 1. 25; 프레시안, 2010. 7. 27).[23] 2010년에는 재능교육 불매운동이 있었다. 부당해고와 단체협약파기 등이 상습적으로 발생하면서 재능교육 노조는 국민들에게 재능교육 상품 불매운동을 호소하고 대학생에게는 재능교육 입사거부운동을 벌였다. 이에 학부모단체들은 재능교육 불매운동을 선언하며 연대했다. 한때 학습지업계 2위였던 재능교육은 이 시기 4위까지 추락했다. 재능교육 투쟁은 학습지교사의 노동자성 문제, 특수고용노동자의 노조 결성 문제 등의 상징이 되었다(경향신문, 2010. 7. 28; 연합뉴스, 2010. 12. 21; KBS뉴스, 2018. 6. 16).

식품 안전 문제와 관련된 불매운동도 많이 일어났다. 단무지 자투리로 만든 '쓰레기만두'를 제조 판매해온 업체들의 명단이 공개되고 CJ 등 대기업의 만두 역시 OEM 방식으로 쓰레기 만두소를 납품받았다는 사실이 알려지면서 유통업계에서는 만두제품 판매를 전면 중단

23 2019년 4월, 13년(4,464일) 만의 투쟁 끝에 콜텍 노동자들과 사측이 합의에 이르렀다는 소식이 전해졌다(한국일보, 2019. 4. 22).

사진 4-39 재능교육노조가 낸 불매운동 대국민 호소 광고

했다. 그러나 소비자들은 만두뿐 아니라 해당 업체가 만든 식품 전체에 대한 불매운동을 벌였으며 '불량만두 쓰레기만두 불량식품 근절 운동본부' 등 관련 인터넷 카페까지 생겨났다(동아일보, 2004. 6. 10). 이에 소시모 측은 '쓰레기만두' 사건에 연루된 사업자와 보건 당국을 상대로 민·형사상 책임을 묻는 소비자 집단소송을 내겠다고 밝혔다(동아일보, 2004. 6. 12). 2006년에는 CJ푸드 시스템이 단체 급식하는 서울 시내 14개 중·고교에서 메스꺼움과 구토, 발열, 복통, 설사 증상을 보이는 환자가 집단 발생함에 따라 이 업체가 단체 급식하는 초중고교 40곳에 대해 급식 중지 조치를 내렸다. 특정 지역 학교 40곳에 한꺼번에 급식 중지 조치가 내려진 것은 사상 최대 규모였다. 전교조와 학교급식전국네트워크, 참교육학부모회 등 학부모단체들은 기자회견을 열고 학교급식의 직영화를 촉구했으며, 시민단체는 CJ푸드시스템 불매운동에 나섰다(경향신문, 2006. 6. 23; 한겨레, 2006. 6. 23). 또한 조제분유 10개 제품에서 금속성 이물질이 검출됐다는 소비자단체의 발표에 이어 남양유업의 산양분유에서 아기에게 치명적인 '엔테로박터 사카자키균'이 검출되었다는 발표가 나왔다. 할인점 등 유통 매장에서는 사카자키균이 발견된 해당 분유는 물론 남양유업의 다른 제품까지도 환불해달라는 소비자 요구가 빗발쳤고, '안티 남양분유', '남

양유업 안티', '남양분유 피해사례' 등의 사이트들이 잇따라 개설되면서 손해배상 청구 및 불매운동으로까지 번졌다(동아일보, 2006. 9. 12). 2008년 3월에는 노래방을 중심으로 유통되는 새우깡에서 생쥐머리로 추정되는 이물질이 발견되었다는 뉴스가 나와 온 국민이 경악했다. 게다가 이물질이 발견된 후 한 달 동안 별다른 조치를 취하지 않은 것으로 드러나 소비자들은 농심 본사에 단체 항의전화를 걸고 농심 제품 불매운동에 들어갔다. 특히 한국소비자연맹, 소비자 문제를 연구하는 시민의 모임 등 8개 소비자단체가 2007년 8월부터 2008년 1월까지 6개월 동안 접수된 가공식품 안전위생 고발상담에서 농심 제품이 가장 많았다고 밝히면서 농심 불매운동은 더욱 확대되었다(경향신문, 2008. 3. 18; 동아일보, 2008. 3. 19). 바로 이어 동원 F&B 참치 통조림에서 칼날 조각이 발견돼 먹거리에 대한 불안이 더욱 증폭되었다(경향신문, 2008. 3. 20). 쥐머리깡과 칼날참치로 대변되는 2008년의 식품기업의 문제는 식품 집단소송제라는 과제를 남겼다.

2000년대는 대기업, 중소기업, 그리고 소비자 간 갈등도 폭발적으로 증가했으며 이로 인한 다양한 불매운동이 발생했다. 2006년 2월에는 개학을 앞두고 학부모와 교복업체 간 교복값 공방이 일어났다. 중·고등학교 교복의 가격이 점점 올라가자 1999년 교육운동단체와 지역 시민운동단체들은 교복 공동구매운동을 시작했다. 이 운동으로 대기업의 교복값이 잇달아 인하되었으며 '헌 교복 물려 입기 행사'가 진행되기도 했다. 그러나 대형 교복사들은 가격을 담합하고 교복 공동구매운동에 대한 방해 행위를 하여 공정거래위원회로부터 과징금을 부과받기도 했다. 이에 전국 400여 개의 중·고등학교 3,525명의 학부모가 부당한 교복가격 피해 손해배상 청구소송을 제기했고 2005

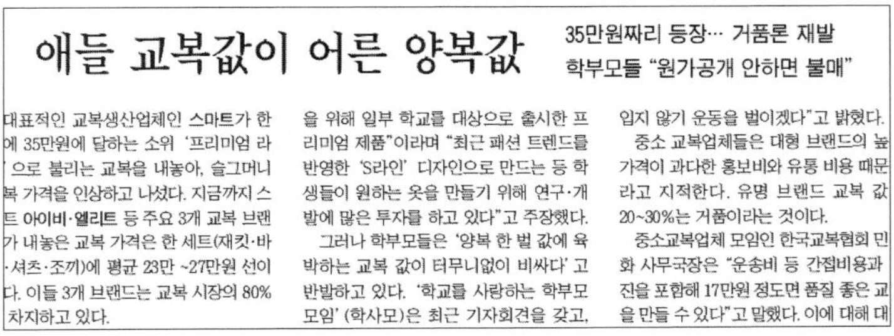

애들 교복값이 어른 양복값

35만원짜리 등장… 거품론 재발

학부모들 "원가공개 안하면 불매"

대표적인 교복생산업체인 스마트가 한에 35만원에 달하는 소위 '프리미엄 라'으로 불리는 교복을 내놓아, 슬그머니 복 가격을 인상하고 나섰다. 지금까지 스트 아이비·엘리트 등 주요 3개 교복 브랜가 내놓은 교복 가격은 한 세트(재킷·바·셔츠·조끼)에 평균 23만 ~27만원 선이다. 이들 3개 브랜드는 교복 시장의 80% 차지하고 있다.

을 위해 일부 학교를 대상으로 출시한 프리미엄 제품"이라며 "최근 패션 트렌드를 반영한 'S라인' 디자인으로 만드는 등 학생들이 원하는 옷을 만들기 위해 연구·개발에 많은 투자를 하고 있다"고 주장했다.

그러나 학부모들은 '양복 한 벌 값에 육박하는 교복 값이 터무니없이 비싸다'고 반발하고 있다. '학교를 사랑하는 학부모 모임' (학사모)은 최근 기자회견을 갖고, 입지 않기 운동을 벌이겠다"고 밝혔다.

중소 교복업체들은 대형 브랜드의 높 가격이 과다한 홍보비와 유통 비용 때문라고 지적한다. 유명 브랜드 교복 값 20~30%는 거품이라는 것이다.

중소교복업체 모임인 한국교복협회 민화 사무국장은 "운송비 등 간접비용과 진을 포함해 17만원 정도면 품질 좋은 교을 만들 수 있다"고 말했다. 이에 대해 대

사진 4-40 학부모의 불매운동을 야기한 비싼 교복 가격
(출처: 조선일보, 2009. 7. 23)

넌 소송 4년 만에 원고승소판결이 나와 피해 보상금도 받았다(중앙일보, 2005. 6. 21). 그런데 공동구매운동이 저조한 틈을 타 교복 시장을 과점하고 있던 대기업 3사가 다시 교복 가격을 담합하여 인상했다는 의혹이 일어나 학부모단체들은 교복 원가 공개와 교복값 인하 조치를 요구하고, 이에 응하지 않을 경우 전국 중고등학교를 중심으로 교복 불매운동을 벌이겠다고 밝혔다(경향신문, 2007. 1. 28; 동아일보, 2006. 2. 14). 이에 대해 교육부는 신입생들이 교복을 공동구매할 시간적 여유를 감안해 교복 착용 시기를 5월로 늦추었다(동아일보, 2007. 2. 7). 그러나 2009년 대형업체 교복값이 또 인상되면서 학교를 사랑하는 학부모모임은 정부가 나서서 '본사 - 총판 - 대리점'으로 이어지는 메이커 교복 시장의 가격 거품을 빼야 한다고 주장하며 불매운동을 포함해 공동구매 유도 등 다양한 운동을 펼 것이라고 말했다(SBS뉴스, 2009. 2. 16). 2009년 대형 유통업체의 잇단 지방상권 진출과 24시간 영업 등 공격적인 영업전략 등에 대한 지역 주민들의 반발이 전국적으로 거세졌다. 충북지역 21개 시민 · 사회단체와 지자체 · 정치인 · 소상공인 등으로 구성된 '충북민생경제살리기운동본부'는 삼성 홈플

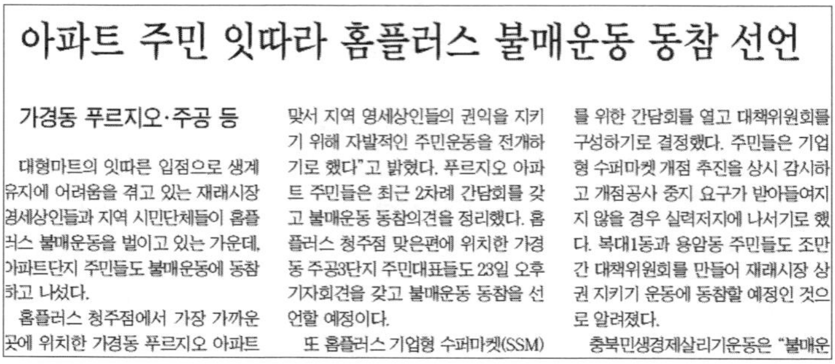

아파트 주민 잇따라 홈플러스 불매운동 동참 선언

가경동 푸르지오·주공 등

대형마트의 잇따른 입점으로 생계유지에 어려움을 겪고 있는 재래시장 영세상인들과 지역 시민단체들이 홈플러스 불매운동을 벌이고 있는 가운데, 아파트단지 주민들도 불매운동에 동참하고 나섰다.

홈플러스 청주점에서 가장 가까운 곳에 위치한 가경동 푸르지오 아파트 맞서 지역 영세상인들의 권익을 지키기 위해 자발적인 주민운동을 전개하기로 했다"고 밝혔다. 푸르지오 아파트 주민들은 최근 2차례 간담회를 갖고 불매운동 동참의견을 정리했다. 홈플러스 청주점 맞은편에 위치한 가경동 주공3단지 주민대표들도 23일 오후 기자회견을 갖고 불매운동 동참을 선언할 예정이다.

또 홈플러스 기업형 수퍼마켓(SSM) 를 위한 간담회를 열고 대책위원회를 구성하기로 결정했다. 주민들은 기업형 수퍼마켓 개점 추진을 상시 감시하고 개점공사 중지 요구가 받아들여지지 않을 경우 실력저지에 나서기로 했다. 복대1동과 용암동 주민들도 조만간 대책위원회를 만들어 재래시장 상권 지키기 운동에 동참할 예정인 것으로 알려졌다.

충북민생경제살리기운동은 "불매운

사진 4-41 확산되는 충북지역 홈플러스 불매운동
(출처: 조선일보, 2009. 7. 23)

러스가 24시간 영업 철회와 상생협약에 나서지 않을 경우 불매운동은 물론 대규모 집회를 여는 등 대응 강도를 높일 것이라고 밝혔다(경향신문, 2009. 5. 13). 소상공인 등 관계자들 외에 지역민을 대표하는 각계각층이 연대해 유통업체의 영업에 대해 공동대응에 나선 것은 이례적인 일이었다.

또한 기업의 거액의 광고모델료도 소비자 이슈가 되었다. 2001년 남양유업은 한 연예인과 8억 원짜리 광고계약을 했다가 모델료 대신 분유 값을 인하하고 그렇지 않으면 불매운동을 벌이겠다는 주부들의 항의로 결국 광고를 포기했는가 하면(오마이뉴스, 2001. 4. 13), 아모레퍼시픽 화장품 '헤라HERA'의 2년 전속 모델 계약료가 1년에 10억 원이라는 업계의 추정이 나돌면서 소비자들은 광고를 철회하지 않으면 불매운동을 하겠다며 분노했다(동아일보, 2006. 8. 29).

환경 문제를 야기한 기업에 대한 불매운동도 꾸준히 일어났다. 2007년 12월에는 충남 태안 앞바다에서 홍콩 선적 유조선 '허베이 스피릿호'가 삼성중공업 소속 대형 해상 크레인선과 충돌해 원유가 바

다로 유출되는 사상 최악의 해양사고가 발생했다. 사고를 수습하는 과정에서 삼성중공업 측은 이렇다 할 사과와 지원 대책을 내놓지 않은 채 책임을 회피하기에 급급했다. 게다가 사고 피해를 입은 어민이 목숨을 끊었고 삼성중공업이 배상 책임을 50억 원으로 제한해달라는 신청을 법원에 냈다는 소식까지 전해지면서 삼성제품 불매운동이 전국적으로 일어났다(한겨레, 2008. 12. 22). 또한 환경정의시민연대는 현대 기아차가 출시한 경유차인 '엑스트렉'이 배출 가스 기준을 충족하지 못해 단종된 카렌스 II의 변형모델에 불과하다고 주장하며 단종하지 않으면 불매운동을 하겠다고 선언했고(경향신문, 2003. 5. 2), 녹색연합은 녹색소비생활지침으로 과대포장제품 및 일회용품 불매, 26일은 아무것도 사지 않는 날 등을 제안하고 시민들의 동참을 촉구하기도 했다(한겨레, 2003. 11. 26).

정경 유착 문제와 관련된 불매운동도 있었는데 삼성그룹 전략기획실의 법무팀장으로 근무했던 김용철 변호사가 삼성 비자금을 고발한 후 60여 개 시민단체는 '삼성 이건희 일가의 비자금 조성과 경영권 승계 불법행위 진상 규명을 위한 국민운동'을 발족했다. 그리고 삼성에 대한 특검을 즉각 실시할 것을 주장하고 이 요구가 받아들여질 때까지 삼성의 사회적 기여 및 기부금을

사진 4-42 네티즌이 제작한 것으로 알려진 삼성불매운동 스티커

사회적 뇌물로 간주할 것임을 천명하면서 족벌체제가 종식될 때까지 삼성제품에 대해 범국민적 불매운동을 벌일 것을 선언했다(경향신문, 2007. 11. 6; 프레시안, 2007. 11. 19).

한편 하나로텔레콤이 초고속 인터넷 통신상품에 가입한 고객 600여만 명의 개인정보를 불법 유출한 사실이 알려졌다. 녹색소비자연대전국협의회, 소비자시민모임, 한국YMCA 전국연맹 등 소비자단체들은 하나로텔레콤에 대한 해지 및 불매운동을 벌였고 정보 유출 피해자를 대리해 집단 소송에 나섰다(경향신문, 2008. 4. 28).[24] 이 사건을 계기로 초고속인터넷 업체들은 텔레마케팅을 중단했으며 인터넷상 개인정보 보호에 대한 사회적 논의가 확산되었다.

2007년에는 생명보험회사가 계약자에게 상장 차익을 배분할 필요가 없다는 상장규정 개정안이 승인되면서 '생보사 상장 계약자 공동대책위원회'는 금감위원장 등을 직권 남용 혐의 등으로 고발한 데 이어 생명보험사를 상대로 주주 지위 확인 소송을 내고 삼성·교보생

사진 4-43 소비자단체, 하나로텔레콤 불매운동 선언
(출처: 녹색소비자연대 전국협의회)

24 법원은 집단소송에 참여한 2만 3천여 명 중 2,348명에게 10만 원에서 20만 원의 위자료를 지급하라는 판결을 내렸다(조선일보. 2011. 7. 30). 이 사건은 동의의 방식, 수집 목적을 벗어난 개인정보 활용에 대한 기준을 제시한 중요한 사안이었지만, 동시에 집단소송의 문제, 예를 들면 소송에 직접 참여하지 않은 피해자는 배상을 받을 수 없다는 문제를 드러낸 사안이기도 하다.

명 상품 불매운동 등을 벌였다. 지금까지 계약자 배당을 둘러싼 논란은 주로 경제정의실천시민연합과 참여연대, 경제개혁연대 등 시민단체들이 생명보험사 계약자의 목소리를 대신 전하는 '대리전'의 성격이 강했지만, 본 사건을 계기로 계약자들인 보험 소비자들이 직접 소송과 불매운동 등에 나서게 되었다(한겨레, 2007. 4. 27).

이 외에도 천주교와 개신교를 중심으로 일어난 사후피임약 불매(동아일보, 2001. 7. 26), 인간 복제를 시도하는 병원에 대한 불매(동아일보, 2001. 9. 6), 광주 · 전남민주언론운동시민연합의 지역감정 조장 언론에 대한 불매(한겨레, 2003. 4. 28), 신행정수도 이전에 반대 논리를 펴온 조선일보와 동아일보에 대한 충청도민의 불매(한겨레, 2004. 11. 12), 초고속인터넷 요금의 종량제 전환을 주도한 KT에 대한 불매(한겨레, 2005. 3. 27), 고의로 등록세를 회피한 롯데백화점에 대한 불매(경향신문, 2005. 8. 6), 황우석 교수를 지지하는 단체의 MBC PD 수첩 및 MBC 광고 상품 불매(조선일보, 2005. 11. 24), 미국산 식용 칼로스 쌀 수입에 반대하는 시민단체의 불매(경향신문, 2006. 4. 5), 한화그룹 김승연 회장이 아들을 대신해 나선 소위 '보복 폭행'에 대한 한화 불매(헤럴드경제, 2007. 5. 18), 신정아 씨의 인권을 침해하고 선정적으로 보도한 문화일보에 대한 언론단체와 여성단체의 불매(일다, 2007. 9. 14),[25] 대한뉘우스 폐지를 위한 극장 불매 및 영화 안 보기 운동(주간한국, 2009. 7. 8), 그리고 가수 재범의 2PM 탈퇴에 대한 팬들의 JYP 불매운동(동아일보, 2009. 9. 11) 등 다양한 개인과 단체들이 다양한 이유로

25 이후 신정아 씨는 문화일보에 초상권과 인격권을 침해당했다며 소송을 내 승소했다(연합뉴스, 2011. 1. 18).

크고 작은 규모의 불매운동을 주도하기 시작한 2000년대였다. 이러한 경향은 2010년대 더욱 확산되었을 뿐 아니라 개인 미디어의 대중화와 함께 그 영향력 또한 폭발적으로 증가하게 된다.

7. 2010년대

2010년대에 들어서면서 소비자 불매운동은 양적인 측면에서 엄청나게 증가했다. 우선 식품 안전 문제가 불거졌는데 소주부터 과자까지 그 품목도 다양했다. 대구 · 경북지역 최대 주류업체인 (주)금복주는 수돗물로 만든 소주를 100% 천연 암반수 소주로 표기하고 판매한 것이 드러난 후 잘못 표기된 병 제품은 전량 수거했다며 허위 광고에 대한 사과가 아니라 수거에 최선을 다했다는 점만 내세웠다. 게다가 수돗물도 고도 정수 처리하면 안전하고 깨끗해 품질은 암반수 소주와도 별 차이가 없다는 입장을 내놓아 소비자들의 분노를 샀으며 대구 · 경북을 중심으로 불매운동이 시작되어 전국으로 확산되었다(경북일보, 2009. 12. 30; 경향신문, 2010. 4. 14). 2014년에는 부산 · 경남 지역의 대표 막걸리 '생탁'이 허위광고 및 위생 불량 문제로 불매운동의 대상이 되었다. 수돗물을 사용하면서도 천연 암반수라고 허위 과장 광고한 점, 비위생적인 제조환경, 제조일자 허위 기재, 제품을 냉장 트럭이 아닌 일반 트럭으로 수송한 점 등 각종 식품위생법 위반이 드러나 불매운동이 본격적으로 시작됐다(오마이뉴스, 2014. 8. 12). 2014년 10월에는 동서식품 시리얼에서 대장균이 검출되었다. 제품 출고 직전 대장균이 검출된 시리얼을 새 제품과 섞어 판매했다는 것이다. 동서식품

동서식품 시리얼, 대장균群(균) 검출 제품 재사용

식약처 "오염제품 폐기않고, 다른 제품과 섞어 만든 정황"
아몬드 후레이크' 유통 금지… 동서식품 "정상적인 공정"

식품의약품안전처는 13일 ㈜동서식품이 오염된 부적합 제품을 재사용한 정황을 잡고 이 회사가 제조한 시리얼 제품 '포스트 아몬드 후레이크'의 유통·판매를 잠정 금지시켰다고 밝혔다.

식약처는 동서식품이 진천공장에서 이 제품을 생산하면서 자체 품질검사에서 대장균군(대장균과 비슷한 세균 집합)이 나온 제품을 폐기하지 않고 다른 제품들과 섞어 완제품을 만든 정황을 발견했다고 말했다.

식약처 관계자는 "대장균군이 검출된 제품은 압류·폐기하고, 오염제품이 다른 제품과 얼마나 섞여 있는지 정확히 파악하기 어렵기 때문에 '포스트 아몬드 후레이크' 제품 전체의 유통·판매를 잠정 중단시켰다"고 말했다. 식약처는 유통 제품들을 긴급 수거해 검사하고 있으며, 결과가 나오는 대로 후속 조치를 취할 예정이다.

이에 대해 동서식품 관계자는 "반제품의 경우 대장균군이 의심돼서 불합격하면 살균처리해서 쓰는 것은 정상적인 생산 공정"이라며 "품질 검사를 통과한 제품만 시중에 판매하고 있기 때문에 제품에서 대장균군이 나오지는 않을 것"이라고 말했다.

김정환 기자

사진 4-44 동서식품 시리얼 대장균군 검출 보도
(출처: 조선일보, 2014. 10. 14)

은 자가품질검사에서 대장균이 검출되면 해당 제품의 포장을 뜯어 생산라인으로 돌려보낸 뒤 새 제품 포장 시 소량을 섞어 넣는 수법을 사용한 것으로 전해졌다. 특히 적발된 시리얼인 아몬드 후레이크는 대중들에게 큰 사랑을 받고 있는 대표 시리얼 브랜드라는 점에서 소비자들은 충격에 빠졌고 동서식품 불매운동이 일어났다(동아일보, 2014. 10. 14; 컨슈머타임즈, 2014. 10. 14)).[26] 더구나 동서식품은 2010년 6월에도 '통곡물로 만든 든든한 단호박 후레이크'에서 대장균이 검출되어 제조정지와 회수조치를 당한 바 있어 소비자들의 분노는 더욱 컸다(한겨레, 2010. 6. 23). 또한 크라운제과는 유기농 웨하스 제품에서 황색포도상구균이 검출된 것을 알고도 유통시킨 것이 밝혀져 불매운동의 대상이 되었다(뉴스 1, 2014. 10. 9). 한국소비자단체협의회는 소비자의 권리를 침해하고 안전을 위협하는 동서식품 및 크라운제과의 제품에 대해 불매운동에 앞장설 것이며, 소비자 안전 책임을 엄중히 물을 것이라고 밝혔다(헤럴드경제, 2014. 10. 16). 또한 내수용 과자와 수

26 이 사건으로 이례적으로 동서식품 대표 및 임직원이 식품위생법 위반 혐의로 기소되었지만, 2017년 대법원 무죄가 확정되었다(YTN, 2017. 10. 20).

사진 4-45 크라운제과와 동서식품 퇴출 선전물
(출처: 한국소비생활연구원)

출용 과자를 비교한 내용이 한 방송을 탄 후 내수용 과자가 양도 적은데 가격까지 비싸다는 사실이 알려지면서 국산과자 불매운동이 일어났다. 네티즌들 사이에서 '질소는 과자가 아닙니다'라는 문구가 확산되었고 과자 봉지로 배를 만들어 한강을 횡단하는 퍼포먼스가 벌어졌으며 외국 과자 구입 인증 샷 올리기가 유행하기도 했다(연합뉴스, 2014. 9. 25). 2017년 1월에는 천호식품이 물엿과 캐러멜 색소가 섞인 홍삼 제품을 '100% 홍삼 농축액'으로 팔다 검찰에 적발됐다는 소식과 함께 천호식품 김영식 회장의 촛불집회 폄하 사실까지 알려지면서 불매운동의 대상이 되었다(KBS뉴스, 2017. 1. 6; SBS뉴스, 2017. 1. 3). 2019년에는 맥도날드 햄버거의 감염된 패티로 인해 발병한 일명 '햄버거병' 문제가 심각해지면서 맥도날드 불매운동이 일어났다. 사실 '햄버거병'은 2016년부터 문제가 되기 시작했으며 피해 가족이 맥도날드를 고소했으나 증거불충분으로 불기소 처분을 받았다. 그러나 맥도날드의 비위생적 조리 환경, 오염된 햄버거, 그리고 1차 조사 시 허위진술에 대한 의혹이 끊이지 않았으며 덜 조리된 패티가 계속 발견되면서 2년 만에 재수사에 들어가게 된 것이다. 이에 따라 '정치하는 엄마들' 단체는 피해자 가족과 연대해 한국 맥도날드와 한국 정부를 상대로 단체고발을 진행했고 맥도날드에 대한 불매운동을 벌였다(한겨레, 2019. 1. 22; 한국일보, 2019. 11. 2).

식품뿐 아니라 자동차와 핸드폰 등 공산품의 품질 결함으로 인한 불매운동도 있었는데, 예를 들면 'GM 크루즈 미션결함 카페'가 생겨 한국GM에 대한 온라인 불매운동이 시작되었다. 이들에 따르면 해당 자동차의 변속기 슬립, 저속에서 가속이 안 되는 현상, 심각한 변속 충격, 변속기 오일 누유와 변질 등의 현상이 나타난다는 것이다. 한국GM 측은 그동안 지속적인 고객서비스를 해왔으며 더 이상 수정도 없고 해결할 의지도 없다고 밝혀 소비자들의 불만과 저항이 더욱 강해졌다(MBN, 2011. 8. 2). 삼성전자의 스마트폰 옴니아는 인터넷 접속과 e메일 송·수신이 가능한 최초의 '메이드 인 코리아' 스마트폰으로 사용자들이 꿈꿔왔던 모든 것을 담았다고 광고했지만 인터넷 속도가 느려 '반쪽 스마트폰'이라는 소비자 원성이 생겨났다. 이 와중에 삼성전자는 '갤럭시S'를 선보이면서 옴니아와 옴니아 2의 생산을 중단했다. 약정에 묶여 스마트폰을 교체하기 힘든 옴니아 사용자 83만 명은 옴니아 안티카페를 만들고 삼성전자에 보상을 요구했는데 이에 대해 삼성전자가 성의 있는 태도와 행동을 보이지 않자 삼성불매운동으로 확산되었다. 옴니아 사용자들은 옴니아에 망치질을 하고 화형식까지 하는 퍼포먼스를 하며 삼성전자에 강력히 항의했다(경향신문, 2011. 4. 20). 결국 20만 원의 보상을 제안했으나 지원 금액에 대한 적정성도 논란이 되었지만 삼성전자의 신형 스마트폰으로 기기변경을 할 때만 보상이 된다는 점 때문에 소비자들의 불만은 가라앉지 않았다. 이에 일부 소비자들은 보상안을 거부하고 아이폰을 공동구매하거나 삼성불매운동 시위를 계속했다(연합뉴스, 2011. 4. 27). 차량 연쇄 화재사건에 대한 BMW코리아의 대응 역시 도마 위에 오르면서 불매 대상이 되었다. 특히 BMW 독일 본사가 이미 차의 결함을 알고 있었다는 소식이 전해지면서 피해자들은 BMW 코리아와 딜러사를 상대로 손해 배상 청구소송을 냈다(동아일보, 2018. 12. 26; 중앙일보, 2018. 7. 30).

제품 품질 문제가 소비자의 목숨까지 앗아간 사건도 발생했는데 바로 가습기 살균제이다. 1990년대 중반부터 판매되기 시작한 가습기 살균제는 연간 60만 개가 판매된 지 17년 만인 2011년에 유해성이 알려졌다. 질병관리본부는 원인 불명의 폐 손상에 대한 역학 조사 결과를 발표하고 그 원인으로 가습기 살균제를 지목했으며, 같은 해 11월 11일 보건복지부는 가습기 살균제 제품 수거 명령을 내렸다. 2019년까지 조사된 바에 따르면 총 피해자 수가 7,000여 명에 이르며 이 중 사망자가 1,500명에 이른다. 그러나 가습기 살균제 시장점유율에서 1위를 차지하고 있던 옥시레킷벤키저(이하 옥시)는 2013년 열린 국정감사에서 피해자 지원은 하겠지만 옥시 제품으로 인한 폐 손상인지 여부에 대해서는 법적 판단을 지켜봐야 한다고 말해 본격적인 옥시 제품 불매운동에 불을 붙였다. 소비자단체를 비롯한 시민단체의 주도로 옥시 불매운동이 거세게 일어났으며 대형마트, 온라인 쇼핑몰 등에서 옥시 제품에 대한 신규 발주를 중단했고 전국 편의점, 약국 등도

사진 4-46 옥시제품 버리기 퍼포먼스
(출처: (사)소비자시민모임)

사진 4-47 옥시 불매 운동을 호소하는 소비자 시민모임 회원들
(출처: (사)소비자시민모임)

불매운동에 동참했다(경향신문, 2013. 11. 1, 2017. 3. 9; 동아일보, 2016. 4. 22; 연합뉴스, 2016. 4. 20; 컨슈머타임즈, 2013. 11. 12; 한겨레, 2017. 3. 9). 그 결과 옥시 제품의 판매량은 대폭 감소했고 옥시는 생활용품을 단종하고 국내 공장을 폐쇄하는 등 치명적인 타격을 입었다. 그러나 제품에 회사 이름인 옥시를 빼고 영국 본사의 영문 이니셜만 들어간 RB코리아로 바꾸어 옥시 제품임을 확인하기 어렵게 하는 꼼수를 부리고 있는 것이 알려지고 2018년에는 옥시가 생활용품을 줄이고 의약품으로 사업을 재개하면서 옥시 의약품 불매운동이 다시 일어났다(여성신문, 2018. 6. 19; 오마이뉴스, 2018. 4. 17). 소비자들은 인터넷과 소셜 미디어를 중심으로 옥시 제품 목록과 대체상품 목록을 공유하면서 불매운동을 이어갔다. 가습기 살균제 가해 기업으로 옥시가 가장 많이 언급되고 옥시를 표적으로 한 불매운동이 가장 활발히 전개되었지만, 두 번째로 많은 피해자를 낸 애경산업과 SK케미칼은 최근까지도 검찰의 수사망은 물론 불매의 적극적인 표적이 되지 않았다. 그러나 2019년 가습기 살균제에 대한 검찰의 재수사가 시작되면서 SK케미칼로부터 CMIT · MIT 원료를 받아 주문자상표부착생산(OEM) 방식

사진 4-48 옥시제품 불매운동 페이스북 페이지

으로 '가습기 메이트'를 만든 뒤 애경산업에 납품한 필러물산의 대표가 구속되었고, 애경산업 및 SK케미칼의 대표 및 임원들도 증거 인멸 혐의로 구속되면서 애경산업에 대한 불매운동이 일어났다(조선일보, 2019. 7. 5). 가습기 살균제 가해 기업에 대한 불매운동은 현재 진행형이다.[27]

2017년 2월에는 한국 P&G가 수입 유통하는 기저귀인 팸퍼스 베이비 드라이에서 살충제 성분인 다이옥신이 검출되어 산업통상자원부 국가기술표준원이 안정성 조사에 들어갔다는 사실이 알려졌다(경향신문, 2017. 2. 3). 이 논란은 외신에서 먼저 보도했는데, 프랑스 소비 전문지 『6000만 소비자들*60 millions de Consommateurs*』은 최근 프랑스에 유통 중인 12개 기저귀를 조사한 결과 '팸퍼스 베이비 드라이' 등 10개 기저귀에서 제초제 · 살충제 같은 잠재적 발암물질이 발견됐다고 보도했다. 국내에도 이 내용이 알려지면서 소비자들의 반발과 환불 요구, 그리고 불매운동이 벌어졌으며 대형마트들도 해당 기저귀의

27 2019년 옥시의 영국 본사인 레킷벤키저RB의 신임 최고경영자가 한국의 가습기 살균제 피해자와 가족들에게 사죄하고 문제 해결을 위해 노력하겠다는 뜻을 처음으로 밝혔다(조선일보, 2019. 12. 1).

온오프라인 판매를 중단하기로 결정했다(한겨레, 2017. 2. 3). 6월에는 보니코리아의 유아용 매트 '아웃라스트 에어매트'를 사용한 뒤 아이 건강에 이상이 생겼다는 피해 사례가 속출했다(한겨레, 2017. 6. 9). 소비자들의 피해 호소와 항의가 있음에도 보니코리아는 미온적으로 대응하고 책임을 회피했다. 이에 피해자들은 피해 사례를 접수하는 온라인 카페를 만들고 소송을 진행하는 절차를 밟는가 하면, 다음 아고라 이슈 청원 사이트에서 '보니코리아에 환불 및 진실 규명을 요구한다'는 온라인 서명운동과 함께 불매운동을 벌였다. 결국 산업통상자원부 국가기술표준원이 조사에 들어갔으며, 한국소비자원은 보니코리아 아웃라스트 소재 유아용 섬유제품 사용 자제를 당부하는 소비자안전주의보를 발령했다(SBS뉴스, 2017. 6. 23). 또한 여성환경연대가 생리대 10종의 유해물질 방출시험 결과 모든 제품에서 유해물질이 나왔으며, 특히 '릴리안 파우더향 팬티라이너'에서 가장 많은 스타이렌이 검출되었다고 발표한 이후 소셜 미디어를 중심으로 여성들의 릴리안 생리대 부작용 사례가 급속도로 퍼졌다(동아일보, 2017. 8. 21). 논란이 확산되면서 식품의약품안전처가 두 번에 걸쳐 전수조사를 진행한 뒤 국내에서 판매되는 생리용품에 들어 있는 휘발성 유기화학물은 인체에 무해한 수준이라고 발표

P&G 팸퍼스 기저귀 독성물질 검출 논란

"'옥시 가습기 사건'이 터진 지 얼마나 지났다고 이젠 독성 기저귀냐. 불안해서 못 살겠다."(서울 강동구 주부 송모씨)

글로벌 생활용품 업체인 피앤지(P&G)의 '독성 기저귀 논란'이 국내에서 확산되고 있다. 인터넷 사이트를 통해 소비자들 반발이 쇄도하고, 대형 마트와 티몬·옥션

사진 4-49 P&G 팸퍼스 기저귀 독성물질 검출
(출처: 조선일보, 2017. 2. 3)

사진 4-50 김보람 감독의 생리에 관한 다큐멘터리 영화 '피의 연대기'

했다. 그러나 소비자들의 불안감은 더 가중되었다. 깨끗한 나라의 주가가 일주일 새 16%가 폭락했으며, 생리컵 등 대안용품을 찾는 여성들이 급증하는 등 릴리안 생리대는 물론 일회용 생리대에 대한 여성들의 불매가 거세게 일어났다(동아일보, 2017. 8. 23). 또한 여성소비자 299명은 소비자 안전을 위한 최소한의 설명 의무조차 이행하지 않았다며 깨끗한 나라를 상대로 집단 손해배상 청구소송을 제기했다(조선일보, 2017. 12. 11).[28]

2018년 3월에는 아모레퍼시픽의 일부 화장품에서 중금속 안티몬이 초과 검출되어 자진회수에 들어갔으나 소비자들은 굴지의 화장품 회사의 품질관리 수준을 비난하며 불매운동에 들어갔다(동아일보, 2018. 3. 20). 더구나 아모레퍼시픽의 유해물질 논란은 이번이 처음이 아니었다. 2016년에는 일부 브랜드의 마스카라에서 프탈레이트 기준치

28 한편, 2018년 깨끗한 나라 측은 오히려 여성환경연대가 회사의 명예와 신용을 훼손했다며 손해배상 소송을 제기했다(중앙일보, 2018. 3. 20).

초과로 판매업무정지 6개월의 처분을 받아 2015년에서 2016년 5월까지 행정처분(판매정지) 1건, 제품 회수 3건 등 총 4건이나 있어 동종업계 다른 기업과 비교해 가장 많았다(연합뉴스, 2016. 5. 17).

대기업이 운영하는 대형마트와 중소업체 및 영세자영업자의 갈등이 본격화되기 시작하면서 대형마트에 대한 불매운동이 이어졌다. 대기업 계열 대형마트에서 피자나 치킨 등 동네 영세상인의 생존권을 위협하는 제품을 싼값에 판매하면서 영세상인은 물론 소비자의 반발을 불러일으켰다. 특히 당시 신세계 부회장이었던 정용진 씨가 자신의 트위터에 이마트에서 저렴하게 피자를 파는 것이 문제가 없다는 입장을 밝히면서 기업형 슈퍼마켓Super Supermarket, SSM의 확장에 비판적인 태도를 보이던 소비자들 사이에서 이마트 불매운동이 일어났다(경향신문, 2010. 10. 26, 10. 29). 롯데마트 역시 '통 큰 치킨'을 저렴하게 판매하면서 롯데그룹 전체 불매운동을 야기했다(연합뉴스, 2010. 12. 10). 결국 롯데마트는 통 큰 치킨 판매를 중단한다고 밝혔지만 역으로 일부 소비자는 통큰 치킨을 구매하려는 소비자의 의사를 무시한 결정이라며 롯데마트 불매운동을 해야 한다고 주장하기도 했다(동아일보, 2010. 12. 13). 이 사건으로 골목상권을 침해하는 재벌가의 대형마트 문제가 공론화되었다. 그러나 통 큰 치킨으로 홍역을 치른 롯데마트가 미국산 갈비 '통 큰 세일'에 나서 다시 논란을 일으켰다. 특히 2011년 1월에는 전국적으로 구제역이 발생해 전국의 한우농가가 고통받던 시기였다. 한우협회는 상도의도 모르는 롯데마트와는 앞으로 어떤 공동행사도 하지 않을 것이며 농민단체와 연대해 롯데마트 불매운동을 시작할 것이라고 밝혔다(한겨레, 2011. 1. 6). 이외에도 전국 각지에서 대형마트와 SSM에 대한 불매운동이 일어났는데, 전북도의회는 대형마트와 SSM의 2시간 영업단축과 월 3회 휴업을 제시하고 이에 불응할 경우 불매운동과 서명운동을 통해 강력하게 대처할 것을 선언했으며(연합뉴스, 2011. 1. 12), 부산에서도 의무 휴업일에 영업을 강행한 매가마트에 대해 ㈔한국여성소비자연합을 비롯한 시민사회단체들이 책임 있는 사과와 재발 방지책을 내놓지 않을 경우 불매운동까지 벌이겠다고 경고했다(부산일보, 2014. 1. 28; 조선일보, 2014. 1. 28).

2009년 조중동 광고기업 불매운동에 이어 2011년에는 조중동이 방송에 진출하면서 조중동 방송에 투자하는 기업에 대한 불매운동이 일어났다. 2009년 종편사업이 논의되면서 언론소비자주권국민캠페인은 종편 컨소시움에 참여하는 기업에 대한 불매운동을 벌였다(경향신문, 2009. 9. 4). 결국 종편사업자 4곳이 선정되자 언론계, 노동계, 종교계, 시민사회단체 등이 조직한 '조·중·동 방송 퇴출 무한행동'은 조·중·동 방송 1차 불매운동 선포식을 열고 불매운동의 대상이 되는 기업체 8곳과 제품 목록 등을 공개했다(한겨레, 2011. 3. 8).[29] 무한행동은 종편에 출자하는 기업과 제품 목록, 불매운동 참여 방법이 담긴 스티

사진 4-51 시민단체의 조중동 방송 불매운동 선포식
(출처: 한겨레, 2011. 3. 8)

사진 4-52 조중동 방송에 투자한 기업과 제품들
(출처: 한겨레, 2001. 3. 8)

커를 시민들에게 배포하고 불매운동 동참을 촉구하는 서명운동을 벌였다. 또한 4개의 방송사가 개국을 하면서 언론시민단체에서는 종편 시청 거부 및 종편 광고기업 불매운동을 계속 이어가기로 하고 우선 종편 4곳에 83억 원을 투자한 KT에 대한 소비자 불매운동을 시작했다(한겨레, 2011. 11. 27).

1990년대부터 본격적으로 제기된 환경 문제는 2010년대까지도 계속 이어져 소비자들은 환경오염을 야기한 기업에 대해 지속적으로 불매운동을 펼쳤다. 4대 종단이 4대강 사업에 참여하는 기업들의 상품 불매운동을 주도했으며(한겨레 2010. 10. 3) 환경운동연합은 2014년부터 육상 폐기물의 해양 투기를 금지하기로 한 정부정책에 대해 일부 대기업들[30]이 '육상 처리가 불가능한 경우 한시적으로 해양 투기를 할 수 있다'는 예외 조항을 들어 해양 투기를 계속하게 해달라고 요구하고 있다며 해양 투기를 연장하는 기업을 대상으로 항의방문 및 불매운동을 벌일 것이라고 밝혔다(연합뉴스, 2013. 10. 16). 2014년 1월에는 전남 여수시 GS칼텍스 원유부두에서 대형 원유 운반선인 '우아선호'

29 불매운동 대상 기업은 대한항공 · 동아제약 · 녹십자(이상 조선일보), 에이스침대 · 한샘 · 일동제약(이상 중앙일보), 삼양사(동아일보), 동광제약(매일경제신문)이다.

30 롯데그룹 · 금호석유화학 · SK그룹 · 대상 · 삼양 · 서울우유 · 하림 · 하이트진로 · 한솔 · 효성 등은 비용 절감을 위해 해양투기 연장계획을 가진 것으로 나타났다고 밝혔다(연합뉴스, 2013. 10. 16).

가 무리한 접안 시도 중 원유 수송관로를 파손, 많은 양의 기름이 바다에 유출되는 사고가 발생했다. 애초에 GS칼텍스가 주장한 유출량보다 200배가 넘는 기름이 유출된 것으로 나타나 유출량 축소 논란과 함께 초동 대응의 문제점이 지적되면서 피해 주민들, 여수 및 광양 등 인근 지역의 시민단체, 그리고 시의회 등은 광범위한 피해조사 실시, 직접적인 어업피해와 간접적인 주민피해 조사, 보험사에 떠넘기는 행위 중단 등 근본적인 정부대책과 GS칼텍스의 책임있는 자세를 촉구했다. 그리고 이 같은 조치가 취해지지 않으면 GS칼텍스와의 전면전을 선포하고 불매운동 등 모든 수단을 동원해 대처하겠다고 밝혔다(뉴스1, 2014. 2. 10; 한겨레, 2014. 2. 26). 또한 국방부와 롯데가 사드 배치 부지 교환을 위한 협상을 타결했다는 소식이 전해지면서 김천사드투쟁위원회는 사드 배치 전면 백지화를 요구하며 롯데 불매운동을 선언했다(한국일보, 2016. 11. 17). 이와 관련하여 중국의 경제 보복 강도가 심해지고 중국인들의 반한 감정이 고조되면서 국내에서도 칭타오 맥주, 샤오미 제품 등 중국의 주요제품을 불매하자는 여론이 형성되기도 했다(조선일보, 2017. 3. 7). 한편, 한국GM 군산 공장 폐쇄소식이 알려지면서 군산시와 시의회는 "30만 군산시민들은 범도민 GM차 구매운동을 펼치며 열정을 보여왔는데 사전에 단 한마디 말도 없이 폐쇄 결정을 발표한 것은 GM 측의 만행"이라며 200만 전북도민은 GM차 불매운동으로 대처할 것임을 선언했다(경향신문, 2018. 2. 13). 또한 산업통상자원부가 구미시에 GS그룹이 신청한 화학발전소 설립을 허가해주자 구미시와 구미경실련은 주민건강은 안중에도 없는 행정 편의주의에 따른 결정이라고 비난하고 범시민반대운동과 함께 GS 제품 불매운동에 들어간다고 밝혔다(한겨레, 2017. 5. 31).

가격 인상도 여전히 이슈였다. 2013년 서울우유를 시작으로 매일유업, 남양유업, 빙그레 등 우유업체들이 잇따라 우유 가격을 인상하겠다고 밝혔다. 한국소비자단체협의회는 가격 인상의 근거와 우윳값의 원가를 공개하라고 요구했지만 우유업체들은 리터당 250원 인상을 강행할 뜻을 굽히지 않았다(동아일보, 2013. 8. 7). 그러나 정부가 우유 가격 인상의 적정성 여부를 따지겠다고 압박하고 한국소비자단체협의회가 불매운동을 선언하자 결국 대형마트 유통업체가 가격 인상을 보류한다고 발표하면서 하루 만에 가격 인상은 일단 보류되었다(동아일보, 2013. 8. 9). 또한 2014년 말에는 한국 출시를 앞둔 이케아코리아의 제품 가격이 일본이나 중국보다 비싸게 책정되어 있다는 논란과 함께 공식 홈페이지에 동해를 일본해로 표기했다는 사실이 알려지면서 한국 소비자들 사이에서 불매운동 조짐이 일었다(YTN, 2014. 11. 17). 이후 한국소비자연맹이 이케아의 49개 제품 가격에 대해 OECD 21개국을 비교한 결과 44개 제품이 OECD 평균보다 비싸며, 8개 제품의 가격은 OECD 국가 중 가장 비싸게 책정되었다고 발표하자 불

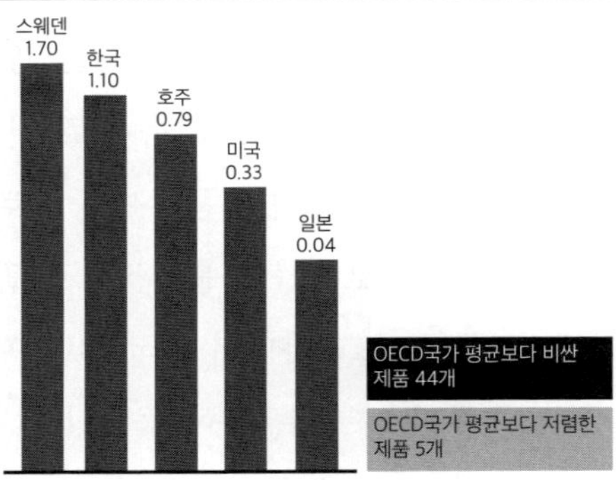

2015. 1. 12~1. 16 기간 동안 평균 매매기준환율로 환산한 가격 비교
각 제품가격의 표준점수임. 표준점수는 (각 제품의 조사가격-각 제품의 평균)/표준편차로 계산함. 표준편차값이 0에 가까울수록 전체 조사의 평균에 가깝다는 의미임.

그림 4-2 OECD 국가 이케아 판매 가격 비교
(출처: 한국소비자연맹)

<표 4-1> 2017년 치킨업계 가격논란 일지(한겨레, 2017. 6. 16)

<table>
<tr><td rowspan="5">인상 철회</td><td rowspan="3">BBQ</td><td>5월 1일</td><td>주요 10개 메뉴 900-2,000원 가격 인상</td></tr>
<tr><td>6월 5일</td><td>1차 인상 당시 제외됐던 메뉴 최대 10% 가격 인상</td></tr>
<tr><td>6월 15일</td><td>공정거래위원회, 광고비 가맹점 떠넘기기 조사, 가격 인상 철회</td></tr>
<tr><td rowspan="2">교촌치킨</td><td>5월 31일</td><td>6월 말 가격 인상 결정, 인상율 놓고 조정 중</td></tr>
<tr><td>6월 16일</td><td>가격 인상 철회</td></tr>
<tr><td rowspan="2">할인</td><td>BHC</td><td>6월 16일</td><td>한 달 동안 대표 메뉴 1,000-1,500원 할인</td></tr>
<tr><td>또봉이통닭</td><td>6월 14일</td><td>한 달 동안 최대 10% 할인</td></tr>
</table>

매운동이 일어나기도 했다(동아일보, 2015. 3. 20). 또한 BBQ를 선두로 치킨 프랜차이즈 업계가 치킨 값을 인상할 움직임을 보이자 소비자단체와 양계농가가 불매를 결의했다. BBQ는 가격 인하 계획이 없음을 밝혔지만 공정거래위원회가 전면 조사에 나서면서 가격 인상을 철회했다. 소비자단체와 양계농가의 불매 선언에도 가격 인상을 철회하지 않다가 공정위 조사에 바로 가격 인상을 철회한 것이 오히려 소비자들의 분노를 샀으며, BBQ가 올린 공식 사과문의 내용과 형식에 대한 논란이 일면서 불매운동은 더욱 확산되었다(한국일보, 2017. 6. 16).

한편, 소비자의 개인정보 유출로 인한 불매운동도 일어났는데, 2015년 2월 홈플러스가 경품행사 등으로 입수한 고객 개인정보 2400만여 건을 여러 보험사에 불법적으로 팔아넘겨 약 231억 원의 수익을 챙긴 것으로 드러나면서 한국소비자단체협의회 소속 10개 소비자단체는 홈플러스 불매운동에 들어갔다(경향신문, 2015. 2. 9; KBS뉴스, 2015. 2. 9).[31] 2018년에는 배달업체인 배달의민족의 한 가맹점 사장이 불만 리뷰를 올린 고객의 개인정보를 유출했는데, 배달의민족은 권한

사진 4-53 개인정보를 불법 판매한 홈플러스 불매운동
(출처: (사) 소비자 공익네트워크)

이 없다며 안일하게 대처했다. 이에 소셜 미디어를 중심으로 배달의민족 불매운동이 이어지자 배달의민족은 뒤늦게 사과하고 문제를 해결하겠다고 밝혔지만 이후 많은 소비자들이 배달의민족 앱을 삭제하고 #배달의_민족_불매를 시작했다(여성신문, 2018. 1. 26).

2010년대 한국 사회에서 가장 주목받은 단어 중의 하나가 '갑질'이었으며 2010년대 일어난 불매운동의 특징 중의 하나가 바로 기업 및 재벌일가의 갑질과 폭력을 비롯한 범죄행위로 인한 불매운동이 폭발적으로 증가한 것이다. 대표적인 사건들을 연도순으로 살펴보면 우선 2010년에는 M&M 최철원 대표가 고용 승계를 요구하는 직원을 야구방망이로 폭행하고 맷값 2천만 원을 건낸 소위 '맷값 폭행' 사건이 일어났다. 최 씨가 SK가의 2세이며 최태원 SK회장의 사촌동생이라

31 검찰은 개인정보보호법 위반 혐의로 홈플러스 법인과 임직원들을 형사 기소했으나 법원은 1심에 이어 2심에서도 "법이 규정한 개인정보 이용 목적을 고지했다고 볼 수 있다"며 무죄를 선고했다. 대법원은 그러나 지난 4월 "사은 행사를 하는 것처럼 소비자들을 오인하게 한 다음 경품행사와는 무관한 고객들의 개인정보까지 수집해 제삼자에게 제공한 것은 (법이 금지한) '거짓이나 그 밖의 부정한 수단이나 방법으로 개인정보를 취득하거나 개인정보 처리에 관한 동의를 받는 행위'에 해당한다"며 무죄 선고를 파기하고 서울중앙지법 형사항소부로 돌려보냈다(한겨레, 2017. 8. 31).

는 것이 알려지면서 SK제품 불매운동으로 번졌다(프레시안, 2010. 12. 1).[32] 2011년에는 조직폭력배를 동원해 폭력을 행사한 피죤의 이윤재 회장 사건으로 떠들썩했다. 피죤을 상대로 해고무효 소송을 낸 전前 사장에게 청부폭행을 지시한 혐의로 이 회장이 기소되면서 직원을 폭행하고 전라도 출신을 인사 및 고용에서 배제하고 공금 유용과 탈세까지 저질렀다는 사실이 알려지면서 피죤 제품에 대한 불매운동과 함께, 대형마트에서 피죤 제품을 빼야 한다는 청원운동으로까지 번졌다(중앙일보, 2011. 10. 6). 2013년에는 프라임베이커리 강수태 회장이 호텔직원을 폭행한 사실이 보도되면서 프라임베이커리에 대한 관심이 집중되었다. 경주빵과 호두과자를 생산하며 여수엑스포·KTX 코레일 등에 납품해온 중소 제과회사라는 사실이 알려지면서 불매운동이 일어났으며 KTX도 납품계약을 해지했다(동아일보, 2013. 4. 30).[33] 또한 남양유업의 대리점을 운영하고 있는 한 대리점 업주가 블로그에 '비열한 남양유업을 대한민국에 고발합니다'라는 글을 올리면서 남양유업의 부당거래행위가 알려졌다. 그리고 남양유업 3개 대리점이 남양유업이 주문하지 않은 상품을 강제로 떠맡기는 속칭 밀어내기를 하고 부당 금품 요구와 유통기한 임박 상품 보내기, 파견직 사원 임금

---

32 사건 이후 최철원은 폭력행위등 처벌에 관한 법률 위반 혐의로 기소되었다. 2011년 1월 재판에서 검찰은 징역 3년(피해자와 합의하면 2년)을 구형했다. 다음달에 열린 선고 공판에서 재판부는 징역 1년 6월의 실형을 선고했다. 그러나 4월에 열린 항소심에서 재판부(서울중앙지법 형사항소5부, 재판장 양현주)는 징역 1년 6월 집행유예 3년을 선고하고 사회봉사 120시간 명령을 함께 내려, 실형을 면제해주었다(한겨레, 2011. 4. 6).

33 그러나 이에 대해 프라임베이커리는 공식 블로그를 폐쇄하고 이어 거래처가 끊겼다며 자진 폐업을 선언해 또 한번 논란을 불러일으켰다. 그러나 이후 강 회장은 사건 발생지였던 롯데 호텔 앞에서 자신의 개인정보를 유출한 롯데호텔 직원을 해임하라는 1인 시위를 벌였다(경향신문, 2013. 5. 1).

사진 4-54 편의점 가맹점주협의회의 남양유업 불매운동
(출처: KBS뉴스, 2013. 5. 6)

떠넘기기 등 부당행위를 자행하고 있다며 공정거래위원회에 본사를 고발했다. 남양유업이 대리점 물량 밀어내기 의혹으로 검찰 수사를 받고 있는 가운데 남양유업 직원이 대리점주에게 욕설을 퍼붓는 음성 파일이 인터넷에 올라와 파문이 더욱 커졌다. 남양유업 측은 사과문과 함께 문제를 일으킨 직원의 사표를 수리했다고 발표했지만 대리점주의 고통에 공감하는 소비자들의 분노는 더욱 커졌으며 불매운동은 더욱 확산되었다. 소비자들의 불매운동이 확산되자 편의점, 마트 등 유통업체에서도 남양유업 제품을 팔지 않겠다는 선언이 이어졌다(경향신문, 2013. 5. 5, 5. 6; 한겨레, 2013. 5. 5; KBS뉴스, 2013. 5. 6). 영남제분도 문제가 되었다. 청부살인죄로 복역 중이던 회장 부인이 유방암 치료를 이유로 형집행정지를 받은 후 수차례 연장처분을 받으면서 호화 병실에서 지내고 있는 것이 한 방송 프로그램을 통해 폭로되었다. 방송이 나간 후 영남제분은 물론 진단서를 작성한 병원 및 이를 묵인한 검찰에 대해 분노한 소비자들은 영남제분뿐 아니라 영남제분 밀가루를 사용하는 것으로 추정되는 식품 기업에 대해서도 불매운동을 벌였다(뉴스1, 2013. 7. 1; 한겨레, 2013. 5. 27).

9월에는 블랙야크의 강태선 회장이 김포공항의 탑승구에서 출발시간 지연 문제로 탑승이 어렵다는 항공사 직원에게 들고 있던 신문지로 얼굴을 때린 사실이 알려졌다. 특히 강 회장은 사건이 발생하기 하루 전에 나눔재단을 설립하겠다고 선언해 두 얼굴의 회장이 운영하는 회사의 제품은 불매운동으로 응징해야 한다는 목소리가 더욱 커졌으며, 프라임베이커리의 '빵회장'과 함께 '신문지회장'이라는 조롱을 받았다(뉴스1, 2013. 9. 30; 중앙일보, 2013. 9. 30). 2014년 12월에는 조현아 대한항공 부사장이 기내 서비스를 문제 삼아 이륙을 위해 활주로로 이동하던 여객기의 기수를 터미널로 돌려 사무장을 내리게 해 월권 논란이 일었다. 게다가 문제가 된 기내 서비스가 땅콩을 봉지째 서비스하느냐, 접시에 담아 서비스하느냐인 것으로 알려져 일명 '땅콩회항'으로 불렸다. 대한항공 측이 내놓은 사과문의 부적절성까지 더해졌으며 심지어 이번 사건의 유출자를 찾기 위해 승무원의 카톡을 검열한 사실, 그리고 조 부사장에 의해 이륙 직전 항공기에서 쫓겨난 사무장의 병가 신청 등이 알려지면서 사건은 일파만파로 커지게 되었다. 국내는 물론 뉴욕 일부 한인단체에서도 대한항공 불매운동이 일어났다(연합뉴스, 2014. 12. 12; SBS, 2014. 12. 10).

2015년에는 롯데 신격호 일가 내 경영권을 놓고 부자형제간 진흙탕 싸움이 벌어지면서 롯데그룹에 대한 소비자들의 반감이 커졌다. 특히 기업의 지배구조는 물론 총수 일가가 실상은 일본 기업이라는 주장까지 더해졌다. 금융소비자원은 롯데 사태가 국내 재벌의 비양심적 작태를 드러낸 단면으로 롯데 전 계열사에 대한 불매운동을 지속적으로 전개할 것임은 물론 세금포탈 및 상속세 조사도 요구했다(경향신문, 2015. 8. 3). 또한 경남지역의 대표적 향토기업인 ㈜몽고식품의 김만식 회장이 직원들에게 폭언과 구타를 일삼는 등 이른바 '슈퍼 갑질'을 했다는 주장이 제기되면서 불매운동이 일어났다(SBS뉴스, 2015. 12. 26).

2016년에는 등산용품 판매업체인 에코로바가 하청업체에 갑질을 하는 것이 알려졌다. 납품 후 잔금을 치르지 않고 제품 불량을 문제 삼아 제품을 반품시키고 제품불량과는 관계없는 제품명 라벨까지 교체하라고 했다는 것이다. 온라인에서는 에코로바의 갑질을 비난하고 해당 브랜드 불매운동이 네티즌을 중심으로 전개되었다(동아일보, 2016. 2. 22). 또한 네이처 리퍼블릭 정운호 대표의 원정도박, 폭행에 이어 법조계 로비 논란까지 알려지면서 소비자들의 불매운동이 일어났다. 이 사건은 속칭 검찰의 봐주기 의혹이 제기되면서 야당과 변협에서는 특검 수사를 요구하는 등 일명 '정운호 게이트'로 사건이 확대되었다(한국일보, 2016. 5. 9).

2017년에도 기업일가의 '갑질'과 범죄가 연달아 알려졌다. 미스터피자의 정우현 회장, 종근당의 이장한 회장, 총각네 야채가게의 이영석 대표, BBQ 윤홍근 회장 등이 건물 경비원, 운전기사, 혹은 가맹점주에게 폭언과 폭행을 한 사실이 폭로되었다. 이러한 사실이 폭로되자 각 기업은 기자회견을 열고 사과했지만, 소비자들의 불매운동은 더욱 확산되었다(경향신문, 2017. 11. 14; 동아일보, 2017. 7. 27; 조선일보, 2017. 7. 14). 특히 미스터피자는 탈퇴한 가맹점주가 다른 피자가게를 열자 보복성 직영매장을 개점하고 치즈 납품 경로를 끊어버려 가맹점주가 자살까지 하는 사건이 발생하면서 정우현 회장이 구속되었다. 또한 호식이두마리치킨의 최호식 회장은 회사 여직원을 성추행한 혐의로 고소당한 사실이 알려지면서 불매운동이 일어났다(경향신문, 2017. 6. 5). 대한항공은 '땅콩회항'에 이어 조 씨 일가의 폭력적 행태

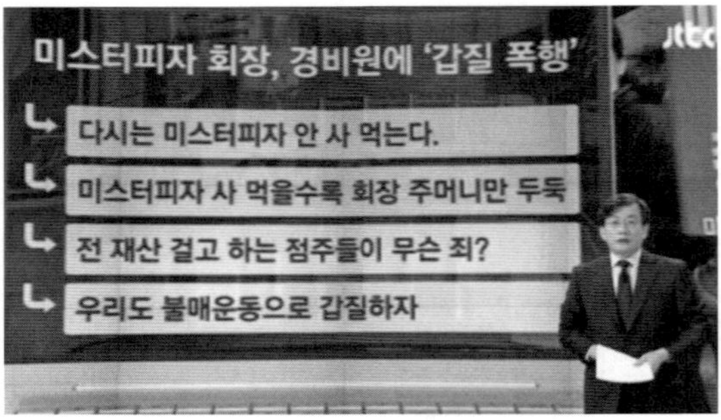

사진 4-55 미스터피자 회장의 폭행에 대한 네티즌 반응
(출처: JTBC, 2016. 4. 8)

가 알려지면서 다시 불매운동의 표적이 되었다. 게다가 탈세의혹까지 불거지면서 청와대 홈페이지의 '국민청원 및 제안' 게시판을 통해 개인회사에 붙어 있는 '대한'이라는 이름을 박탈해야 한다는 주장이 나오기도 했다(경향신문, 2018. 4. 15; 연합뉴스, 2018. 4. 14). 또한 교촌치킨 회장은 직원을 폭행하는 갑질을 저지르고(조선일보, 2018. 10. 25), BHC 치킨은 본사가 광고비를 횡령하고 기름값을 편취하여(SBS뉴스, 2018. 8. 28) 불매의 대상이 되었다.

경영주의 갑질 및 범죄행위뿐 아니라 기업의 노동 탄압 문제로 인한 불매운동도 지속되었다. 신세계 이마트가 노조 설립을 와해시키기 위해 수년간 직원들을 탄압·사찰한 의혹이 제기되었고 노동단체와 시민단체는 이마트 경영진을 고발했다. 이 사건으로 정용진 당시 신세계 부회장은 신세계/이마트 등재이사에서 물러났지만 특별 감사 결과 이마트에서 불법 파견되어 일하는 직원이 모두 1,978명에 이르며 부당노동행위도 일부 사실로 밝혀져 이에 항의하는 이마트 불매운동이 전국적으로 잇달아 일어났다(경향신문, 2013. 1. 12, 1. 22; 오마이뉴스, 2013. 1. 25). 허위광고와 위생불량 문제로 문제가 되었던 부산 생탁은 노동자의 70%가 비정규직으로 노동자들이 한 달에 하루밖에 쉬지 못하고 공휴일에도 쉬지 못하며 일요일 근무에도 휴일 수당은 커녕 고구마로 식사를 해결하는 등 임금, 고용, 복지 등의 노동조건이 근로기준법에 명시한 수준을 지키지 못하고 있다는 사실이 알려지면서 불매운동이 재점화되었다(경향신문, 2014. 9. 4). 온라인 쇼핑몰 업체인 위메프는 수습기간이 끝나자 신입사원을 전원 해고한 일명 '노동력 먹튀'로 도마에 올랐다. 이 사실이 알려지자 위메프는 수습사원을 전원 채용하기로 하는 등 수습에 나섰지만 위메프 회원 탈퇴가 줄을 잇고 불매운동도 함께 일어났다(경향신문, 2015. 1. 8).

사진 4-56 대표적 갑질 기업들

이랜드 파크는 약 83억 원에 이르는 직원 임금과 수당을 가로챈 것으로 나타나 불매운동이 거세게 일어났다. 고용노동부가 자연별곡, 피자몰 등 이랜드 파크의 21개 프랜차이즈 브랜드 직영점 360곳을 대상으로 실시한 근로감독 결과를 발표했는데, 애슐리가 아르바이트생에게 초과근로수당을 지급하지 않으려고 근로계약시간을 실제보다 1시간 늘려 잡은 뒤 조퇴 처리를 하거나 근무시간을 15분 단위로 쪼개 기록하는 '꺾기' 같은 수법을 썼다는 사실이 드러났다. 고용노동부는 임금체불 등의 사항에 대해 시정지시 없이 곧바로 이랜드 파크 법인 대표를 근로기준법 위반 혐의로 입건했다. 아르바이트 노동자에게 줘야 할 임금을 지급하지 않은 이랜드 파크에 대한 소비자 불매운동

사진 4-57 성차별과 상납을 강요한 금복주 불매운동 기자회견
(출처: SBS뉴스, 2016. 3. 30)

이 확산되었으며 시민들은 이랜드 그룹 전체 계열사로 불매운동을 확대하는 한편 '이랜드 제품 불매 인증샷' 사진을 촬영하고 이랜드의 노동법 위반 사례를 적극적으로 공유했다(중앙일보, 2016. 12. 21; 한겨레, 2016. 12. 21). 또한 대리점 밀어내기로 불매운동의 대상이 되었던 남양유업이 정규직 중 여성이 5%이며 여성노동자가 결혼하면 퇴사 종용 또는 해고하고 다시 계약직 조건으로 채용하고 있는 것이 알려지면서 여성단체가 근로기준법 위반으로 회장과 대표이사를 검찰에 고발했다(여성신문, 2013. 7. 11). 이로 인해 남양유업 불매운동이 다시

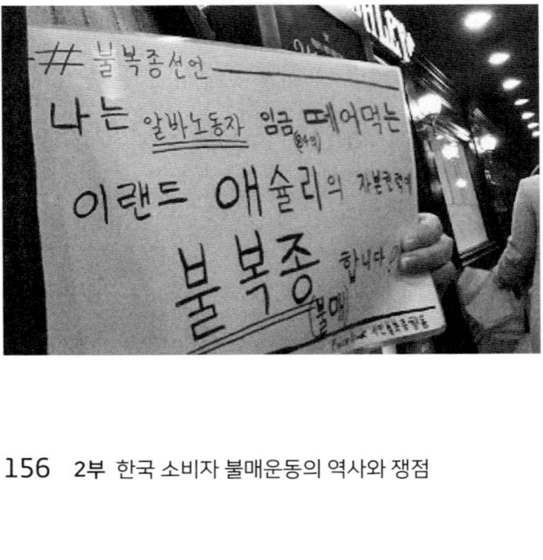

사진 4-58 '시민불복종행동'의 이랜드파크 불매운동
(출처: 페이스북 시민불복종행동)

일어났다. 또한 수돗물 소주로 불매운동의 표적이 되었던 (주)금복주가 결혼한 여성에게 퇴직을 강요했다는 사실과 하청업체에 상납금을 강요한 사실이 밝혀지면서 다시 불매운동의 대상이 되었다(한겨레, 2016. 3. 29).

결혼한 여성노동자에 대한 차별 외에도 여성노동자들의 '사상 검증'을 통한 부당해고 등이 여성소비자의 분노를 촉발해 불매운동이 일어났다. 넥슨은 자사 온라인 게임 제작에 참여한 여성 성우가 소셜 미디어에서 페미니즘 커뮤니티 '메갈리아'를 지지하는 활동을 했다는 이유로 교체하면서 온라인에서는 #넥슨_보이콧 운동이 시작되었다(여성신문, 2016. 7. 19). 또한 외식 프랜차이즈 아웃백스테이크하우스는 여성 취업 지원자가 개인 소셜 미디어에 올린 페미니즘 관련 글을 빌미로 부당하게 합격을 취소했다는 의혹을 받았으며, 이에 여성소비자들은 "아웃백을 앞으로 영원히 불매합니다", "#아웃백_여성부당해고"와 같은 온라인불매운동을 전개했다(경향신문, 2017. 12. 18). IMC게임즈 김학규 대표가 '트리 오브 세이비어'의 원 화가가 개인 소셜 미디어 계정으로 한국여성민우회 계정 등을 팔로우한 것을 두고 사회적 분열과

사진 4-59 #넥슨-보이콧의 도화선이 된 티셔츠

증오를 야기하는 반사회적인 혐오 논리에 대해서는 적극적인 방지와 대응이 필요해 해당 원 화가와 면담을 진행했다고 밝히고 면담 결과를 온라인상에 공개했다. 한국여성민우회와 민주노총은 IMC게임즈의 노동권 침해 및 페미니즘 사상 검증을 규탄한다는 성명을 발표했으며 네티즌들은 IMC게임즈와 서비스사 넥슨에 대한 불매운동을 벌였다(경향신문, 2018. 3. 27). 한편, 한국 사회에 또 다른 차별 논란을 불러일으킨 '노키즈존' 문제에 대해 소셜미디어를 중심으로 #노키즈존_불매 해시태그 운동이 일어나기도 했다(동아일보, 2016.6.2; 조선일보, 2016.6.1; 한국일보, 2017.9.25).

페미니즘과 관련된 여성노동자의 사상 검증뿐 아니라 여성을 비하하고 혐오하는 마케팅으로 인한 여성소비자의 불매운동이 2010년대에 급격히 증가했다. 현대카드 정태영 사장이 자신의 소셜 미디어에 커피전문점에서 남성이 여성보다 평균 40% 이상 많은 금액을 카드로 결제했다며 '불쌍한 남자들 언제까지 이러고 사실 건가'라는 글을 올려(동아일보, 2012. 12. 4) 여성들의 분노를 사 현대카드 불매운동이 일어났으며, 자신들이 진행하던 팟캐스트에서 삼풍백화점 생존자, 여

사진 4-60 여성소비자의 불매를 야기한 현대카드 사장의 트윗

성, 그리고 장애인을 비하한 남성 개그맨 3인(유세윤, 장동민, 유상무)에 대한 방송 퇴출 요구도 있었다. 여성소비자들은 이들이 출연하는 방송 프로그램 협찬 제품과 이들이 광고하는 제품에 대한 불매운동도 병행했다. 이 운동으로 몇 기업이 광고협찬을 중단했다(한국일보, 2015. 4. 29).

사진 4-61 여성 혐오 개그맨들이 출연하는 프로그램 광고 협찬을 중단한다는 광고주의 공지

또한 남성잡지 『맥심 코리아』가 여성 납치와 살해 유기 등을 연출한 화보 및 불법 촬영물 연출 화보에 이어 성매매 르포를 지면에 실어 비난 여론이 일었다. 남성들을 성범죄자로 몰아가는 맥심을 남자들이 나서서 불매운동을 벌여야 하는 것 아니냐는 의견이 나오기도 했다(한겨레, 2015. 9. 8). 연극계에서도 여성 혐오와 이에 대한 불매운동이 있었다. 연극 〈보도지침〉 제작사 엘에스엠LSM컴퍼니 대표가 연극 시장의 주류를 차지하는 작품들에 대해 "젊은 여성들을 겨냥한 가벼운 공연물들"이라 비하한 것이 알려지면서 여성소비자의 불매운동을 야기했다(한겨레, 2016. 4. 23). 온라인 화장품 쇼핑몰 '미미박스'는 '늑대들이 좋아하는 핑크빛 유두', '보기 좋은 떡이 먹기도 좋다', '남친에게 조르지오' 등의 문구를 넣은 광고로 여성소비자들의 분노를 사 소셜 미디어에서 미미박스에 대한 불매, 그리고 회원탈퇴 인증 글이 이어졌다(한겨레, 2016. 11. 11).

이 외에도 유니클로는 정장바지를 입은 남성이 정장치마를 입은 여성의 '편안함'을 부러워하는 광고로(경향신문, 2017. 4. 2), 스타벅스 코리아는 진상 고객을 모두 여성으로 설정한 캠페인으로(경향신문, 2017. 4. 7), 현대자동차는 "뒤를 봐줍니다. 여자니까"와 같은 여성 운전자 비하 광고로(한겨레, 2017. 4. 13), 제주 소주는 성매매를 떠올리게 하는 광고 문구로(한국일보, 2017. 11. 3) 여성소비자의 거센 비난과 함께 불매 대상이 되었다. 또한 여성 혐오 발언으로 물의를 일으킨 개그맨 유세윤과 방송인 전현무를 광고모델로 내세운 넷플릭스와 에뛰드(여성신문, 2017. 6. 4; 오마이뉴스, 2017. 3. 22)도 여성소비자의 항의로 모델을 교체했다. 이와 같이 연예인을 비롯하여 셀러브리티들의 행동으로 인해 해당 연예인 개인에 대한 불매운동뿐 아니라 이들을 광고모델로 고용한 기업에 대한 불매운동이 지속적으로 일어났다. 트위터에서 '애호박으로 맞아봤냐'는 대응과 함께 메갈 혐오 발언을 한 배우 유아인(한국일보, 2017. 11. 27), 여성 혐오 유튜버로 비난받는 '보겸'을 광고모델로 기용한 KT(조선일보, 2019. 5. 13), 폭행논란이 있던 한지선 배우를 모델로 기용한 위메프(조선일보, 2019. 5. 24), 성매매 혐의로 기소유예처분을 받았던 가수 이수가 출연하는 것으로 알려진 어반 뮤직 페스티벌[34](조선일보, 2019. 6. 11), 청각장애인, 생산직, 이주 노동자를 비하하고 미투운동을 조롱한 웹툰 작가 기안84, 그리고 기안84를 모델로 기용한 신전떡볶이(한겨레, 2019. 5. 13)에 대한 질타와 불매운동

34 이수의 경우 성매매 사건이 알려진 이후 지속적인 불매운동의 대상이 되어 출연이 예정되었던 음악 프로그램이나 뮤지컬에서 하차하기도 했다. 2019년 어반 뮤직 페스티벌 공연으로 다시 논란이 되자 일부 팬들은 이수지지 성명을 발표하기도 했다(조선일보, 2019. 6. 11).

이 이어졌다. 2018년 서지현 검사를 필두로 각계에서 여성의 성폭력 피해를 고발하고 폭로한 미투운동이 한국 사회의 민낯을 드러내고 있을 때 롯데 푸드는 82년생 김지영을 희화화한 83년생 돼지바와 사람들이 나를 관종이래 등의 문구가 있는 온라인 광고를 올려 분노한 여성소비자의 불매 표적이 되었다(동아일보, 2018. 1. 15). 배스킨라빈스 또한 인스타그램에 성폭력 가해자가 피해자에게 보낸 문자 메시지의 일부를 광고 문구로 사용했으며, 에버랜드는 공식 트위터 계정에 스토킹 범죄를 연상시키는 메시지를 이용해 여론의 비난은 물론 여성소비자의 불매 대상이 되었다(연합뉴스, 2018. 3. 11; SBS 뉴스, 2018. 4. 5). 한편, "열공해서 성공하면 여자들이 매달린다", "기다려요, OO오빠", "니 얼굴이면 공부 레알 열심히 해야 해!", "어머! 얼굴이 고우면 공부 안 해도 돼요" 등의 성차별 문구를 넣은 어린이용 문구류에 대한 불매운동도 있었다(여성신문, 2016. 4. 21; 한국일보, 2017. 9. 19). 이러한 광고들은 소비자의 분노와 함께 불매운동의 대상이 되었고 일부 광고는 삭제되기도 했지만 한국 기업 및 광고의 성 평등과 젠더의식에 대한 수준을 적나라하게 드러낸 사건이라고 할 수 있다. 그뿐만 아니라 사내 성폭력 사건이 폭로된 한샘과 현대카드 역시 불매운동의 대상이 되었다. 한샘 공식 페이스북에서는 불매운동에 동참하겠다는 댓글이 줄을 이었

사진 4-62 『82년생 김지영』을 희화화한 롯데푸드의 소셜 미디어 광고

사진 4-63 한샘 불매를 선언한 소비자와의 인터뷰
(출처: YTN, 2017. 11. 6)

으며 TV 홈쇼핑은 한샘 제품 판매 방송을 취소했고, "현대카드 공연 가지 말자"는 온라인 불매운동이 거세게 일어났다(경향신문, 2017. 11. 5; 동아일보, 2017. 11. 6; 한국일보, 2017. 11. 8).

클럽 직원의 손님 폭행으로 시작된 클럽 버닝썬 사건이 약물과 마약을 이용한 성폭력까지 개입된 사건으로 폭로되면서 경찰과 버닝썬의 유착관계가 알려졌다. 버닝썬 클럽의 사외이사로 가수 승리가 거론되고 승리 등이 참여한 카톡 대화방 내용이 공개되면서 경찰과의 유착관계뿐 아니라 대화방에 참여한 일부 남성들의 불법 촬영 및 유포와 집단 성폭행 사실이 알려지게 되었다. 나아가 승리와 승리의 소속사 YG 및 양현석의 불법 도박까지 알려지면서 '버닝썬 게이트'로 확장되었다. 경찰과 유흥업소의 유착, 클럽 내 성폭력, 여성 착취에 기반한 유흥업소의 문제, 마약 문제, 성접대 등 한국 사회의 병폐가 드러난 사건이다. 이러한 사실이 알려지면서 클럽 안 가기부터 승리가 운영하던 아오리라멘 불매, 그리고 YG 불매운동까지 일어났다. 멜론에서는 'YG엔터테인먼트 자동 불매하는 편리한 방법'이 공유되기기도 했다(경향신문, 2019. 3. 15; 동아일보, 2019. 3. 12; KBS뉴스, 2019. 6. 18). 또한 정준영 단톡방 멤버로 밝혀진 가수 로이킴이 음란물까지 올리고 유포한 혐의로 구속되면서 로이킴이 지분을 가지고 있는 서울탁주, 장수 막걸리 불매운동까지 일어났다(한국일보, 2019. 4. 4).

한편, 한국 사회의 페미니즘 리부트와 함께 이를 거부하는 남성소비자들의 '불매운동'도 나타났다. 2018년 말 예스24가 '한국, 남자'라는 책을 홍보하기 위해 회원들에게 '어쩌면 그렇게 한남스럽니'라는 제목의 이메일을 보내자 일부 남성 회원들이 예스24 회원을 탈퇴했다. 이같은 움직임은 동종업계인 알라딘으로 확장되어 알라딘도 예전부터 페미니즘을 소재로 한 머그잔, 티셔츠 등을 판매해왔다며 예스24의 대체제로 이용해서는 안 된다는 의견을 공유하기도 했다(중앙일보, 2018. 12. 3). 남성들의 이 같은 백래시는 영화로도 이어져 마블 최초의 여성 히어로 영화인 캡틴 마블에 대한 불매 움직임이 있었다(조선일보, 2019. 2. 27). 또한 미국 P&G는 자사 면도기 질레트 브랜드 창립 30주년을 맞아 그동안 사용해왔던 '남자가 얻을 수 있는 최고의 것(The Best A Man Can Get)'이라는 슬로건을 버리고 '당신이 될 수 있는 최고의 남성(The Best Man Can Be)'이라는 슬로건을 내건 광고를 유튜브에 공개했다. 여성을 성희롱하거나 아이들이 싸우는 것을 방관하는 남성들의 모습을 보여주며 "이것이 남자가 가질 수 있는 최고인가?(Is this the best a man can get?)"라고 묻는 등 새로운 남성성을 강조했지만 일부 남성들은 남성 혐오 광고라며 불매운동에 나섰다(경향신문, 2019. 1. 16).

또한 전직 대통령을 조롱하는 극우 사이트의 합성 사진을 페이스북 광고로 사용한 네네치킨은 구설수에 오르며 불매운동의 불을 지폈고(동아일보, 2015. 7. 2), 박근혜-최순실 게이트 규탄 및 박근혜 대통령 퇴진 촛불집회를 폄훼한 이봉진 자라ZARA 사장의 강연내용이 강연참가자에 의해 알려지면서 불매운동이 일어났다. 더구나 자라의 공식홈페이지에 동해를 일본해를 표기한 지도를 사용한 사실까지 드러나면서 불매운동이 더욱 거세졌다(KBS뉴스, 2016. 11. 23). 박근혜 정권이 주도한 국정 역사교과서에 대한 불매운동이 전국적으로 일어났다(한겨레, 2016. 12. 13). 인터넷 서비스 사이트에 대한 불매운동도 있었다. 포털 사이트 네이버와 음원 서비스 사이트 멜론이 대표적 불매 대상이었다. 네이버의 댓글 조작 의혹이 제기되면서 네이버 서비스에 대한 불매운동이 일어나 '네이버 페이 불매운동 1월 23일 화요일'이라는 문구가 소셜 미디어와 온라인 커뮤니티를 중심으로 급속하게 확산되었으며 네이버 간편결제 서비스인 네이버 페이를 탈퇴하고 네이버 검색을 사용하지 않고 블로그를 비공개 처리하라는 구체적인 행동방침까지 제시되었다(동아일보, 2018. 1. 23). 멜론은 저작권료를 탈취한 혐의로 검찰 조사를 받고 있다는 소식이 전해지면서 소셜 미디어를 중심으로 #사용자_기만_멜론_불매 해시태그 운동이 일어났다(한겨레, 2019. 6. 4).

해외 연수 중 가이드 폭행 등으로 시작된 경북 예천군의회 사태가 예천군 농산물 불매로 번졌다. 여행 가이드를 때린 군 의원은 검찰에 송치됐지만 소비자들 사이에서는 군 의원 전원 사퇴 전까지 예천 농산물 불매운동을 벌이자는 움직임이 나타났다(중앙일보, 2019. 1. 18). 또한 충남 보령시 대천항 수산시장의 한 업주가 4년 넘게 일하던 노동자의 퇴직금을 일부만 지급한 데 대해 노동부가 퇴직금을 지불하라고 명령하자 퇴직금을 1,000원짜리로 세어가라고 하고, 수산시장의 업주들이 단체로 해당 노동자의 취업을 방해한 사실이 알려지면서 대천항 수산시장에 대한 불매운동이 소셜 미디어를 통해 급속히

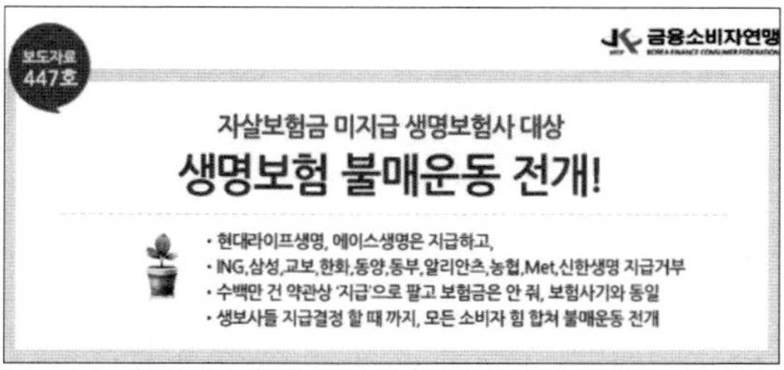

사진 4-64 자살보험금 지급을 거부한 생명보험 불매운동
(출처: 금융소비자연맹)

퍼져나갔다(조선일보, 2019. 4. 29). GS25가 시도한 독립운동가 도시락은 이승만 전 대통령의 포함 여부로 소비자들 사이에서 논란이 되었으며(뉴스 1, 2019. 4. 9), 국내 대기업 생명보험사들이 자살보험금 지급을 거부하자 금융소비자연맹을 중심으로 생명보험사 보험 불매운동이 일기도 했으며(시사위크, 2014. 8. 29), 금융소비자원은 개인종합자산관리계좌ISA가 소비자 보호 관련 제도를 보완하지 않고 시판하면 불매운동을 전개하겠다고 경고했다(연합뉴스, 2016. 2. 23). 또한 80만 명이 넘은 팔로워를 보유한 인플루언서 '임블리'가 판매한 호박즙에서 곰팡이가 발견돼 환불을 요청한 소비자에게 부적절하게 대처한 사실이 알려지면서 불매운동의 대상이 되었으며(조선일보, 2019. 4. 15), 마약혐의로 체포된 이가 남양유업 창업주의 외손녀라는 사실이 밝혀지면서 남양유업은 불매운동의 대상으로 다시 언급되었다(경향신문, 2019. 4. 9). 2019년 3월에는 학부모들의 분노를 야기한 사건이 발생했다. 사립유치원 단체인 한국유치원총연합회(한유총)가 사립유치원의 회계 투명성과 공공성을 위해 정부에서 도입을 결정한 에듀파인 사용을 거부하면서 유치원 개학 연기를 강행한 것이다. 학부모와 아이를 볼모로 한 이 결정에 대해 교육부는 무기한 개학 연기에 동참한 유치원 명단을 공개하고 개학을 계속 연기할 경우 형사고발하겠다는

방침을 발표했으며 전국유치원 학부모 비상대책위원회는 한유총을 규탄하는 집회를 열고 소비자 불매운동을 벌이겠다고 경고했다. 결국 한유총은 하루 만에 개학 연기 방침을 철회했다(조선일보, 2019. 2. 28; 중앙일보, 2019. 3. 4; 한국일보, 2019. 3. 3).[35]

이상에서 보듯이 2010년대는 제품 안전과 가격과 같은 전통적인 불매운동 쟁점뿐 아니라 개인정보, 갑질, 그리고 여성 혐오 문제까지 다양한 사회 문제로 소비자의 권리와 의무가 확장된 시기이다. 그리고 2010년대 한국 소비자 불매운동은 일본 불매운동으로 마무리되었다. 일본 정부가 한국 대법원의 일제 강제 징용 배상판결에 대한 보복조치로 반도체 핵심 소재 수출 규제를 단행하면서 반일 감정이 폭발했다. 이에 일본에 대한 보이콧운동이 일어났지만 문제는 일본이나 일본 국민이 아니라 아베 정부라는 의견이 설득력을 얻으면서 '노 아베'라는 구호가 등장했다. 2019년을 마감하는 뉴스와 기사에서는 2019년 대한민국의 키워드로 일본 불매가 상위에 오르고 불매운동의 대표적 상품이었던 유니클로 매출이 반 토막이 났으며 한국 관광객의 일본 여행 안 가기 운동이 지속되고 있어 '뚝배기' 불매운동이라는 평가를 받기도 했다(MBC뉴스, 2019. 12. 31; SBS뉴스, 2019. 12. 31). 한편 한국콜마는 윤동한 회장이 아베를 칭송한 극우 유튜브 방송을 직원회의에서 틀었다는 사실이 알려지면서 콜마 화장품 및 의약품에 대한 불매운동이 일어나기도 했다(한겨레, 2019. 8. 11). 2019년 일본 불매운

35 한유총은 하루 만에 개학 연기 결정을 철회했지만 서울시 교육청은 한유총의 법인 인가를 취소했다. 이에 한유총은 행정소송을 제기했고 1심에서는 한유총 설립 취소 처분에 대한 집행정지신청이 받아들여졌다. 그리고 서울시교육청은 1심 판결에 불복해 2020년 2월 현재 항소한 상태이다(중앙일보, 2020. 2. 17).

동 외에도 2015년에는 전범기업인 일본 미쓰비시가 외국인 강제 징용과 관련해 중국 등에는 사과와 보상을 하면서 한국인 징용자에 대해서는 불가 입장을 보인 것에 대해 '근로정신대 할머니와 함께하는 시민모임'은 니콘 카메라와 기린 맥주, 풀을 벨 때 사용하는 미쓰비시 예초기 등 미쓰비시 그룹에 소속된 기업들이 생산하는 모든 제품에 대한 불매운동을 펼쳤다(경향신문, 2015. 7. 27).

NO

BOYCOTT JAPAN
'가지 않습니다'
'사지 않습니다'

사진 4-65 그래픽 디자이너 김용길 씨가 제작한 것으로 알려진 일본 불매운동 로고

이상 일제 강점기부터 2010년대까지 약 100여 년 동안 한국 사회에서 전개된 소비자 불매운동의 역사를 사건 중심으로 제시했다. 일제 강점기의 물산장려운동에서 시작하여 크고 작은 불매운동이 산발적으로 진행되다가 1980년대와 1990년대 도약 시기를 거쳐 2000년대 이후에는 그 수를 헤아릴 수 없을 만큼 불매운동은 소비자가 사회참여를 하는 하나의 도구 내지 전략으로 자리 잡았다. 이러한 불매운동의 역사적 성장 과정은 각 시기마다 한국 사회가 직면한 정치, 경제, 사회 문제를 그대로 담아내고 있어 불매운동을 통해 한국 사회의 사회구조적 모순을 통찰해볼 수 있다. 일제 강점기와 전쟁의 혼란 이후 본격적인 산업화 과정이 시작된 1960년대와 1970년대는 군사정권의 폭압 속에서 반정부운동과 불매운동이 병행되기도 했으며 물가 안정

사진 4-66 '노 재팬', '노 아베' 촛불 문화제
(출처: 한겨레, 2019. 8. 31)

과 국내기업 보호라는 국가적 과제에 소비자는 때로는 가격 폭리 내지 인상 제품 및 기업에 대한 불매운동으로, 때로는 외국제품 불매운동으로 부응했다. 1990년대까지 이어진 외국제품 불매운동은 본격적인 시장 개방 흐름 속에 이전 시대와는 규모 자체가 달랐을 뿐 아니라 무역 분쟁으로 번지기까지 했다. 동시에 환경, 노동, 여성 등과 관련된 이슈들이 봇물 터지듯 사회 문제로 가시화되면서 제품이나 서비스의 질에 대한 불만, 가격 불만 등을 넘어선 소비자 불매운동이 전개되는 사례가 증가했다. 이 과정에서 소비자 불매운동은 한국 사회에 기업 및 소비자의 사회적 책임, 대기업, 중소기업(영세업자), 소비자간 상생, 재벌그룹의 지배구조, 시장 독점 등에 대한 화두를 던졌으며 특히 운동 측면에서는 제3자 대상 불매운동이라는 실천적 과제를 남기

기도 했다. 2010년대 이후 인터넷과 개인 미디어의 성장으로 불매운동은 또 다른 국면을 맞고 있다. 스마트폰과 소셜 미디어로 무장한 소비자들은 익명성과 비대면성, 시간과 공간의 제약을 받지 않는 광범위성과 신속성 등 인터넷이라는 공간이 가지는 특성을 극대화하면서 갑질, 여성 차별, 노동 탄압, 소비자 안전 등을 쟁점화하고 불매운동의 표적으로 삼고 있다. 그렇다면 역사적으로 한국 소비자 불매운동의 쟁점은 어떠한 특성과 변화과정을 거쳤을까? 이것이 다음 장의 주제이다.

5장

쟁점으로 본 한국 소비자 불매운동의 역사

1. 가격

상품가격의 부당한 혹은 불공평한 인상에 대한 대응으로 일어나는 소비자 불매운동은 불매운동의 가장 전형적이고 고전적인 경제적 소비자 불매운동economic consumer boycotts의 한 유형이다(Friedman, 1999; Sen et al., 2001). 한국은 1960년대부터 본격적으로 경제 개발이 진행되고, 이에 대한 반대급부로 인플레이션이 극심해졌을 뿐 아니라 1973년 1차 원유파동으로 물가가 급등했다. 이에 대해 한국부인회나 주부클럽 등의 단체에서는 자체적으로 물가조사반을 구성하여 전국 시장을 돌며 행정가격보다 비싼 상품은 사지 않기로 결의하기도 했다. 1976년 한국부인회총본부가 전국 주부 416명을 대상으로 실시한 조사에서는 당시 주부들의 최대 관심사가 높은 물가, 자녀교육 및 교육비, 불경기 등 경제 문제인 것으로 나타났으며 공동구매, 불매운동 참가, 불량품 교환, 고발센터 신고 및 진정 등 전체 주부의 51.2%가 좋은 물건의 값싼 구매를 위한 행동을 실천하고 있었다(경향신문, 1976. 2. 14). 정부 역시 물가 안정을 정책 우선순위로 간주하고 물가 안정을 위한 각종 규제와 정책을 실시했다. 예를 들면 1976년 특정 물품의 최고가액을 정부가 지정할 수 있게 하고, 공공요금 역시 국가가 관리하며, 독과점사업자는 물품의 가격을 신고하도록 하는 내용을 골자로 한 「물가안정및공정거래에관한법률」[1]을 제정했다. 그러나 정부가 물가를 인위적으로 조절하는 것이 시장경제에 적합한가에 대한 논란이 지속되다가 1981년 공정거래위원회의 출범과 함께 「독점규제및공정거래에관한법률」이 제정되면서 가격 자율화 정책이 시행되었다. 즉 물가 안정 부분은 민간 주도로 넘기고 공정거래 부분은 정부가 주도하는 것으로 조정된 것이다. 그 결과 제품 값을 올리려는 기업 측과 이를 억제하려는 소비자 간 갈등이 유발되었고 가격을 자율적으로 결정하도록 한 조항을 악용해 값을 올린 기업 제품에 대해 불매운동이 지속적으로 일어났다. 이렇게 되자 정부는 가격표시제[2] 실시를 확대하기로 하고 백화점이나 쇼핑센터뿐 아니라 일반 도매시장, 상가지

1 1995년 「물가안정에 관한 법률」로 개정되었다.

2 가격표시제는 소비자에게 정확한 가격정보 제공과 업체 간 경쟁을 촉진하기 위해 사업자가 생산, 판매하는 물품에 대해 가격을 표시하도록 하는 제도이다. 그러나 공장도가, 권장소비자가, 판매가 등으로 나뉜 가격표시체계가 오히려 소비자들의 혼란을 초래하고, 권장소비자가격을 높게 책정한 후 대폭 할인해주는 것처럼 하여 소비자를 현혹하는 사례가 빈번해지자 제조업체가 권장소비자가를 표시하는 것을 금지하고 판매업체(유통업체)가 최종판매가격을 책정해 표시하도록 하는 판매가격표시제open price가 1999년 도입되었다.

역 점포, 안경·금은방·구두점 등 전문점까지 가격 표시 대상에 포함시켰다. 그리고 가격표시제를 잘 지키는 업소에 대해서는 세금을 깎아주는 한편 이를 지키지 않는 업소들에는 과태료를 매기거나 명단을 공개해서 불매운동을 벌이겠다고 발표했다(동아일보, 1983. 6. 14). 이와 같이 1980년대까지 가격과 관련된 소비자 불매운동에는 정부의 해당 부처나 공정거래위원회 등 관官이 개입해왔다. 상품가격이 물가와 연동되어 있고 이 때문에 정부에서는 물가 안정이라는 정책 목표를 추진하면서 기업이 부당하게 가격을 인상했다고 판단되는 경우 소비자 및 소비자단체와 함께 불매운동을 전개했다. 1996년에도 11개 민간 소비자단체가 재정경제원과 서울특별시의 후원을 받아 물가감시단을 발족시키고 50여 개의 생활필수품의 물가를 조사하기도 했다(한겨레, 1996. 2. 4). 이들의 활동은 2002년까지도 이어져 정부의 물가대책 주요 내용 중의 하나로 물가감시단의 활동 강화가 다루어지기도 했다.[3]

2000년대 이후 소비자 불매운동을 야기한 가격 문제는 이전과는 다른 양상을 보인다. 예를 들면, 광고비가 어떤 기준으로 상품가격에 포함되는지, 상품가격에서 광고비가 차지하는 비중이 얼마나 되는지 등을 알 수 없는 소비자들이 지나치게 높은 광고비에 대한 문제를 제기하기 시작했다. 치킨 프랜차이즈가 치킨 가격을 올리면서 가맹점주의 고통을 덜기 위해서라고 했지만 실제로는 광고비 분담을 위해 판매 마리당 500원씩 거둬들이겠다고 가맹점에 통보한 사실이 드러나면

3 물가감시단은 학원비, 전월세 값, 숙박요금, 행락지 서비스요금, 제수용품 가격을 조사해 업소별 비교가격을 지방자치단체 및 소비자단체 홈페이지에 올리는 활동을 했다(연합뉴스, 2002. 1. 18).

서 불매운동이 일어났고 공정거래위원회의 조사가 시작되자 가격 인상을 철회하기도 했다.[4] 특히 프랜차이즈 치킨 가격은 한국 사회에서 소위 '원가 논란'을 일으키는 계기가 되었다. 2010년경 시작된 치킨의 원가 논란은 농민, 육계기업, 프랜차이즈 본사, 가맹점, 소비자라는 구조 속에서 누가 가장 이득을 보는가의 문제인데 정은정(2014)은 1980년대부터 시작된 시장 개방에 대비하고 농가의 안정적 수입을 보장할 수 있다는 명분으로 정부에서 기업의 수직계열화를 적극 지원한 결과 육계기업이 가장 큰 이득을 보고 있다고 주장했다.[5] 또한 이중가격, 예를 들면 내수용 과자가 양은 적은데 가격은 비싸다는 사실이 알려지면서 일어난 국산과자 불매운동이나 글로벌 기업 이케아의 국내 가격이 다른 국가의 가격보다 두 배 이상 비싸다는 주장과 함께 벌어진 불매운동 등은 단순히 가격이 인상되거나 비싸다는 이유가 아니라 훨씬 더 복잡한 이슈들이 개입되어 있음을 보여준다. 예를 들면, 국가별 이케아 가격 비교 조사를 발표한 한국소비자연맹은 국내에서 병행수입 등을 통해 구매할 수 있었던 가격과 비교하면 37.4% 저렴하다는 결과도 동시에 제시하고 있어 단순히 한국 소비자를 '호갱' 취급한다고 비난하기도 어렵다는 것이다.

---

4 그러나 공정거래위원회는 BBQ가 가맹점에 광고 분담금을 강요한 혐의에 대해 가맹사업법 위반이 아니라고 판정했다. 공정위는 이 행위가 가맹점사업자들에게 경제적으로 불이익을 주었다고 판단하기 어려우며, 광고분담금을 징수하면서 확정된 2017년 광고 예산을 축소하고자 한 정황이 없다는 점을 고려할 때, 이 행위가 가맹사업의 유지발전이라는 공동의 이해관계 달성을 위한 것으로 판단된다고 설명했다(중앙일보, 2018. 3. 23). 그러나 프랜차이즈의 경우 '배부른 본사'가 가맹점의 어려움을 가격 인상을 통해 소비자에게 떠넘기고 있다는 의혹은 계속되고 있다.

5 치킨 프랜차이즈 업계는 임차료 및 인건비 상승 등으로 가맹점이 어려워 가격 인상이 불가피하다고 말하지만 구체적인 산출 근거는 영업 비밀을 이유로 밝히지 않는(한겨레, 2017. 7. 16) 것도 원가 논쟁이 일어난 배경이다.

한편, 교복과 우유 가격으로 인한 불매운동은 교복과 우유라는 필수품의 가격이 지나치게 비싸다는 문제뿐 아니라 가격 담합의 의혹으로 일어났다. 2000년대부터 제기되기 시작한 교복 가격 담합 의혹은 학부모단체의 교복 공동구매 운동으로 발전하여 전국적으로 1천여 개 이상의 중고등학교가 참여하는 범국민적 소비자운동이 되었다. 이와 함께 조달청은 교복의 유형을 분류하여 조달청 단가를 게시판에 올려 학부모들에게 가격에 대한 기준을 제시하기도 했다. 또한 2001년 5월 공정거래위원회는 부당한 교복 가격 담합과 교복 공동구매운동에 대한 방해 행위 등을 이유로 대형 교복사들에 과징금을 부과했다(중앙일보, 2001. 5. 4). 이로써 부당한 교복 가격 피해 손해배상 청구소송 추진이 가능하게 되어 대형 교복회사들의 담합으로 피해를 본 전국 400여 개의 중·고등학교 3,525명의 학부모가 소송에 참여했으며 2005년 원고 승소판결이 나와 5만 8,000원씩 배상을 받기도 했다(한겨레, 2005. 6. 20). 그러나 2009년 교복시장의 85%를 점유하고 있던 4개 교복업체가 가격 담합을 통해 물가 대비 3배 이상 교복값을 올린 의혹이 다시 제기되었고 '학교를 사랑하는 학부모 모임'은 가격 담합과 탈세 등의 혐의로 국내 4대 교복업체를 검찰에 고발하고 길거리 불매운동을 전개했지만(한겨레, 2009. 2. 2), 증거불충분으로 불기소처분을 받았다(MBN, 2010. 2. 15). 2012년에도 교복 가격 담합 의혹이 또 불거졌으며(중앙일보, 2012. 2. 8) 2019년에도 교복 구매 입찰 시 사전에 담합해 높은 가격으로 낙찰 받은 대리점이 적발되기도 했지만 공정위는 과징금을 물리지도 않은 채 시정 명령만 내렸다(동아일보, 2019. 1. 2).[6]

우유업체 역시 지속적으로 가격 담합이 적발되었다. 2008년 12개

우유업체가 우유와 발효유의 가격을 인상하기로 담합한 사실이 적발돼 공정거래위원회로부터 188억 원의 과징금을 부과받았다.[7] 이들 업체는 1984년 이후 정기적으로 모임을 열어 제품별 가격 인상 여부, 인상시기 및 인상률 등을 협의해온 것으로 나타났다(경향신문, 2010. 12. 19). 그러나 2013년 가격 담합 의혹이 다시 일었는데, 이때에는 우유업체와 유통업체가 담합하여 우윳값 인상을 시도했다. 우유업체가 가격 인상 방침을 밝힌 후 소비자단체 등은 이들 업체를 공정거래위원회에 제소했고 기획재정부는 가격 인상의 적정성에 대한 조사에 착수했다. 그리고 소비자단체협의회는 서울우유, 매일유업, 남양유업 등 '우유업계 빅3'와 이마트, 홈플러스, 롯데마트 간부들을 불러 '긴급 간담회'를 열고 불매운동 불사 의견을 밝혔다. 결국 우유업체가 아닌 대형마트가 입장을 바꿔 우윳값 인상 계획은 철회되었다(중앙일보, 2013. 8. 8). 이와 같이 2000년대 이후 막강한 파워를 가지게 된 유통업체가 폭리를 취하면서 가격 담합을 통해 가격을 인상하는 사례들이 증가해

---

6 학생과 학부모의 교복 구매 비용 부담을 줄이기 위해 2014년부터 '학교주관구매입찰제도'가 시행되고 있다. 일정 규격(품질)만 갖추면 평가를 통가한 업체들 중 최저 낙찰가를 제시한 업체가 해당 학교의 교복 판매자가 되는 시스템이지만 학교나 학부모의 브랜드 교복 선호현상으로 인해 비브랜드 교복이 입찰의 규격(품질) 평가단계를 통과하지 못하고 사실상 브랜드 교복간 경쟁구도가 형성된다는 점을 이용하여 담합한 것이다. 이 제도가 시행된 이후에도 평균 가격이 치솟는 기현상이 벌어져 일각에서는 대형 브랜드의 담합 의혹과 함께 이 제도가 소용없는 것 아니냐는 의문이 제기되기도 했다. 결국 이번 사례는 구매 입찰제도 도입 후 처음으로 적발된 것이지만 대형 브랜드 교복의 가격 담합이 계속되고 있음을 보여주고 있다.

7 업체별 과징금은 남양유업이 48억 4,000만 원으로 가장 많았다. 이어 한국야쿠르트(39억 5,000만 원), 매일유업(31억 9,400만 원), 서울우유(28억 2,000만 원), 빙그레(20억 1,400만 원), 동원(8억 400만 원), 연세우유(4억 8,600만 원), 비락(2억 7,200만 원), 푸르밀(2억 3,400만 원), 부산우유(1억 100만 원), 건국우유(8,700만 원), 삼양(4,700만 원) 등이다(경향신문, 2010. 12. 19).

가격 인상 문제로 인한 소비자 불매운동이 지속적으로 일어났다. 당시 경제민주화 바람을 타고 소비자단체가 우유 가격 인상 철회를 위해 이례적으로 업계 간부들을 불러 모아 업계에 직접적인 영향력을 행사했다는 것은 고무적인 일이었다.

<표 5-1> 2013년 우유 가격 인상 논란 일지 (동아일보, 2013. 8. 7)

날짜	진행상황
6월 7일	농림축산식품부, 8월부터 원유 가격 연동제 실시 방침 밝힘
6월 27일	원유 가격 인상폭이 L당 106원(834원 940)으로 결정됨
7월 30일	매일유업, 8월 8일부터 L당 250원(2350원 2600원) 인상계획 발표
8월 1일	원유 가격 L당 106원(834원 940원) 인상
8월 2일	서울우유, 8월 9일부터 L당 250원(2300원 2550원) 인상계획 발표 소비자단체협의회, 우유업체 가격 인상 과도하다는 보도자료 배포
8월 6일	소비자단체협의회, 우유/유통업체와 간담회 실시, 불매운동 방침 발표 기획재정부, 우유 가격 인상 적정성 조사 방침 밝힘
8월 7일	하나로마트, 매일유업에 L당 50원 인상 불가 입장 전달
8월 8일	이마트, 홈플러스, 롯데마트, 1L짜리 흰우유 등 대표상품의 가격 동결 결정 매일유업 가격 환원 입장 발표 이마트, 홈플러스, 롯데마트, 모든 우유제품 소매가격 인상 철회

한국 소비자는 부당하게 비싼 가격, 부당하게 인상된 가격, 혹은 불공정한 담합이라고 지각할 때 불매운동으로 대응해왔으며 일시적으로 가격 인상을 지연시키는 성과를 올렸다. 그러나 대부분의 경우 불매운동이 잠잠해질 때 결국에는 가격이 인상되는 사이클이 반복되고 있다.

그런데 최근에는 불매운동의 쟁점으로 가격 인상은 충분한 유인요인이 되지 않고 있다. 예를 들면, 2017년 한국소비자단체협의회 물가감시센터는 버터, 커피, 패스트푸드 등의 식품업계 및 외식 프랜차이즈 업계의 도미노 가격 인상이 뚜렷한 인상 근거가 없어 불매운동을 전개하겠다고 밝혔다. 또한 장기적인 경기침체 속에 저성장과 고물가의 이중 고통을 겪고 있는 서민들을 위해 정부의 적극적이고 신속한 대책 마련과 기업의 합리적인 가격 정책을 요구했다. 그러나 업계 측에서는 버터의 경우 수입 원료의 가격이 올랐기 때문이며 소비자가격에는 원재료 값 외에 임대료와 인건비 등이 모두 포함되므로 현실적으로 소비자의 부담을 최소화하는 선에서 인상을 할 수밖에 없다고 설명했다. 결과적으로 소비자단체의 불매 위협이나 불매 실행은 일반 소비자에게 별 호응을 얻지 못했다. 2015년 엄청난 반대와 논란 속에 담뱃값이 2,000원이나 인상되었지만 이것이 담배 '불매운동'으로 나가지는 않았다. 물론 가격 인상 후 가격 인상에 불만을 품고 담배를 끊은 사람이 있겠지만 이것과 불매운동은 차원이 다르다. 혹은 스마트폰의 가격이 계속 인상되어도 이를 불매운동'화'하기는 무척 어려운 일일 것이다. 이것은 가격 이슈의 무게 중심이 개별 소비자의 선택이라는 측면으로 많이 이동했기 때문인 것으로 보이며 결국 불매운동의 동력을 발휘하게 하는 '부당하고 불공정한' 가격이라는 것이 무엇이며 어디까지인가라는 어려운 질문을 남긴다. 소비자가 지각하는 가격의 공정성은 쌍방 권한dual entitlement 원칙으로 설명할 수 있는데(Kahneman, Knetsch, & Thaler, 1986), 소비자는 준거 거래로부터 손실을 입지 않을 권리가 있으며 기업은 그들의 준거 수익으로부터 손실을 입지 않을 권리가 있다는 것이다. 따라서 기업의 가격 변화 원인이 비용 상승으로 인한 것이면 준거 수익을 보존하기 위한 것으로 받아들여 공정한 것으로 지각하지만 수익성 추구를 위한 것으로 받아들이면 준거거래의 손실이 발생하여 불공정한 것으로 지각한다(이지은 · 유동호, 2010). 또한 소비자는 이득보다는 손실에 더 민감하기 때문에 기업이 비용 절감을 통해 준거 수익보다 더 많은 이득을 가질 경우 기업이 가격을 인하하지 않더라도 불공정하게 생각하지 않는다. 기업의 이득이 소비자의 준거 거래로부터 손실을 발생시켜 나온 것이 아니기 때문이다. 황희중(2011)은 거래기간이 길어지고 거래빈도가 많을수록, 소비자가 예상할 수 있고 장기간에 걸쳐 가격이 변동하는 경우, 그리고 가격변동 원인에 대해 기업이 설명할 경우에는 가격변동에 대해 합리적인 이유가 있을 것으로 신뢰할 가능성이 높음을 실증적으로 밝혔다. 그러나 현대 사회에서 시장에 나와 있는 상품의 가격이 어떻게 책정되는지, 이를 통해 기업이 어느 정도의 수익을 차지하는지, 가격 인상의 핵심 원인이 무엇인지 등 복잡한 메커니즘을 개별 소비자가 정확하게 파악하기는 불가능한 실정이다.

그동안 한국 소비자가 가격 문제에 대응한 양상을 종합해보면 이중가격, 가격 담합, 그리고 지나친 광고료 문제 등에는 여전히 민감하고 이 쟁점이 불매운동으로 진전될 가능성은 여전하지만 이전처럼 가격 인상 자체가 쟁점으로 부각되기는 힘들어 보인다. 특히 2000년대 이후 신자유주의 경제체제의 심화와 함께 시장의 역할이 극대화되고 국가개입은 축소되면서 소비자는 선택의 자유를 누리는 선호의 주체로 자리잡았다. 이들의 행동은 효용이 아니라 가치에 의해 좌우된다. 이를 잘 보여주는 것이 가격이나 성능보다 주관적인 심리적 만족을 중시하는 '가성비', '가심비', '작은 사치' 등의 트렌드라고도 할 수 있다. 여기에 소비자 안전 문제가 더해지면서 안전이 담보된다면 기꺼이 추가비용을 지출하는 추세로 소비자의 성향이 변화한 것도 가격 인상이라는 쟁점의 강도가 약화되고 있음을 보여준다.

2. 건강과 안전

1980년대까지 상품의 품질 문제로 인한 불매운동은 불량상품, 불량서적, 에로잡지, 유해과자 등 주로 저질상품에 대한 것이 대부분이었으며 정부/여당 주도로 전개되었다. 불량식품이나 불량서적에 대한 불매운동은 박정희 정권의 국민계몽운동의 일환이었으며 식생활 낭비의 근절, 해외여행 시 외래물품 반입 억제, 가계부 기입, 농민봉사활동, 폐품 활용 및 절약 등과 함께 '제2의 경제운동'이라는 국민운동의 형태로 이루어졌다. 이는 당시 공화당이 당 조직을 뿌리박기 위해 부녀층과 부녀당원들이 앞장서도록 지시한 안방 침투 전략의 일환이기도 했다(경향신문, 1970. 8. 5). 1972년에는 한국마케팅개발센터에서 불량제품, 부정식품, 허위 과장광고가 성행하는 상황에서 소비자를 보호하기 위해 불매운동 전개의 권리 등 소비자의 기본권을 규정한 소비자 보호 기본안을 정부에 제안하기도 했으며 관에 의한 소비자 보호의 기구 설치는 효과가 없을뿐더러 오히려 역효과를 초래할 우려가 높기 때문에 관은 소비자 보호를 위한 기본법을 제정하고 강력한 단속 기능만을 담당해야 한다는 주장이 등장하기도 했다(경향신문, 1972. 4. 14).

건강 및 안전과 관련된 불매운동의 대상 중 가장 대표적인 품목 중의 하나는 식품이다. 식품기업의 도덕적 해이로 인한 문제에서부터 글로벌 식품체계로 인해 발생하는 문제에 이르기까지 식품 안전 문제는 점점 더 복잡해지고 있다. 특히 현재 식품 위험의 대다수가 자연적 위험이 아니라 제조된 위험이라는 점, 전문지식에도 초과학적 질문들이 존재한다는 점, 나아가 전문지식을 둘러싼 과학자들간 논쟁과 대항지식이 지속적으로 생산되고 있다는 점 등(박형신, 2010)으로 인해 소비자들의 불안과 공포는 더욱 가중될 수밖에 없다. 2008년 광우병 파동 당시 한국 소비자가 전쟁이나 인권 침해보다 식품에 더 큰 불안을 느꼈다는 것에서도 짐작할 수 있다(유선형 · 이강형, 2008). 그러나 또 다른 한편으로는 글로벌 생산 및 유통구조로 인해 식품 문제가 정확하게 언제 어디서 발생했는지, 혹은 무엇이 문제인지 과학적으로 입증하기가 매우 어렵다. 여기에 행정적 미숙함과 언론의 선정적인 보도까지 더해지면 2004년 만두파동이나 2015년 백수오 파동[8]에서 알 수 있듯이 관련 산업체가 불필요한 피해를 입을 가능성까지 존재한다. 2004년 만두파동을 분석한 김석신(2011)은 만두소에 사용된 무말랭이를 제조하는 업체의 영세성과 비위생적인 시설 및 관리 관행이 일차적인 원인을 제공했지만 전문성 없는 경찰의 일방적 발표와 이에 부화뇌동한 식약처의 행정 미숙 그리고 언론의 선정적 보도가 빚어낸 사회적, 경제적 손실이었음을 주장했다. 또한 2017년 일명 '햄버거병'(HUS, 용혈성 요독증후군, Hemolytic-uremic syndrome)으로 논란이 되었던 맥도날드는 증거불충분으로 무혐의처분을 받은 지 2년 만인 2019년 말 재수사의 대상이 되었으며 피해자 가족과 '정치하는 엄마들' 등의 시민단체는 검찰의 엄정 수사를 촉구하고 맥도날드 불매운동에 나섰다(뉴스1, 2019. 10. 29). 그러나 HUS의 원인균인 O-157

8 백수오에 이엽우피소를 혼입해 백수오궁 등을 제조판매했다는 혐의로 한국소비자원이 제조업체인 내츄럴엔도텍을 검찰에 고발했으나 2017년 검찰은 무혐의 처분을 내렸다. 이 사건은 이엽우피소의 유해성 논란을 불러일으켰지만 결국 이를 판단할 과학적 자료가 부족한 것으로 나타났다. 그러나 이로 인해 백수오 농가가 폐업에 이르는 등 심각한 피해를 입었으며 백수오 시장점유율 1위였던 내츄럴엔도텍은 무혐의 처분 후 만회하는 듯했으나 2020년 상장폐지심사대상이 되었다.

의 감염 경로는 수십 개가 있을 수 있기 때문에 HUS를 햄버거병으로 부르는 것 자체가 타당한지에 대한 의문이 제기되기도 한다(동아일보, 2017. 7. 10). 그러나 “쥐머리깡”, “칼날참치” 등부터 “수돗물 소주”, “가짜 홍삼”, “대장균 시리얼” 등은 식품기업의 도덕적 해이를 넘어선 범죄로 책임소재가 명백하고 분명함에도 안전사고가 반복적으로 발생하는 것은 식품 안전을 기업의 자율적 책임에 맡길 수 없으며 규제 강화와 가중 처벌 등 식품 안전에 대한 전면적 재검토가 필요함을 시사한다.

한국 사회에서 식품 외 안전과 관련된 이슈 중 가장 충격적인 사건은 일명 ‘옥시 가습기 살균제 사건’으로 소비자 불매운동사에서 중요한 자리를 차지한다. 2013년도부터 일반에 알려지면서 옥시 불매운동은 한국 사회의 대표적인 양심적 불매운동으로 가습기로 인해 직접적인 피해를 입지 않은 소비자도 불매운동에 대규모로 참여했다. 지난 5년간 불매운동에 참여한 적이 있는 소비자 711명을 대상으로 조사한 천혜정(2019)의 연구에 따르면, 응답자의 70.5%(501명)가 옥시 불매에 참여한 적이 있다고 응답해 남양유업 다음으로 많이 참여한 불매 대상이었다. 특히 가습기 살균제 사건을 ‘재난’이나 ‘참사’가 아니라 ‘악행’으로 규정한 구연상(2018)은 피해 규모에서는 재난에 해당하지만 재난의 다른 특성들, 즉 돌발성과 통제 불가능성, 사회적 혼란, 위험 가능성의 현실화라는 측면에서는 기업의 탐욕과 정부의 관리 실패라는 점에서 악행으로 규정되어야 한다고 주장했다. 불매운동에 참여하는 동기에 대한 수많은 연구들은 해당 기업의 행위가 얼마나 심각하고 악의적인가에 대한 소비자의 지각이 중요한 선행요건이 됨을 밝히고 있다. 만약 가습기 살균제 사건이 처음부터 개인적 불행,

재난 혹은 사고가 아닌 기업의 악행으로 규정되었다면 지금보다 훨씬 더 광범위한 범국민적 불매운동뿐 아니라 더 강도 높은 조사와 처벌을 할 수 있었을 것이다. 소비자 불매운동은 문제가 발생한 이후 혹은 알려진 이후 소비자가 취할 수 있는 행동이다. 소비자 건강 및 안전과 직결되는 문제는 이미 늦었을 수도 있다. 결국 소비자 안전을 위협하는 상품이 나오게 된 구조적인 문제를 해결해야 하며 그 주체는 기업과 정부여야 한다.

<표 5-2> 옥시레킷벤키저 가습기 살균제 사건 일지

연도	경과
1994년	(주)유공(현 SK케미칼) 가습기 살균제 최초 개발, 광고 및 판매 시작
1996년	(주) 유공, 환경부에 신규 화학물질인 폴리섹사메틸렌구이나딘PHMG에 대한 흡입 독성 시험 없이 유해성 심사 신청, 환경부 "유독물에 해당하지 않는다" 판정
2001년	옥시레킷벤키저, PHMG 넣은 '옥시싹싹 가습기 당번' 출시, 흡입독성시험 생략
2004년	홈플러스, PHMG 넣은 '홈플러스 가습기 청정제' 출시
2006년	롯데마트, PHMG 넣은 '와이즐렉 가습기 살균제' 출시
	서울아산병원에 원인 불명 폐렴 소아 환자 동시 입원, 서울 내 4개 종합병원 소아청소년과 의료진 원인 규명 논의, 신규 환자 생기면 정밀조사하기로 함
2008년	소아청소년과 의사들, 원인 불명 소아 급성 간질성 폐렴 사망 사례 다수 수집 조사 내용 논문 2건 발표, 조사 참여한 질병관리본부 '감염병 아니다' 결론
2011년	서울아산병원에 원인 불명 폐질환 임산부 동시 입원(4명 사망), 병원이 질본에 역학조사 의뢰 보건복지부 역학조사 결과 "질병원인 가습기 살균제로 추정, 폐 손상 위험 47.3배" 발표 환경보건시민센터, 가습기 살균제 피해로 영유아 5명 사망 사례 발표 '가습기살균제 피해자모임' '가습기 살균제 피해자 제보센터' 결성해 본격 실태조사 시작 가습기 살균제 6종 수거 명령, 피해자들 구제 요구에는 '개별소송으로 해결'
2012년	가습기 살균제 피해 사망자 유가족 6명, 국가와 살균제 제조·판매업체 상대로 첫 손해배상 소송 제기 가습기 살균제 피해대책 시민위원회와 환경보건시민센터, 사망자 유족 8명, 살균제 제조업체 과실치사 혐의로 검찰에 고발

2012년	시민단체와 정부 추천 민간 전문가 등 27명의 "폐 손상 조사위원회" 출범 질본 동물 흡입 실험 최종 결과 "PHMG, PGH 성분 6개 제품 인과관계 확인"
2013년	국회 보건복지위원회, '가습기 살균제 피해자 구제를 위한 결의안' 가결 환경부, 가습기 살균제 피해자와 유족 위한 107억여 원 재원 마련 건강보험 비급여 항목 포함 의료비 지원 방침 발표 가습기 살균제 업체 옥시레킷벤키저, 50억 원 규모 지원기금 조성 계획 발표 복지부, 피해자들에 대한 폐 CT 촬영 등 추가 정밀조사 지원 불가 폐손상 조사위원회 민단 추천 위원 24명 전원 사퇴 질본, 1차 피해 조사 시작(361명)
2014년	환경부, 가습기 살균제 피해를 환경보건법상 환경성 질환으로 지정 결정 가습기 살균제 피해자 지원대상 및 방안 확정 발표 가습기 살균제 피해자와 가족 모임 회원들로 구성된 고소인단과 환경보건시민 센터, 옥시레킷벤키저 등 15개사 살인죄로 고소 2차 피해 조사(169명)
2015년	첫 손해배상 청구소송 낸 유가족 4명, 국가 상대 소송서 패소
2016년	3차 피해 조사(752명) 검찰, 신현우 전 옥시 대표 구속 검찰, '가습기 살균제 실험조작 의혹' 서울대 수의대 교수 조 씨 구속 검찰, 노병용 전 롯데물산 대표 등 제조·판매업체 관계자 5명 구속 법원, 존 리 전 옥시 대표 구속영장 기각 국회 '가습기 살균제 사고 진상규명과 피해구제 및 재발 방지 대책 마련을 위한 국정조사 특별위원회' 현장 조사
2017년	법원, 옥시 신현우 전 대표에 징역 7년, 노병용 전 대표에 금고 4년 선고. 존 리 전 대표는 무죄 선고
2018년	신현우 전 옥시 대표 징역 6년, 존 리 전 대표 무죄 확정 공정위, '표시광고법 위반' SK케미칼·애경 전직 대표 4명 고발; 검찰, '표시광고법 위반' SK케미칼·애경 불기소 처분 가습기 살균제 피해자들, SK케미칼·애경 재고발 사회적참사 특조위, 가습기 살균제 사건 직권조사 의결
2019년	검찰, 2차 수사 결과 발표. 제조·판매업체 전·현직 임직원 등 8명 구속기소, 26명 불구속 기소 증거 인멸 애경 전 대표 실형, 가습기 살균제 사용한 55곳의 군부대에서 사망자 1명 등 총 19명의 피해자 발생 확인 가습기 살균제 사망 1명 추가, 총 1,460명 옥시 본사 영국 CEO 가습기 살균제 피해자에 사죄 SK케미칼 전 직원, 가습기 살균제 유해성 시사한 보고서 은폐 폭로

* 질병관리본부 폐손상조사위원회(2018) "가습기 살균제 건강피해 사건 백서" 외 신문기사(경향신문, 2020. 1. 8) 참조 재구성

이외에도 인체에 직접적 위해를 주는 성분이 검출되어 문제가 된 생리대, 유아용 기저귀 및 유아용 매트, 화장품 등 소비자 안전 문제는 지속적으로 소비자 불매운동을 야기하는 쟁점이 되고 있다. 특히 그동안 생리대로 인해 여러 가지 문제와 증상을 경험함에도 이에 대해 말하는 것 자체가 터부시되어오고 생리대를 직접 사용하는 사람이자 이해 당사자인 여성의 발언권이 확보되지 못했는데 생리대 불매운동은 여성의 건강권과 월경을 사적인 문제에서 끌어내 공론화시키는 계기가 되었다. 생리대 불매운동으로 이끌어낸 생리대 전성분표시제 실시는 불매운동의 성과 중 하나라고 할 수 있지만 이름만 '전' 성분이고 실제로는 품목 허가증에 기재된 '일부' 원료만을 표시하는 반쪽짜리 표시제도라는 한계는 여전히 존재한다.

소비자의 안전할 권리는 소비자기본법에서 규정하고 있는 소비자의 기본 권리이다. 소비자는 물품 또는 서비스로 인한 생명, 신체 또는 재산상의 위해로부터 보호받을 권리를 가지고 있으며 국가와 사업자는 이 권리를 보장하기 위한 위해 방지 의무가 있다. 또한 결함이 있는 제품을 만들거나 팔거나 서비스하는 모든 당사자(기업, 판매처)는 그 결함의 위험성(독성, 유해성)을 소비자에게 고지할 의무가 있다. 그러나 그동안 한국 사회에서는 상품의 품질 문제로 인한 소비자 건강과 안전이 법적으로 보호받지 못한 경우가 허다하며 이것의 근본적인 원인은 도덕적 해이를 넘어 탐욕과 악행 및 범죄를 저지른 기업에 있으며 여기에 정부의 무능과 언론의 방관도 일조했다고 말할 수 있다.

3. 민족과 애국

한국 소비자 불매운동 역사에서 민족 혹은 애국과 관련된 쟁점 역시 상당한 부분을 차지한다. 해방 이후부터 1970년대까지 한국 소비자의 소비자 애국주의consumer patriotism/nationalism는 외국제품이 아닌 국내제품을 구매하도록 하는 데 중요한 영향을 미쳤다. 경제제일주의 및 수출 지향적 개발전략이라는 국가적 이데올로기에 의해 절약과 저축만이 미덕으로 간주되면서 한국 사회에서 외국제품 소비는 매국으로 간주되었다.

한국 사회에서 민족이나 애국이 불매운동 쟁점으로 오랫동안 강력한 힘을 발휘한 것은 일본(제품)에 대한 불매운동이다. 일제 강점기 물산장려운동부터 1960년대 한일협정 반대운동으로 일어난 일본 상품 불매운동 이후, 1982년 제1차 일본 역사교과서 왜곡 파동부터 2002년 2차 일본 역사교과서 왜곡 파동까지, 그리고 독도 문제, 야스쿠니 신사참배, 일본 위안부 배상 문제 등 일본과의 역사적 질곡 속에 한국인들은 일본(제품)에 대한 불매운동을 주기적으로 전개해왔다. 가장 최근에는 2019년 중반부터 범국민적으로 일어난 일본 불매운동이 있다. 강제 징용 피해자들의 개인 소송에서 대법원이 원고 승소 판결을 내린 후 한국 기업에서 반도체 생산에 필요한 원자재 수출을 일본이 규제하면서 한일 무역 분쟁으로 촉발되었다. 2019년 7월과 8월 두 달 동안 경향, 중앙, 한겨레, 조선, 동아, 한국일보 등 6개 일간지에서 무려 1,416건의 기사를 통해 일본의 수출 규제를 경제 보복으로 간주하면서 반일감정이 폭발하여 일본 제품 불매운동은 물론 일본 여행 취소 및 일본 여행 안 가기 운동, 나아가 2020년 도쿄 올림픽 보이콧까지 확대되었다. 또한 일본 브랜드 상품의 대체품을 공유하는 사이트에 접속자가 폭주하고 중앙정부 및 지방자체단체에서 수십 년 이어온 문화/체육 교류를 취소하는 등 가히 전방위적으로 일본 불매운동이 벌어졌다. 한국 소비자의 불매운동은 '오래 가지 않을 것'이라고 폄하한 유니클로 본사 임원의 발언이 알려지면서 반일감정 및 불매운동은 더욱 확산되었다.

한국 소비자의 일본(제품) 불매운동은 일본 기업의 부적절한 행동뿐 아니라 일제 강점기에서 유래한 반일감정과 적개심이 더 근본적인 원인으로 작용해왔다. 그래서 한국 소비자의 일본 제품에 대한 태도 및 구매의도에는 역사적 적개심과 경제적 적개심[9]이 영향을 미친다. 그러나 역사적 적개심은 시간이 지나면서 점차 희석되는 반면, 경제적 적개심은 점점더 치열해지는 글로벌 경제 환경으로 인해 일본 불매운동에 더 강력한 영향을 미친다(박명호 · 장영혜, 2012). 또한 일본에 대한 적개심을 국가적 적대감(일본에 대한 신뢰, 자국과의 우호적 관계, 자국에 대한 정당한 대우 등)과 개인적 적대감(일본과 일본인에 대한 호의, 일본인에 대한 분노감, 일본인과의 친구관계 희망 등)으로 나누어 분석한 연구(안종석 · 곽의 · 황설빈, 2014)에서는 국가적 적대감과 개인적 적대감 모두 일본 제품에 대한 태도에 부정적인 영향을 미친 것으로 나타

---

9 역사적 적개심은 주로 "나는 우리나라가 과거 일본의 식민지였던 사실을 잊지 않을 것이다", "일본과 우리나라의 역사적 사건 때문에 나는 일본 사람들을 생각하면 화가 난다", "나는 일본이라는 나라를 좋아하지 않는다"와 같은 문항으로 측정하는 반면, 경제적 적개심은 "일본은 한국과의 거래에서 불공정하게 비즈니스를 하고 있다", "나는 일본이 한국을 이용하고 있다고 생각한다", "나는 일본이 한국에 경제적으로 지배하고 싶어한다고 생각한다", "나는 일본이 신뢰할만한 무역 파트너가 아니라고 생각한다" 등으로 측정하고 있다(박명호 · 장영혜, 2012).

나 한국 소비자에게 일본에 대한 역사적, 국가적, 경제적, 개인적 적대감은 별개의 것이 아니라 서로 밀접한 관련을 가진다는 것을 알 수 있다.[10] 결국 한국 소비자의 일본 혹은 일본 제품에 대한 불매운동의 기저에는 일제 강점기에서 유래한 반일감정이 뿌리 깊게 깔려 있으며 이 때문에 일본 불매운동은 민족주의 혹은 애국주의 운동의 성격이 두드러질 수밖에 없다. 특히 한국 사회에서 민족주의/애국주의는 국민통합과 국가발전 이데올로기로 강력한 힘을 발휘하고 있기 때문에(전재호, 2019) 일본에 대한 불매운동은 늘 애국심을 강화하는 기제로 작동해왔다.

이와 같이 기본적으로 일본 불매운동은 민족주의 혹은 애국주의 운동의 성격이 두드러지지만 그럼에도 2019년 일본 불매운동과 이전 시기의 일본 불매운동은 여러 가지 측면으로 비교해볼 필요가 있다. 우선 이전 시기의 일본 불매운동은 주로 역사 왜곡 문제와 직결된 반면, 2019년 불매운동은 일본의 경제 보복에 맞서 우리 경제를 보호하자는 경제적 문제와 직결되어 있다. 직접적 계기는 강제 징용 피해 배상이라는 역사 문제에 대해 아베 정부가 수출 규제라는 경제적 대응을 한 것이지만 역사 왜곡이 이슈가 되었을 때와는 상황이 다소 다르다고 할 수 있다. 역사교과서 왜곡, 독도, 위안부 등의 문제가 발생할

10 한국갤럽이 일본 불매운동이 시작한 시점인 2019년 7월 9일부터 11일까지 전국 유권자 1,000명을 대상으로 일본에 대한 호감 여부를 조사한 결과(15% 응답률, 표본오차 95%, 신뢰수준 ±3.1%포인트), '일본에 호감이 가지 않는다'는 응답이 77%로 집계돼 1991년 이후 역대 두 번째로 높은 수치를 기록했다. 가장 높았던 때는 2005년 일본 시마네현이 독도의 날을 제정하는 내용의 조례안 통과를 강행했을 때로 당시 비호감 응답은 79%였다. 반면 '일본인에 호감이 가지 않는다'는 응답은 43%로 나타나(중앙일보, 2019. 7. 12) 이전 조사와 큰 차이가 없고 일본에 대한 비호감도에 비하면 낮은 수치이나 일본사람에 대한 막연한 반감이라는 측면에서는 무시할 수 없는 수치이다.

때마다 한국 소비자는 한국 정부가 일본 정부에 공식적으로 항의할 것을 요구하는 등 정부의 강력한 대응을 촉구하고 역사 왜곡을 규탄하는 집회를 개최하는 것이 가장 핵심적인 활동이었고 여기에 더하여 일본 상품 불매운동을 벌였다. 그러나 2019년에는 가장 가시적으로 힘이 집결된 행위가 개별 소비자의 일본 상품 불매운동이었다. 일본의 경제 보복에 일본 상품 불매라는 또 다른 경제 보복으로 대응한 것으로 일본 제품뿐 아니라 직접적으로 일본 경제에 타격을 주기 위해 일본 여행 안 가기 운동 같은 것이 호응을 얻은 것에서도 알 수 있다.

둘째, 과거에 불매 대상이 된 일본 제품은 일본 문화(만화, 영화, 게임 등) 혹은 일본 담배 등에 국한되거나 뭉뚱그려 일본 제품이라고 했지만, 2019년에는 특정 브랜드와 품목 등 구체적인 정보가 온라인에서 공유되었다. 대표적 사례가 일본 제품 정보와 대체상품 정보를 제공한 웹사이트 '노노재팬'이었다. 회원가입 없이 누구나 일본의 기업이나 상품에 대한 정보뿐 아니라 이를 대신할 대체상품 등을 올리고 운영자가 확인하는 참여형 웹사이트로 2019년 12월 방문자 수가 1,000만 명이 넘어섰다. 한국 소비자들의 가장 타깃이 된 일본 제품은 유니클로, 맥주, 여행, 자동차 등이었다. 유니클로의 경우 2019년 8월까지 1년간 영업이익이 이전 1년 대비 15% 가까이 줄면서 '공짜 내복'까지 내놓았지만 11월 1일에서 20일까지의 매출액은 206억 원으로 전년 동기보다 64% 줄어들었으며 폭탄 세일을 한 일본 자동차의 경우 10월 대비 11월에 19% 늘었지만 전년과 비교하면 56% 급감했다. 2019년 9월부터 일본 맥주 수입 역시 작년 대비 90% 넘게 급감했으며, 방일 한국인 수는 2019년 8월에 작년 대비 절반으로 줄었고 이후에는 60% 넘게 준 것으로 나타났다(동아일보, 2019. 11. 28; 연합뉴스, 2019.

12. 29). 이에 반해 게임이나 담배 등은 일본 불매운동의 영향을 크게 받지 않았다. 이것은 아마도 게임이나 담배 등은 개인 취향에 따른 충성도가 높은 품목일 뿐 아니라 상표가 외부로 노출되지 않아 주변의 시선을 크게 의식하지 않아도 되는 점 때문으로 볼 수 있다. 이것은 아무리 '자발적인' 불매운동이었다고 해도 여전히 눈치나 동조와 같은 한국 소비자의 성향이 반영되어 있다고 볼 수 있다. 그러나 2019년 일본 불매운동은 젊은 세대를 중심으로 다양한 개인 의견이 리트윗되며 빠르고 자발적으로 확산되었다는 점이 가장 큰 특징으로 불매운동의 키워드가 재미, 모니터링, 인증, 유행, 유쾌 등으로 나타나 이전의 불매운동과 극명한 차이를 보였다(엠포스데이터랩, 2019).

셋째, 글로벌 시장 환경의 변화 등으로 일본 제품을 거부하고 한국 제품을 사용하자는 행위가 국내 기업 혹은 한국 노동자에게 미칠 수 있는 영향이 과거처럼 단순하지가 않다는 점이다. 예컨대 일본산 펜을 사지 말자는 여론 덕에 한국 기업인 모나미의 주가가 올랐지만 모나미는 최순실 사건에 연루되어 있는 기업일 뿐 아니라 '애국테마주'로 주가가 오르자마자 보유하고 있던 주식을 처분해(조선일보, 2019. 7. 29) 논란이 되었다. '애국'이라는 코드 자체를 문제시할 수는 없겠지만 '애국'으로 포장하는 것은 경계해야 한다는 것이다. 혹은 일본 기업으로 오해받는 한국 기업이 피해를 보기도 하면서[11] 우리는 일본 제품

11 가장 대표적인 기업이 롯데이다. 중국의 사드 보복으로 손해를 본 바 있는 롯데그룹은 일본 불매운동의 대상으로 논란이 일자 2018년 한 해 동안 롯데그룹이 한국 정부에 납입한 법인세는 1조 5,800억 원, 한국에서 올린 매출이 95조 원, 직접 고용한 인원이 13만 명인 반면 일본에서 올린 매출은 5조 원, 직접 고용한 인원은 5,000여 명이라며 롯데는 한국 기업임을 밝히기도 했다(중앙일보, 2019. 8. 21). 롯데가 좋은 기업인가와는 별도의 문제로 일본 기업이기 때문에 불매를 해야 한다는 주장은 콜래트럴 데미지Collateral

이 아니라는 해명이 쏟아지기도 했다. 코카콜라가 만드는 조지아 커피, 생활용품 다이소, 편의점 CU 등은 일본과의 관련성을 부인하는 입장을 내놓아야 했으며 세븐 일레븐에 안 간다는 해시태그가 "개념 있다"는 칭찬을 받았다(YTN, 2019. 8. 6). 그렇다면 일본 자본이 조 단위로 투입되어 있고 일본 소프트뱅크와 비전펀드가 주식의 약 30%를 가지고 있는 것으로 알려진 쿠팡이 국내에서 일자리를 제공하고 인건비를 지급하기 때문에 일본 불매의 대상이 되지 않은 것은 어떠한가. 이와 같이 산업 체인이 여러 지역에 걸쳐 있는 것이 너무 보편적이 되어버린 글로벌 환경에서 일본 기업을 거부하고 한국 기업과 한국산만을 사용하자는 주장은 모순을 피하기 어렵다. 한국 대 일본이라는 민족 대립을 명분으로 한국 노동자가 피해를 입을 수 있다는 것이다. 이 와중에 한국 정부는 일본의 반도체 재료 수출 규제 대책으로 '화학물질 안전관리 완화'를 추진하면서 관련 노동자의 '특별연장근로'를 인가했다(한겨레, 2019. 7. 25).

넷째, 역사 왜곡 문제에 맞선 일본 불매운동과 달리 2019년 일본 불매운동은 애국 대 매국의 프레임이 되어버린 측면이 강하다. 나아가 반일을 넘어 혐일의 양상을 보이기도 했다. 일본 차를 부수고, 국내 거주 중인 일본인에 대한 혐오발언을 쏟아내고, 일본 여행한 사진을 개인 소셜 미디어에 올린 연예인이 사과하고, 부산 일본 영사관에 난입한 청년들이 연행되고, 일본 제품을 파는 가게 앞에서 드나드는 소비자의 사진을 찍는 행위 등은 과연 애국적 불매운동이 무엇인지 의문이 들게 한다. 이와 유사한 일이 과거에도 발생했었다. 역사 문제

---

damage의 전형적인 예라고 할 수 있다.

가 발생할 때마다 한국 소비자는 일본 불매운동을 벌였지만, 그 과정에서 국내 백화점 일본인 출입 금지, 일본 관광객에게 음식 팔지 않기, 택시에 일본인 안 태우기(매일경제, 1982. 8 13) 등이 같이 진행되기도 했다. 그러나 지금은 시대가 다르다. 일본 불매가 일본 혐오 혹은 일본인 혐오로 이어지는 것은 적절치 않으며 불매운동이 민족의식을 재는 척도로 작용해서도 안 된다. 일본 불매운동이 민족의식과 애국심을 재는 척도가 되어 애국과 매국으로 이분화하고 개인의 선택권을 침해하고 사회운동의 가장 동력이 되는 자발성의 가치가 훼손되어서는 안 된다. 이런 점에서 갈등의 구도를 재설정하는 정치의 역할이 중요하며 당장 일본 불매운동을 통해 일본과 일본 기업에게 피해를 줄 수 있다는 만족감보다 시민 개개인의 삶이 훨씬 더 중요하다는 주장에도 귀를 기울일 필요가 있다.

한국에서 민족주의/애국주의가 발현된 불매운동에는 미국(제품) 불매운동이 있다. 미국에 대한 불매운동은 1980년대 중순 이후 수입 개방 압력(농산물), 1997년 슈퍼 301조 발동, 스크린쿼터(미국 영화), 2002년 여중생 사망(영화, 맥도날드, 코카콜라), 2003년 이라크 파병, 2008년 광우병 쇠고기 등을 계기로 일어났는데 미국에 대한 불매운동 역시 반미감정이 중요한 동력을 제공했다. 해방 이후 1970년대까지 미국은 한국의 최우방국으로서 늘 동경과 선망의 대상이었다. 1980년대는 한국인의 대미인식에 하나의 분수령이 된 시기로 한국 사회에서 반미운동이 본격적으로 등장한 시기이다(김진웅, 2010). 1980년 5월 광주민주화운동을 계기로 학생들과 지식인들 사이에서 이데올로기적 성격의 반미주의가 증가했지만 한국인들의 대미인식은 여전히 호의적이었다. 예를 들면 1984년 여론조사에서는 1,020명 중 69.9%가 미국이 좋다고 응답했으며 3.3%만이 미국이 싫다고 응답했다. 또한 미국과 북한이 축구를 한다면 누구를 응원하겠느냐란 질문에 76.6%가 미국이라고 응답한 것에서도 미국에 대한 한국인의 호의를 짐작할 수 있다(최명 · 권태환 · 홍두승, 1989). 그러나 1990년대에 들어서면서 미국의 경제적 압력은 한국 국민의 민족주의적 반발을 극대화시켰다. 우루과이 라운드 협상과정이나 슈퍼 301조 발동 등에서 미국이 보여준 경제적 압력은 안보갈등이나 정치적 갈등과 달리 쟁점이 명확하기 때문에 한국인들의 경제적 민족주의 감정을 크게 자극했다. 2000년대 들어 동계올림픽에서 미국의 오노 선수의 행동은 젊은 세대의 반미감정을 촉발했으며 2002년 미군 장갑차에 의해 사망한 효순/미선이 사건, 이라크 파병 그리고 2008년 미국 광우병 쇠고기 문제는 주한미군의 존재 나아가 한미동맹의 불공평함에 대한 비판으로 이어지면서 반미감정을 폭발시켰다(이강로, 2004). 다양한 이슈로 빚어진 반미감정, 혹은 미국과의 갈등은 한국 소비자의 애국적 불매운동을 이끌었다.

한국 소비자의 불매운동의 쟁점인 민족과 애국은 대리적surrogate/proxy 불매운동이라고 할 수 있다(Friedman, 1999). 즉 일본 기업(제품), 미국 기업(제품)이 일본과 미국이라는 국가와 정부를 대신하는 것이다. 이것은 정치적 이슈를 경제적 이슈로 전환시켜 개별 소비자들이 시장에서 영향력을 발휘한 변형된 불매운동transformational boycotts의 일종으로 국제관계에서 정치적 이유로 특정 국가의 제품을 불매하는 것은 꽤 보편적이다. 특히 글로벌화로 인해 국가간, 혹은 지역간 물리적 경계는 약화되고 있지만, 정치, 경제, 종교, 영토, 민족 등 다양한 이유로 끊임없이 분쟁이 일어나고 있는 현 상황을 고려해

볼 때 국가를 대신해 기업 및 제품을 불매하는 대리적 불매운동은 앞으로 더욱 빈번해질 것으로 예측된다.

4. 환경

한국 소비자 불매운동의 역사에서 중요한 쟁점 중의 하나가 환경 문제이다. 1991년 낙동강에 페놀을 방출한 두산전자에서부터 환경법규를 상습적으로 위반한 24개 업체(1993), 프랑스 핵실험 강행에 대한 프랑스 제품(1995), 태안 기름 유출을 일으킨 삼성중공업(2007), 4대강 사업 참여업체(2010), 산업폐기물 해양 투기의 연장을 요구한 업체(2014), 여수 기름 유출 업체 LG칼텍스(2014) 등 크고 작은 환경오염 문제를 야기한 기업에 대한 불매운동이 있었다. 환경 문제와 관련된 불매운동은 가장 큰 피해를 입은 해당 지역 주민들을 중심으로 일어났지만 환경단체, 종교단체, 소비자단체 및 여성단체들이 연대하고 많은 시민들이 참여하는 불매운동으로 확산되었다. 여기에는 환경오염 자체도 큰 이유가 되었지만 해당 기업들이 사고를 처리하는 과정에서 보여준 부도덕함과 책임을 회피하기에만 급급한 태도가 불매운동 확산에 불을 붙였다.

개발 위주의 경제정책으로 환경에 대해 관심을 가질만한 상황이 형성되지 않았던 1960, 70년대에는 폐품 활용이나 자원 절약이라는 측면의 환경에 대한 관심으로 제한되어 있었으나 1980년대에 들어서서 공해 문제에 관심을 가지는 환경단체가 설립되는 등 환경오염이 공론의 장에 등장하기 시작했다. 그러던 중 1991년 3월 두산그룹 산하 회사 두산전자에서 다량의 페놀 원액이 유출되어 대구·부산·마산을 비롯한 전 영남지역의 식수원인 낙동강을 오염시킨 일명 낙동강 페놀 오염사건은 그 피해의 범위와 강도가 막대했으며 한국 사회에 마시는 물의 소중함을 일깨우고 환경 문제가 곧 인간의 생존권 문제라는 사실을 각인시켰다. 이 사건은 환경운동사적으로도 큰 의미가 있는데(주간경향, 2006. 9. 5), 이전까지 환경운동이 피해자 중심의 공해추방운동이었다면 이 사건을 계기로 대중이 참여하는 환경운동으로 전환하게 된다. 즉 항의운동, 피해보상운동뿐 아니라 압력운동, 생활실천운동 등 다양한 형태의 환경운동이 본격적으로 전개되기 시작한 것이다. 또한 환경운동의 저변도 확대되어 전국적으로 100개 이상의 환경단체가 생겨났으며 소비자단체들도 본격적으로 환경을 운동의 주제로 삼기 시작했다. 또한 두산전자는 소비재를 생산하는 기업은 아니지만 분노한 시민들은 두산그룹이 생산하고 유통하는 전 제품(OB맥주, 코카콜라, 우유, 치즈, KFC 등)을 불매하고, 유통업체들도 두산그룹이 생산하는 전 제품을 취급하지 않는 등 한국 사회에서 환경을 오염시킨 기업에게 소비자 측에서 강력한 경고를 한 첫 사건이었다. 특히 당시 운동의 핵심은 두산의 상징적인 상품이자 당시 70%에 가까운 시장점유율을 가진 OB맥주 불매였다. 최초로 불매운동이 제기된 곳은 가장 피해를 직접적으로 입은 대구였는데 이후 전국으로 확산되었다(한겨레, 1991. 3. 24). 그뿐만 아니라 한국수퍼마켓협동조합연합회는 두산그룹이 생산/수입하는 60여 종의 제품을 무기한 판매하지 않기로 결의하고 '두산제품 불매不賣' 등의 스티커를 붙이고 두산제품 반품 또는 추가 주문 거부를 통보하기도 했다.[12] 소비자단체가 아닌 유통업계가 전국 조직망을 동원해 재벌그룹 제품에 대한 불매운동을 벌인 첫 사례라고 할 수 있다. 이에 대해 당시 불매운동을 이끌었던 최열 씨는 "환경 문제를 잘못 처리하면 대기업도 망할 수 있다는 것이 페놀 사건이 기업에 준 교훈"이라고 회고하기도 했다(주간경향, 2006. 9. 5). 또한 두산전자의 페놀 방출사건은 고의로 유해물질을 배출한 경우 최고 무기징역까지 처할 수 있도록 하는 「환경범죄의 처벌에 관한 특별조치법」을 비롯 「환경개선비용부담금법」, 「자연환경보전법」 등을 제정하고 중앙환경분쟁조정위원회를 발족시키는 성과를 이루기도 했으나 실효성은 거의 없었다.

2007년에는 국내 사상 최악의 해양오염인 삼성중공업의 태안 앞바다 원유 유출사고가 발생했다. 이 사건으로 사고 피해를 입은 태안 주민 3명이 목숨까지 끊었다. 전국의 130만 명이 넘는 자원봉사자들이 직접 나서 기름을 치웠지만 삼성중공업은 오히려 배상책임을 50억 원으로 제한해달라는 소송을 법원에 내기까지 한 사실이 알려지면서[13] 삼성불매운동이 불이 붙었다(한겨레, 2008. 12. 22). 삼성중공업은 국회 중재를 통해 사고 발생 6년 만인 2013년 지역발전기금 명목으로 3,600억 원을 지원하기로 했고 실제 2,900억 원이 입금되었지만 이때부터 피해를 입은 11개 지역이 이 돈을 어떻게 나눌 것인지를 두고 다

12 그러나 공정거래위원회는 한국슈퍼마켓협동조합연합회가 두산그룹 제품의 불매운동을 벌여 회원사업자들에게 두산그룹과의 거래를 중단하도록 한 것은 공정거래법에 규정된 사업자단체금지행위를 위반한 것이라며 시정명령을 내렸다. 이에 대해 33개 시민단체로 구성된 '수돗물페놀오염대책시민단체협의회'는 기업의 사기행각에 대해서는 아무런 조처를 하지 않으면서 깨끗한 환경을 보존하기 위해 국민들이 자발적으로 추진하는 불매운동에 대해서는 강압적인 중단압력을 넣고 있다며 강력하게 비난했다(한겨레, 1991. 4. 27).

13 서울지방법원은 이를 받아들여 삼성중공업의 배상금액을 56억 3,400여만 원으로 제한했다(경향신문, 2017. 12. 30).

투기 시작했다(경향신문, 2017. 12. 30). 결국 해양수산부의 조정에 따라 태안군이 2,900억 원 중 1,500억 원을 받게 되었지만 다시 이 기금의 수탁자를 태안군으로 할 것인지, 허베이사회적협동조합(이하 허베이조합)가 할 것인지에 대한 이견으로 삼성중공업의 태안 오염사고는 여전히 진행 중이다.

한국 소비자들이 전개한 환경 쟁점 불매운동은 대부분 해양이나 강 등 물 오염 문제였으며 한국 소비자는 한편에서는 자원봉사로, 또 다른 한편에서는 해당 기업 제품의 불매운동을 동시에 진행했다. 그런데 환경 문제를 야기한 기업에 대해 불매운동이 거의 일어나지 않은 유일한 제품 중의 하나가 폭스바겐 자동차이다. 세계 최대 자동차 제작사 중의 하나인 아우디폭스바겐은 전 세계에 판매한 경유차 1,100만대에 배기가스 저감 장치를 조작했다. 이는 2013년 국제친환경교통시민단체International Council on Clean Transportation의 조사로 처음 밝혀졌으며 2014년 미국 환경보호청이 문제를 확인하고 2015년 폭스바겐에 법령 위반을 통보하면서 전 세계에 알려졌다. 한국에서도 환경부가 국내 판매 중인 폭스바겐 경유차 6종을 조사하여 조작이 있음을 확인하고 한국에서 판매된 12만 6천 대의 경유차에 대해 리콜 명령을 내렸다. 그러나 폭스바겐 측이 제출한 결함시정계획서가 극히 부실하여 환경부는 폭스바겐을 검찰에 1차 고발했으며 배출가스 조작혐의로 2차 고발했다. 그리고 32개 차종, 79개 모델의 판매를 금지하는 행정처분을 내렸다. 또한 10억 원 이하로 규정하고 있는 국내 대기환경보전법에 따라 141억 원의 과징금을 부과하여 징수했다.[14] 이

---

14 2005년 국회에서 과징금 상한액을 정할 당시에는 수입차의 비중이 높지 않아 과징금이

와는 별도로 공정거래위원회는 부정표시광고법 위반으로 폭스바겐에 시정명령과 함께 373억 원의 과징금을 부과했다.[15] 그리고 2020년 배출가스 조작혐의에 대한 재판에서 재판부는 아우디폭스바겐코리아 법인에 260억 원을 선고하고 관련자들에게 실형을 선고했다[16](동아일보, 2016. 12. 7; 연합뉴스, 2020. 2. 6; 한겨레, 2017. 11. 19; 환경부, 2016). 반면, 폭스바겐은 미국에서 소비자 피해 배상으로 147억 달러(약 17조 원)를 지불하기로 합의했을 뿐 아니라 추가 리콜 비용과 민형사상 지불해야 할 벌금 등으로 배상 규모가 모두 300억 달러(약 34조 원)에 이른다(한겨레, 2017. 11. 19). 그리고 손해배상 소송에 참여한 자국 소비자들과는 보상 협상을 통해 차량 1대당 180만 원에서 835만 원의 보상금 지급을 합의했지만(경향신문, 2020. 3. 1) 한국에서는 보상 없이 소송을 제기한 개인 차주들만을 대상으로 재판 결과에 따라 배상을 실시하고 있을 뿐이다.[17] 폭스바겐이 한국에서 보인 차별적 태도의 배경에는 미국처럼 징벌적 손해배상제도나 소비자 집단소송제도와 같은 강력한 소비자 피해구제제도가 마련되어 있지 않기 때문이다.

소비자들을 대상으로 '배기가스가 적은 친환경 자동차'라고 속인 폭

국내업체에 대해서만 부담을 준다는 이유로 상한액을 10억 원 미만으로 제한했다. 2016년 과징금 상한액을 조정하여 100억 원으로 올렸다.

15 폭스바겐은 373억의 과징금 처분에 불복하는 소송을 냈지만 최종 패소했다(연합뉴스, 2019. 10. 24).

16 당초 검찰은 전 아우디폭스바겐코리아 총괄사장도 함께 기소했지만, 전 사장이 2017년 6월 독일로 출국한 뒤 돌아오지 않으면서 다른 피고인들에 대한 재판이 먼저 진행되었다.

17 2019년에는 폭스바겐을 상대로 부당이득금 반환청구소송을 제기한 150명 중 79명에 대해 손해배상 책임을 인정하고 차량 매매 대금의 10%를 배상하라는 판결이 나왔으며, 또 다른 소송에서는 소송에 참여한 2,501명 중 2,480명에 위자료 명목으로 차량 1대당 각 100만 원을 지급하라는 판결이 나왔다(연합뉴스, 2020. 1. 16; SBS뉴스, 2019. 8. 9).

스바겐에 대한 전 세계 소비자들의 대응은 단호했다. 미국에서는 배출가스 조작 사실이 밝혀지기 전인 2015년 8월 8,688대의 판매실적을 보였지만 배출가스 조작 사실이 밝혀지자 10월에 1,879대로 떨어졌으며 12월에는 단 76대만 팔렸다. 영국은 -20%, 일본은 -32%의 급감한 판매실적을 보였다. 그러나 한국에서는 정반대의 현상이 나타났다. 폭스바겐의 배출가스 장치 조작 사건이 불거지기 직전인 2014년 10월에 판매실적이 9% 반짝 감소했지만 한 달 뒤인 11월에는 7,585대가 팔리면서 배 이상의 판매실적을 보였다. 2014년 같은 기간과 비교해도 59% 늘어난 수치였다(동아일보, 2016. 7. 25; 연합뉴스, 2016. 1. 13).

한국 사회에서 경제 개발의 부산물 정도로 가볍게 여기던 환경오염 문제가 점차 일상에서 소비자들이 체감하는 주요 이슈로 부각하면서 환경에 대한 의식도 많이 변화했다. 환경 문제 전반에 대해 관심이 있다는 응답이 2014년 51.3%, 2015년 53.6%, 2016년 53.9%, 2017년 54.4%로 증가하고 있으며 2018년에는 그 수치가 75.4%로 급증했다. 가장 우려하고 있는 환경 문제는 자연환경 고갈, 대기오염, 쓰레기 증가, 수질오염, 기후변화 대응 등이 꼽혔으며, 환경 보전의 주체를 중앙정부, 지자체, 기업, 시민단체, 국민이라고 했을 때 환경 보전 노력에 대한 평가에서 기업이 가장 낮은 순위를 차지했다(윤태경·안소은, 2018). 그러나 환경 보전의 핵심주체는 산업계(기업)와 정부(국가)이다. 왜냐하면 환경 문제의 본질적인 책임은 기업의 환경을 고려하지 않은 생산 활동과 정부의 성장 위주의 경제 정책에 기인하기 때문이다. 즉 기업의 환경 친화적 경영이 중요하고, 제품, 생산과정 및 서비스를 평가하는 지속 가능한 개발에 적극적으로 기여해야 한다.

기업만이 글로벌 차원에서 기후변화, 지구온난화 문제를 해결할 솔루션을 개발할 수 있는 기술과 자원을 보유하고 있기 때문이다. 이것이 ISO 26000에서 환경에 대한 기업의 사회적 책임을 강조하고 있는 이유이다.

5. 개인정보

디지털 시대의 본격화와 함께 소비자 혹은 고객의 개인정보 유출 및 불법 사용 문제가 심각해지고 있다. 1990년대만 하더라도 소비자 개인정보 문제는 기업에게 개인정보를 제공함으로써 상품 개발이나 서비스의 질적 향상을 이룰 수 있지만 동시에 프라이버시를 침해할 가능성이 있기 때문에 기업윤리 및 정보정책의 중요성을 논의하는 정도였다(오상조·안중호, 1995). 그러나 2000년대 이후에는 기업이 고객의 개인정보를 불법적으로 유출하거나 사용하여 수익을 챙기는 범죄가 빈번하게 발생하고 있다. 600만 명의 고객 개인정보를 불법 사용한 하나로텔레콤(2008), 네이트 개인정보 유출(2011), 카드 3사 개인정보 유출 사건(2014), 2,400만여 건의 소비자 개인정보를 보험사에 불법적으로 판매한 홈플러스(2015), 배달의민족 가맹점 사장이 불만 리뷰를 올린 고객의 개인정보를 공개한 사건(2018), 모바일 금융서비스인 토스의 개인정보 유출(2019), 교육업체 '스카이에듀' 고객 개인정보 유출(2019) 등 관리 소홀에서부터 고의적 유출, 그리고 불법 판매에 이르기까지 그 행태가 매우 악랄했다. 일부의 사례는 외부의 해킹이나 직원 개인의 일탈로 인한 사고이기도 했지만 해당 기업의 대응에는 상당한 문제가 드러났다. 이 때문에 소비자들은 불매운동과 더불어 고객정보를 유출한 기업을 고소했다. 2013년 개인정보 유출사건으로 피해를 입은 584명의 소비자가 KB국민카드와 신용정보업체 KCB를 상대로 낸 손해배상 청구소송에서 대법원은 피해자들에게 10만 원을 배상하라고 판정했으며(한국일보, 2019. 8. 2), 함께 사고를 낸 롯데카드, NH농협카드 등 카드 3사에 내려진 처벌은 벌금 1,500만 원이 전부다(중앙일보, 2016. 7. 15). 홈플러스 역시 개인정보 유출 피해고객 1,067명이 손해배상 청구소송을 제기했지만 피해자들에게 1인당 5만-30만 원씩 총 8,365만 원을 지급하라는 대법원 판결이 나왔을 뿐이다. 그것도 1, 2심에서는 무죄가 나왔었다(조선일보, 2018 1. 18).

반면 영국은 고객 50만 명의 정보가 유출된 사고에 대해 개인정보보호규정(General Data Protection Regulation, GDPR) 위반을 적용해 영국항공에 1억 8,300만 파운드(약 2,700억 원)의 벌금을 부과했다(시사저널, 2019. 8. 8). 미국 연방거래위원회는 지난 2016년 페이스북에서 개인정보가 유출되자 50억 달러(약 5조 8,950억 원)의 벌금 합의안을 승인했다(조선일보, 2019. 7. 13). 이와 같이 유럽이나 미국의 경우 개인정보 유출사고가 발생하면 거액의 과징금을 부과해 기업이 사고 방지 조치를 강화하도록 만들지만 한국은 처벌 수위가 낮아 정보 유출 사고가 발생하면 소비자 개인이 온전히 피해를 입어야 하는 실정이다. 이러한 상황에서 2020년 초 「개인정보보호법」, 「정보통신망 이용촉진 및 정보보호 등에 관한 법률」, 「신용정보의 이용 및 보호에 관한 법률」 등 이른바 데이터 3법이 국회에서 통과되었다. 데이터 3법의 핵심은 기업과 기관이 개인정보 활용을 이전보다 자유롭게 할 수 있도록 관련 규제를 완화하는 데 있다. 요컨대 개인정보보호법 개정으로 기업은 당사자의 동의 없이도 가명 처리(개인정보에서 특정인을 식별할 수 없도록 조치한 것)한 개인정보를 활용할 수 있게 됐다. '과학적 연구, 통계 작성, 공익목적의 아카이브 목적'으로만 개인정보 활용을 할 수 있도록 제한을 두었지만 과학적 연구에는 신상품 개발과 같은 기업 내부 연구도 포함된다. 때문에 데이터 3법을 두고 산업계와 시민사회의 입장은 극명하게 갈린다. 산업계는 빅데이터와 인공지능 등 신산업 분야의 새로운 사업모델을 개발하는 일은 물론이고 기업들이 고객 수요와 시장 흐름을 조기에 파악·대응하는 데 큰 힘이 될 것으로 기대하는 반면 시민사회는 데이터 3법을 '개인정보도둑법'으로 규정하고 가명 정보라 할지라도 활용하는 과정에서 개인을 특정할 수 있는 데다 유출된 개인정보가 오·남용될 가능성이 높아 대기업, 금융회사 및 일부 IT 기업을 위한 재벌특혜법이라고 본다. 또한 대부분의 일반 소비자의 경우 개인정보보호법 개정 내용에 대해 거의 알지 못하고 있으며 가명 정보를 개인 동의 없이 기업에 제공하는 것에 반대하고 있어(경향신문, 2020. 1. 19)[18] 앞으로 개인정보 유출로 인한 갈등은 소비자문제와 관련된 가장 첨예한 쟁점이 될 소지가 크다고 할 수 있다.

18 전국민주노동조합총연맹 의뢰로 여론조사전문기관 포스트데이터가 전국 성인남녀 1,000명을 대상으로 ARS여론조사(유·무선RDD, 신뢰수준 95% ±3.1%p)를 진행한 결과, '가명 정보'의 동의 없는 활용에 80.3%가 반대한다고 답했다.

6. 노동

노동운동과 불매운동은 불가분의 관계가 있다. 노동자에게 최후의 무기인 파업이 생산을 중단하며 자본에 타격을 주는 것이라면 그 파업에 힘을 실어주는 것이 소비자의 불매운동이라고 할 수 있다. 노동운동과 불매운동의 연대는 사회역사적으로 중요한 의미를 가지고 있다. 세계노동절의 기원이 된 1886년 미국 시카고 노동자들의 8시간 노동시간 쟁취운동을 지지하며 일반 소비자들은 8시간 노동을 지키지 않는 기업의 제품을 사지 않는 불매운동에 적극 동참했다. 한국 사회에서도 1970년대 노조 결성을 방해하거나 노조를 결성하려는 노동자를 해직시킨 기업 제품 불매운동, 노동조합 설립율이 낮은 재벌그룹 산하 기업의 노조 설립 촉구를 위한 불매운동, 1980년대 노동절 행사에 참여한 여성노동자를 해고하거나 권고 사직시킨 톰보이 불매운동, 임금 인상과 처우 개선을 요구하며 농성 중인 노동자 폭행, 부당 해고한 뱅뱅 불매운동 등이 있었다. 1987년의 6월 항쟁에 뒤이은 노동자 대투쟁은 한국 노동조합 역사에서 중요한 분수령이 되었다.[19] 그럼에도 1990년에는 삼성조선 이근태 씨와 2003년 두산중공업의 배달호 씨의 죽음은 한국 기업의 노조 탄압이 노동자의 평범한 삶을 파괴하는 현

19 1977년부터 1986년까지 10년간 노동쟁의 발생건수는 1,638건, 참가자 수는 20여만 명이었다. 그러나 1987년 한 해 동안 3,749건의 노동쟁의가 발생했으며 그 중 6월 29일부터 10월 31일까지 3,235건이 발생했으며 120여만 명의 노동자가 참여했다. 이 과정에서 노동조합법이 개정되어 노조 설립 제한 규정이 삭제되고 노조 설립 형태가 자유화되었다. 이에 따라 노조 수, 노동조합단 수, 그리고 구직률도 급상승했다. 노동자 대투쟁의 성과를 바탕으로 민조노조운동조직이 전국적으로 형성되어 1995년 전국민주노동조합총연맹으로 확대 발전했다(이원보, 2017).

실을 적나라하게 드러냈다. 또한 육아휴직자와 고령 직원을 정리 해고한 로케트전기와 광주은행에 대한 불매, 정리해고를 단행한 외환카드에 대한 불매, 비정규직 근로자를 해고한 뉴코아와 홈에버 등 이랜드 불매, 노조 탄압과 사찰을 시도한 신세계 이마트, 노동자 탄압 기업 이랜드 파크, 근로기준법을 위반한 남양유업, 기혼여성에게 퇴직을 강요한 금복주 등 2010년대까지 노조 탄압과 노동자 해고에 저항하는 노동운동에 소비자들은 불매로 연대해왔다.

한국에서 노동운동과 소비자 불매운동이 연대한 대표적인 사례는 재능교육이다. 여성단체 및 진보정당 여성위원들이 재능교육을 반교육, 반여성, 반노동기업으로 규정하고 재능교육 노동자와 연대하여 불매운동을 벌여나갔다. 재능교육 학습지 회원 학부모들이 불매운동에 앞장섰고 재능out국민운동본부가 출범했으며 대학생을 대상으로 재능교육 입사거부운동도 벌였다. 2015년 무려 2822일간의 장기투쟁이 해고자 복직 합의로 마침내 막을 내렸다. 이 사건은 법적 근로자로 인정받지 못하는 학습지 교사의 처우를 사회 전체가 되돌아보게 만든 계기가 되었다. 그리고 2018년, 학습지 교사 역시 노조법 상 근로자로 인정해야 한다는 대법원 판결을 이끌어냈다(중앙일보, 2018. 6. 15). 이 판결은 특수고용노동자들이 자주적으로 단결할 수 있는 법리를 제시한 첫 판례였다.

또한 1,000명의 비정규직 집단해고와 외주화에서 시작된 이랜드 사태는 직원의 매장 점거 농성, 경찰력 투입, 그리고 시민 불매운동 등 한국사회 비정규직 문제와 관련한 '종합판'이었다.[20] 이 과정에서 141

20 영화 〈카트〉는 2007-2008년 이랜드그룹의 홈에버와 뉴코아에서 일했던 비정규직 여성

<표 5-3> 이랜드 노조탄압사 (경향신문, 2007. 7. 12)

시기	진행상황
1993년	노조 결성
1997년	첫 노조단체협약 체결 위해 첫 파업(57일)
1998년	사측, 전문직 대대적 정리해고
2000-2001년	노조, 비정규직의 정규직 전환 관련 265일 파업
2000년 10월	서울서부지법, 부당노동행위혐의로 박성수 회장 체포영장 발부
2005년 6월	노조, 노조 탄압과 비정규직 양산 관련 3개월간 25차례 파업
2006년 9월	노조, 사측의 단체협약 해지 관련 파업
2006년 7월	노조, 비정규직 대량해고 관련 매장점거 농성 투쟁

개의 시민단체로 구성된 '이랜드 사태 해결을 위한 공동대책위'는 '나쁜 기업 이랜드 불매운동' 캠페인으로 호응했다. 결국 이랜드 사태는 한국 사회에 비정규직 문제라는 숙제를 남긴 채 노조 지도부 10여 명을 제외한 나머지 조합원들은 모두 현장에 복귀하는 것으로 510일 만에 종결되었다(오마이뉴스, 2008. 11. 13). 그리고 2016년 이랜드는 아르바이트 노동자의 임금을 떼먹었다. 사실 이랜드는 1993년 노조 설립 이후 해마다 노사갈등으로 바람 잘 날이 없었다. 교섭 기피, 부당노동행위, 구사대 폭력, 단체협약 불이행, 노조 탈퇴공작, 블랙리스트 작성 등 사측은 노조를 거의 '적'으로 대해와 "이랜드 사사社史는 노조탄압사"(경향신문, 2007. 7. 12)로 불린다. 당시 한 여론조사[21]에서는 노조

노동자들의 투쟁 실화를 담았으며, 웹툰이자 드라마로도 만들어진 〈송곳〉은 이랜드 비정규직 노동자에 대한 실화를 바탕으로 하고 있다.

21 이랜드 공대위가 여론조사기관인 한길리서치에 의뢰해 전국 19세 이상 남녀 700명을 상대로 이랜드 사태와 관련한 설문조사 결과이다.

가 사태 해결을 위해 내놓은 '외주용역 철회 및 고용 보장' 주장에 대해 조사 대상의 60.3%가 '비정규직의 생존 문제로 정당하다'고 대답했고 사태 해결을 위한 방안으로는 '사측의 고용안정 우선 보장'(56.7%)이 '노조의 단체행동 우선 중단'(32.6%)이라는 견해보다 많았다(한겨레, 2007. 7. 29)는 사실에서도 알 수 있듯이 이랜드 불매운동은 소비자들이 비정규직 보호운동에 나선 대표적 사례라고 할 수 있다.

한편 노조 탄압이나 노동 문제와 관련되어 지속적으로 문제가 제기되는 한국의 대표기업은 삼성이다. '무노조' 경영의 대명사로 1990년대부터 노조 설립 주도자를 해고하기도 했고 노조 설립 움직임이 있을 때마다 유령노조를 내세워 무산시켜왔다. 2003년 삼성플라자가 처음으로 무노조 '신화'를 깼지만 회사 측의 회유와 압박으로 와해되었고 직원사찰 논란도 끊임없이 폭로되었으며 삼성 반도체 노동자의 백혈병을 산재로 인정하지 않았다.[22] 그뿐만 아니라 삼성 경영진의 불법과 비리 및 회계조작과 탈세 문제, 그리고 경영권 승계 전반에 대한 불법 혐의 등으로 끊임없이 검찰의 수사를 받았지만 빈번히 면죄부를 받아왔다. 2018년 이재용 삼성전자 부회장이 집행유예로 석방되면서 일부 온라인 커뮤니티에서 삼성 불매운동 조짐이 재점화되었지만 대규모 불매운동까지 이어지지 않았다. 그럼에도 트위터에서는 #삼성불매운동, 페이스북에서는 삼성불매운동boycott Samsung 페이지 등 온라인에서 '삼성 불매하는 방법', '나의 삼성 불매운동 동참기', '삼성

22 '삼성 반도체 백혈병 분쟁'은 지난 2007년 3월 삼성전자 기흥공장에서 근무하던 노동자 황유미 씨가 급성 백혈병으로 숨지면서 시작돼 이듬해 반올림이 발족하면서 본격화했다. 이후 계속 의견을 좁히지 못하다가 2018년 삼성전자가 반도체 백혈병 문제에 대해 사과문을 발표하고 피해자 보상안 합의를 약속하면서 11년 만에 사실상 마무리됐다.

불매운동이 답이다' 등의 글들은 꾸준히 공유되고 있다. 천혜정(2019)이 최근 5년 동안 불매운동에 참여한 적이 있는 소비자 711명을 대상으로 조사한 결과에서 삼성 및 계열사 불매운동에 참여한 적이 있는 소비자가 145명(20.4%)으로 나타난 것도 삼성이라는 기업의 문제에 대해 한국 소비자가 인지하고 있음을 알 수 있다.

사실 생산자, 노동자 및 소비자는 별개의 존재가 아니다. 생산자와 노동자들에게 소득이 없으면 소비자로서 이들의 구매력은 크게 늘지 않을 것이다. 생산자와 노동자들이 가혹한 노동시간 때문에 삶의 여유가 없으면 이들의 구매력은 무용한 상태가 될 것이다. 그러나 현대 사회는 소비를 하기 위해 일을 하는 사이클 속에서 일과 소비의 악순환이 발생하고 있다. 이는 지속 가능한 방식이 아니다. 언론이나 대중매체에서는 끊임없이 '소비자 주권, 소비자 선택권'을 들먹이며 소비자를 우대하는 발언을 쏟아내고 있지만 그 이면에서 착취당하는 노동자 역시 소비자인 것이다. 결국 소비자이자 노동자로서의 온전한 모습과 권리를 되찾아야 할 때이며 이것이 노동운동과 소비자 불매운동의 연대가 중요한 이유이기도 하다.

7. 기업 일가의 갑질과 폭력

'갑질'이라는 용어는 2013년부터 온라인에서 주목받기 시작했는데 주로 재벌 일가의 일탈적 횡포를 통칭하는 용어였다. 특히 대한항공 일가의 폭력적 행태가 알려지면서 갑질이라는 용어가 본격적으로 사용되었는데 이들의 갑질은 해외에서도 이슈가 되어 『뉴욕타임스*New*

York Times』는 한국 사회의 갑질gapjil을 "봉건 영주처럼 행동하는 기업 임원이 부하나 하청업자를 학대하는 행위"로 표현하기도 했다(New York Times, 2018. 4. 13). 정한울과 조계원(2019)은 갑질을 시대가 낳은 현상이라고 보고 갑질 이슈가 부상한 데는 몇 가지 사회적 변화가 영향을 미쳤음을 주장했다. 예를 들면, 과거에 용인되었던 권위주의적, 차별적 행위를 묵인하지 않는 사회적 분위기가 조성되면서 우월적 지위를 이용한 인권 침해에 대한 공론화가 활발해졌으며, 특히 인터넷과 소셜 미디어로 인해 '을'이 자신의 부당한 경험을 드러내는 것이 상대적으로 용이해졌다는 점이다. 즉 갑질이 알려지게 되는 과정을 살펴보면 대체로 공식적인 경로를 통해 부당함을 해소할 수 없었던 '을'이 인터넷 혹은 소셜 미디어를 통해 자신이 당한 갑질을 폭로하고, 이에 대해 대중이 같이 분노하고 연대하면서 갑질 기업에 대한 불매운동이 폭발적으로 증가한 것이다. 그러나 갑질이라는 용어가 본격적으로 사용되기 이전에도 기업 경영주 일가의 갑질 폭력 행태는 심각했다.

아들의 유흥주점 폭행사건에 대해 직접 '보복 폭행'에 나선 한화그룹 김승연 회장, 조직폭력배를 동원해 전 사장에게 폭력을 행사한 피죤의 이윤재 회장, 호텔직원을 폭행한 프라임베이커리 강수태 회장, 직원에게 폭언과 구타를 일삼은 ㈜몽고식품의 김만식 회장, 건물 경비원, 운전기사, 혹은 가맹점주에게 폭언과 폭행을 한 종근당 이장한 회장, 총각네 야채가게 이영석 대표, BBQ 윤홍근 회장, 경비원 폭행, 횡령과 배임, 보복출점 등으로 구속된 미스터피자 정우현 회장 등을 비롯하여 '땅콩회항'에 이어 폭력적 행태가 드러난 대한항공 오너 일가, 대리점 밀어내기 및 대리점주에 폭언을 한 남양유업, 나아가 직원을 성추행한 호식이두마리치킨의 최호식 회장, 사내 성폭력 범죄에 대한 한샘과 현대카드의 부적절한 대응 등 한국 기업 및 일가의 폭력적 갑질의 사례는 끝이 없다. 기업 일가의 갑질이 뉴스가 되고 사회적 비판의 목소리가 높아졌음에도 유사한 사건들이 지속적으로 발생하는 것은 법적/제도적 처벌이 유명무실하기 때문이다. 이것은 갑질에 대한 해법에 대해 당사자에 대한 직접 대응이나 제도적 해결보다는 집단행동이나 소셜 미디어 및 언론 폭로와 같은 비제도적 해결방안이 효과적이라는 인식이 지배적인 것에서도 알 수 있다. '갑질'이 발생했을 때, '해당 기관의 담당부서에 도움을 요청'(44%), '사법 조치'(46%), '공공기관 상담이나 청원'(49%) 등 공적인 제도를 활용하는 것이 문제해결에 도움이 될 것이라는 의견은 과반에 미치지 못한다. 오히려 '피해자 규합한 집단행동'(56%)이나 "소셜 미디어-언론에 폭로'(63%)가 더 도움이 된다고 여긴다(정한울 · 조계원, 2019). 비대칭적인 의존관계 때문에 당사자에 대한 직접적인 대응은 불이익을 가져다준다는 인식과 공적인 기구나 제도를 통한 해결과정에 대한 불신이 작용한 결과이다. 불매운동에 참여한 사람들의 경향이 사회제도에 대한 신뢰도나 한국 사회가 공정하다는 인식 수준이 낮다는 연구결과와도 일맥상통한다(천혜정, 2014). 갑질 횡포를 제어할 법제도의 공정한 작동에 대한 불신이 '갑질' 문화의 심각성을 증가시키고 있다는 점을 고려한다면, 소비자의 불매운동은 갑질 문제에 대해 소비자가 취할 수 있는 최대한의 반응이다. 무엇보다도 '갑질'을 방지할 수 있는 법적 · 제도적 장치를 마련함으로써 공적인 제도에 대한 신뢰를 회복하는 것이 중요하다. 그렇지 않으면 한국 사회는 분노는 넘쳐나지만 아무 것도 달라지지 않는 사회가 될 수 있기 때문이다.

8. 여성

2016년 소위 페미니즘 리부트 이후 한국의 여성소비자는 '탈코르셋' 운동에서부터 '여성소비총파업' 운동 등 자신의 구매력을 무기로 시장에 관여하고 사회 변화를 이끌어내고자 투쟁하고 있다. 소비자로서 여성의 힘을 보여주는 것이 페미니즘 운동의 중요한 전략으로 활용되고 있는 것이다. 비록 가시적으로는 2010년대 중반 이후 여성과 관련된 쟁점이 불매운동이 핵심으로 떠오른 것 같지만 여성 차별에 저항하는 여성소비자의 불매운동은 1970년대부터 늘 전개되어왔다. 1970년대 차별정년제 및 채용 시 남녀 차별 문제에 대해 여성단체를 중심으로 해당 기업의 불매운동이 있었다. 1970년대 여성단체는 직장여성 차별 철폐를 위해 정부의 협조가 선행되어야 함을 주장하고 대통령 혹은 국무총리 직속으로 여성지위향상위원회를 설치할 것, 동일노동 동일임금의 실천과 승진기회의 평등을 정책화할 것, 빠른 정년제를 폐지할 것, 직장여성을 위한 탁아소 및 보육원을 설치할 것 등의 사항을 포함한 건의문을 정부에 제출하기도 했다. 특히 은행의 경우 여성행원에게 결혼각서, 30세 각서 등을 암묵적으로 요구하기까지 했다. 이에 여성행원도 남성행원과 같이 공개모집을 하고 승진의 기회 및 임금도 동일하게 할 것을 요구했다. 그리고 정부의 개입을 요구하면서 제도 개선에 소극적인 기업, 여성행원에 대한 차별 내규가 있는 은행에 대해서 불매운동을 동시에 진행했다. 1980년대 여성을 성적 대상화한 광고를 한 기업에 대한 불매운동이 본격적으로 시작되었다. 여성단체는 TV 프로그램 및 상품광고의 지속적인 모니터링을 통해 여성을 상품화하거나 성적 대상물로 다루고 있는 사례들을 지적하고 수정하지 않는 경우 불매운동도 불사하기로 결의했다. 1988년에는 여성유권자연맹을 중심으로 미스코리아 대회 반대운동과 대회 후원사인 태평양화학에 대한 불매운동이 있었다.[23] 이와 같이 취업 차별이나 성차별적 광고(여성의 성 상품화 광고)와 같이 고질적인 문제에서부터 2010년대 이후 여혐사상을 가진 인물이 광고모델로 등장하거나 여성직원에게 꾸밈노동을 강요하고 나아가 사내 성희롱 및 성폭력 사건에 대한 부적절한 대처까지 소위 여성 혐오 기업의 문제가 드러날 때마나 여성소비자는 연대하여 적극적으로 불매운동을 벌였다. 소비자로서 정당한 권리를 가졌음에도 소비자로 존중받기보다 여성으로 차별 받는 사회에서 여성소비자의 힘을 가장 가시적으로 행사하는 방법으로 불매운동을 선언한 것이다.

여성소비자가 시장에서 차지하는 힘이 커짐에 따라 기업 부설 경제연구소들은 '주목, 여성 싱글 소비자의 파워', '시장을 움직이는 힘, 여성소비자', '여성의 마음을 얻는 비결', '여자를 알면 돈이 보인다', '그 여자가 지갑을 여는 순간' 등의 보고서를 출간하며 시장을 움직이는 주체로 여성소비자에 주목하고 있을 뿐 아니라 대중매체 역시 골드미스, 알파걸과 같은 담론을 생산하며 여성의 지갑에 관심을 가지고 있다. 그러나 동시에 여성의 소비는 비난의 대상이 되고 있다. 즉 한국 사회에서 여성소비자는 모순적인 이중적 시선의 대상이 되고 있는 것이다. 사실 여성 소비(자)에 대한 비난과 혐오는 그 역사가 깊다. 1920년대 근대 한국 사회의 소비문화를 주도하던 '모던 걸'을 '못된 걸'로

23 미스코리아대회는 지금도 계속되고 있지만 공중파에서 하던 생중계는 2001년을 끝으로 폐지되었다. 여성단체들은 1999년부터 2004년까지 안티미스코리아페스티벌을 개최했다.

호명하면서 여성 및 여성의 소비행태를 비난하던 역사는 2000년대 '된장녀', '김치녀'로 이어졌다. 1920년대 관습적인 젠더구조에 포획되지 않은 '모던 걸'의 소비 및 섹슈얼리티 욕망을 가부장적 질서에 대한 도전으로 받아들이고 이들을 '못된 걸'로 치부했다. 2000년대 중반 등장한 '된장녀'는 스타벅스 커피를 마시고 미국 드라마 〈섹스 앤 더 시티〉를 좋아하며 명품 가방을 들고 다니는 젊은 여성들을 지칭했으며, 돈, 명품, 쇼핑, 외제 차, 성형 등을 좋아하고 데이트 비용을 각자 지불하는 남자를 싫어하는 '김치녀'로 이어졌다. 특히 최근에는 젊은 여성들이 소비주체로 부각되면서 문화영역, 즉 영화, 뮤지컬, 인문학 강좌, 출판 등에서 상당한 구매력을 보이면서 해당 분야를 좌지우지할 정도로 영향력을 미치고 있지만(황미요조, 2015) 이들을 진지한 관객으로 대우하지 않는 사례도 있었다. 자본주의 사회에서 소비자들은 구매력에 걸맞은 대우를 받지만 여성소비자는 구매력에 걸맞은 대접을 받지 못하는 상황이다. 이러한 상황에 문제를 제기한 한국의 여성소비자는 '탈코르셋' 운동부터 '소비총파업'까지 다양한 방식으로 불매운동을 선도하고 있다. 여성의 몸을 날씬하게 보이도록 상반신을 조여주는 코르셋을 여성의 몸을 억압하는 상징, 나아가 가부장적 남성 중심 사회를 유지하는 권력의 상징으로 비유하여 사회가 여성에게 원하는 미적 기준을 비롯한 모든 억압과 금기를 벗어던지자는 '탈코르셋' 운동은 코스메틱 시장의 전반적인 하락을 가져왔다. 예를 들면, LG생활건강의 더페이스샵 등 소위 로드샵 가맹점 수 및 영업이익이 급감했는데(연합뉴스, 2019. 2. 2),[24] 여기에는 복합적인 이유가 작용했지만 탈코르

24 공정거래위원회의 가맹정보 시스템 등에 따르면 화장품 로드샵 수는 2016년까지만 해

셋 운동으로 여성소비자들이 뷰티제품을 구매하지 않게 된 영향도 컸을 것으로 예상할 수 있다(이인지, 2019).

여성소비총파업은 남녀 고용 평등을 위해 '우리가 멈추면 세상도 멈춘다'라고 외쳤던 아이슬란드의 여성들을 따라 '노동의 주체는 소비의 주체, 우리가 주체다'라는 취지로 시작된 운동으로 여성들이 집단적으로 소비와 지출을 일체 중단해 유통·산업계, 특히 핑크 텍스 및 성차별적 광고에 여성의 영향력을 보여주겠다는 의미이다.[25] 여성혐오기업총공 등의 단체는 한 달에 두 기업씩 반여성 기업을 선정해 지속적으로 항의하고 불매운동을 벌인다. BHC, 공차, 스타벅스 등이 여성비하 광고 등의 이유로 총 공격의 대상이 됐다. 여성의 날인 3월 8일을 기념해 소비 대신 '38'로 시작하는 적금액을 납입해 여성운동에 동참하자는 '#38적금인증' 운동도 시작되었다.

한국 여성들은 여성 혐오를 기반으로 발전하던 가부장적 자본주의 시스템에 저항하는 하나의 방식으로 불매와 파업을 선택한 것이다.

도 4천934개로 전년(4천868개) 대비 증가세를 보였다. 하지만 2017년엔 4천775개로 전년보다 3.2% 감소했고, 2018년 3분기엔 4천-4천100개로 감소 폭이 더 커졌다. LG생활건강이 운영하는 더페이스샵은 2015년 1천200곳을 넘었던 매장 수가 2018년 3분기 839개로 줄었다. 또 2018년 상반기 매출은 전년 동기 대비 13% 감소한 2천527억 원에 그쳤다. 아모레퍼시픽의 이니스프리도 매장 수가 2017년 1천56곳에서 2018년 820곳으로 급감했다. 2018년 상반기 매출은 3천223억 원으로 전년보다 8.4% 감소했으며, 같은 기간 영업이익은 598억 원으로 12.8% 줄었다. 이들과 어깨를 겨루던 중견 브랜드들도 약세다. 미샤는 2018년 상반기 매출이 1천683억 원으로 전년보다 14.3% 떨어졌고, 같은 기간 영업이익 73억 원이 영업손실 64억 원으로 곤두박질쳤다. 2004년 출발해 2013년 1천746억 원의 매출을 달성한 스킨푸드는 매출 감소 등에 시달리다 지난해 10월 법정관리를 신청했고, 토니모리 역시 2018년 상반기 매출이 889억 원으로 전년보다 20.3% 줄었다(연합뉴스, 2019. 2. 2).

25 소비 파업의 구체적 실천 방법은 매월 첫 번째 일요일 문화, 생활, 외식, 쇼핑 등 모든 면에서 소비와 지출을 중단하는 것이다.

여전히 그에 저항하는 남성들의 백래시와 미소지니misogyny가 만만치 않지만 여성들은 그들 방식의 소비를 통해 페미니즘 운동을 펼치고 페미니즘에 대한 연대와 지지를 실천해가고 있다. 무엇보다 여성소비자의 불매운동은 젠더 감수성에 민감하지 못한 기업은 하루아침에 추락할 수 있다는 사실을 보여주고 있다. 반여성적이거나 여성 혐오적 광고, 상품, 그리고 문화 콘텐츠에 불매운동으로 맞선다. 반페미니즘적 인물을 모델로 세우거나 사내 성폭력에 미온적으로 대처하고 간부가 성차별적 발언을 하는 '여혐 기업'도 불매 대상이 되었다. 시장에서 평가 절하된 여성소비자들이 자신의 존재를 알리고 페미니즘 정서가 구매/불매 결정에 강력한 요인으로 작동하고 있는 한국 사회 여성소비자의 실력 행사는 계속 진화하고 있다.

이상 1920년대부터 한국 소비자가 불매운동을 벌인 쟁점들을 종합해보면, 가격 및 품질 문제에서부터 노동, 여성 등 소수자 권리를 위한 연대까지 점점 더 다양해지고 있음을 알 수 있다. 물론 이 쟁점들은 서로 중복되기도 하고 특정 불매운동이 하나 이상의 이유로 일어나기도 하지만, 전체적으로는 위와 같은 핵심 쟁점들로 정리해볼 수 있다. 과거에는 상품가격의 과도한 인상을 저지하기 위한 수단으로 불매운동이 활용된 경향이 높은 반면, 점점 소비자 안전, 환경, 노동, 인권, 개인정보, 여성 등 다양한 사회 문제들이 쟁점화되고 있다. 이러한 현상은 소비를 할 때 자신의 신념을 적극 드러내는 소위 '미닝 아웃meaning out'이라는 소비 트렌드의 부각과 관련이 있다. 제품과 서비스의 품질, 기능, 가격 등 전통적인 경제적 요소를 구입 기준으로 삼는 것이 아니라 자신의 가치관과 신념에 부합하지 않는 제품이나 서비스를 구매하지 않는 태도가 확산된 것이다. 이러한 소비 트렌드는 가격이나 품질뿐 아니라 다양한 쟁점에 대한 불매운동 확산에 영향을 미쳤다. 이것은 한국의 소비자들이 단순히 필요로 하는 제품 및 서비스를 구매하는 것이 아니라 소비를 통해 시장 정의를 추구하고자 하는 시민으로 변화하고 있음을 보여준다. 정치에 대한 불신 혹은 제도 내에서 문제 해결을 할 수 없다는 회의감이 팽배한 가운데 소비자들이 직접 나서 구매력을 행사하다 보니 불매운동의 쟁점 혹은 이슈가 점점 다양해지고 있는 것이다. 어떻게 보면 이제 '순수한' 소비자 문제라는 것 자체가 존재하지 않는다고 할 수 있다.

6장

불매 대상 및 주도집단으로 본 한국 소비자 불매운동의 역사

1. 불매 대상: 기업부터 연예인까지

1) 기업(제품)

한국 소비자 불매운동에서 불매운동의 대상이 된 것은 기업 및 해당 기업이 생산한 제품이 압도적으로 많다. 이것은 5장에서 살펴본 한국 소비자 불매운동의 쟁점으로도 확인할 수 있는데 민족/애국을 제외하고 대부분의 쟁점들을 야기한 주요 주체가 기업이었다. 그리고 경우에 따라서 특정 기업이나 제품이 구체적으로 명시되기도 하고 불특정 기업이나 제품이 대상이 되기도 했다.

우선 불특정 기업 및 제품을 살펴보면, 1960년대 소고기, 유해과자,

불량식품, 에로잡지 등을 시작으로 1970년대 불량식품, 일반 미곡상의 쌀, 곡물 및 고기류 등 값을 올린 31개 품목, 돼지고기, 악덕 상인 조악품 생산업자 및 행정명령을 불이행하는 요식업소, 경성합성세제, 동아일보 광고 해약 기업, 직업여성 차별정년제를 실시하는 기업 및 채용시 남녀 차별하는 은행, 1980년대 채용시 여성 차별하는 기업, 대학가 커피, 화학간장, 대학가 비싼 가격 업소, 노조 설립률이 낮은 기업, 1990년대 수입상품 불매 및 외국인 경영 상점, 제조일자 표시 없는 가공식품, 일회용품 사용업체, 2000년대 인간 복제를 시도하는 병원, 과대포장제품 및 일회용품, 생명보험사, 2010년대 국내 과자업체, 금융사의 ISA, 차별 조장하는 문구업체, 노키즈존업체, 주류업체 외설달력, 한유총 소속 유치원, 대천항 수산시장 등이 있었다. 특정 기업이나 제품이 구체적으로 명시된 경우는 1960년대 삼성을 시작으로 한 번이라도 불매운동의 대상이 되었던 기업에는 미원, 샘표간장, 삼양간장, 뉴코아백화점, 쌍방울, 대우바네트, 효성, 와코루, 에이스침대, 삼성, 선경, 톰보이, 뱅뱅 청바지, 미스코리아 및 태평양화학, 삼양라면, 신세계, 현대 뉴코아, 한양 등 대형백화점, 두산, 남양유업, 매일유업, 롯데, 해태, 한국암웨이, 구론산바몬드(영진약품), 원비디F(일양약품), 비씨카드, 노레보(현대약품), 현대기아차 엑스트랙, CJ푸드, LG정유, 외환카드, 로케트전기, 광주은행, 엘리트, 아이비, 스마트 등 대기업교복업체, 아모레퍼시픽, 한화기업, 이랜드, 삼성중공업, 삼성생명 및 교보생명, 농심, 동원, 하나로텔레콤, 콜트콜텍, 재능교육, 광동제약 등 조중동 광고기업, 4대강 사업 참여업체(현대건설, 현대산업개발, 삼성물산, 삼성중공업, 에스케이건설, 지에스건설, 대우건설, 대림산업, 두산건설, 포스코건설, 한양컨소시엄 등), 종편 참여기업(동아제약, 녹십자, 일동제약, 삼양사, 동광제약 등), 서울우유, 교보생명, 금복주, SK, 이마트, 롯데마트, GM자동차, 삼성옴니아, 피죤, 현대카드, 프라임베이커리, 블랙야크, 영남제분, 해양투기연장기업(롯데, 금호 등), 옥시, 메가마트, 생탁, GS칼텍스, 동서식품, 크라운제과, 이케아, 대한항공, 위메프, 홈플러스, 미쓰비시, 네네치킨, 롯데, 몽고식품, 에코로바, 미스터피자, 네이처리퍼블릭, 넥센, 미미박스, 롯데, H&M(자라), 이랜드파크, 천호식품, P&G, 보니코리아, 스타벅스, GS, 넷플릭스, 에뛰드하우스, 현대자동차, 종근당, 총각네야채가게, BBQ, 호식이두마리치킨, 깨끗한나라, 제주소주, 한샘, 현대카드, 아웃백스테이크, 네이버, 롯데푸드, 배달의민족, 배스킨라빈스, 에버랜드. 교촌치킨, BHC, 네파, YES24, IMC게임즈, 질레트, 다이소, 예천농산물, 맥도날드, 캡틴마블, 아오리라멘, 유니클로, 기린맥주를 비롯한 일본 상품, GS25시 도시락, 장수막걸리, 임블리, KT 등이다. 사실 불매운동의 대상이 되었던 특정 기업의 목록을 제시하는 것이 큰 의미가 없을 정도이며 더 중요한 문제는 기업이나 기업 일가 혹은 관련자들의 순간적인 잘못이나 실수가 아니라 한국 기업의 비윤리적 경영이 문제인 경우가 대부분이며 여기에는 해당 기업이 생산한 제품에 대한 문제뿐 아니라 제품과 무관한 행위까지 모두 포함되어 있다. 소비자는 제품과 직접 관련된 기업의 비윤리적 행위 혹은 소비자에게 직접 영향을 미치는 비윤리적 행위에 더 부정적인 태도와 불매 가능성을 보이는 것으로 나타났지만(김나민, 2017; 전상현 외, 2019), 제품과 직접 관련되지 않고 본인에게 직접 영향을 미치지 않더라도 거센 불매운동이 일어난 사례는 적지 않다. 예를 들면, 남양유업의 경우 대리점주에 대한 영업사원의 욕설, 그리고 대리점 밀어내기가 알려지면서 불매운동이 거세게 일었으며 이것은 제품과 직접 관련된 문제도 아니었고 대리점과 본사 간 이른바 갑질의 문제로 소비자 자신에게 직접 영향을 미치는 문제도 아니었다. 이것은 문제에 대한 책임귀인과 기업의 통제 가능성 여부라는 요인의 중요성을 말해준다. 즉 소비자는 기업의 모든 잘못에 대해 항상 불매운동으로 맞서는 것은 아니다. 문제에 대한 책임 귀인에 따라 소비자는 기업에 동정을 하기도 하고 불매운동으로 맞서기도 한다. 소비자는 기업이 문제를 통제할 수 있었음에도 의도적으로 소비자를 위기에 처하게 했다고 판단하면 분노와 반감을 가지게 되고 불매를 벌이게 된다. 이에 대해 쿰스(Coombs, 1999)는 기업/조직의 문제 발생 원인과 위기 통제 가능 여부에 따라 위기/문제 유형을 사고accident, 범죄/위반transgression, 과실faux pas, 테러terrorism 등 4가지로 구분했는데 소비자는 위기/문제의 원인이 내부에 있다고 인식할수록, 그리고 기업이 문제를 통제할 수 있었다고 판단할수록 위기 책임성을 기업에게 더 묻게 되며 이는 소비자의 더 많은 분노와 반감을 유발하여 불매나 저항행위를 초래한다(Coombs & Holladay, 2002). 그러나 비의도적 위기나 문제의 경우 소비자는 관찰 가능한 정보를 이용해 이성적이고 합리적으로 대응한다(Twyman, Harvey, & Harries, 2008).

한국 사회에서 그동안 불매운동의 표적이 된 문제 기업의 행동을 보면 순간적인 실수나 잘못이 아니라는 것을 쉽게 알 수 있다. 특히 문제 발생 후 해당 기업이 어떻게 대응했는지를 보면 더 분명하게 드러난다. 예를 들면, 영업사원의 막말이 언론에 노출된 후 남양유업은 대표이사 명의의 공식 사과문을 게시하고 해당 영업사원의 사직서를 즉각 수리했음은 물론 철저한 진상 조사를 통해 관리자를 문책하겠다고 밝혔다. 그러나 남양유업대리점피해자협의회 측이 공개한 피해사례를 보면 그동안 속칭 밀어내기 강매 외에도 본사의 다양한 갑질과 횡포가 광범위하게 진행되고 있음을 알 수 있다. 결국 한 명의 영업사원의 문제로 축소시키려 한 사과문이었을 뿐이다. 이후에도 남양유업이 집중한 것은 '이미지 세탁'이나 '블라인드 마케팅'이었을 뿐 오너인 회장의 진정성 있는 사과는 일체 없었다. 다른 기업의 경우도 유사하다. 소비자의 불매운동이 시작되면 형식적인 사과문을 발표하고 오너가 형식적인 퇴진을 한 후, 비난 여론이 잠잠해지면 오너는 다시 복귀하고 불매운동으로 영업이익은 줄어도 오너의 배당금은 늘어나는 상황이 반복되는 것이다.

또한 어떤 기업이나 상품의 경우 불매운동이 꽤 활발하게 일어나기도 했고 또 어떤 경우는 그렇지 않기도 했다. 예를 들면, 대한항공의 경우 수많은 법적, 도덕적 문제에 비하면 상대적으로 불매운동의 성과가 크지 않았다. 이 부분은 좀 더 연구와 논의가 필요하지만 현재로서 가장 설득력 있는 설명은 대체재 부족의 문제로 볼 수 있다. 이것은 특정 산업이 독점이나 과점일 경우 더욱 문제가 된다. 한국 사회에서 대표적인 과점시장인 통신사의 경우, KT를 불매하면 LG나 SK텔레콤으로 변경해야 하지만 후자의 기업도 역시 불매 대상인 딜레마가 존재한다. 이러한 상황에서 한국 소비자가 기업에 대해 가지는 낮은 신뢰도나 반기업정서는 어찌 보면 너무 당연한 결과이다. 그러나 또 다른 한편으로 동일한 기업이 반복적으로 불매운동의 대상이 되고 있다는 것은 불매운동만으로 기업을 변화시키는 데 한계가 있음을 보여주는 것이기도 하다.

2) 국가

한국 사회에서 특정 국가 및 특정 국가의 제품이 불매 대상이 된 사례는 일본, 미국, 프랑스, 대만, 중국 정도가 있다. 일본(제품)의 경우 1920년대 물산장려운동에서부터 시작하여 1960년대에는 한일협정 반대운동으로서 일본 제품 불매, 북괴 기술자의 일본 입국 허가 반대에 대한 일본 제품 불매, 일제 석유난로(폭리), 일본 쌀 불매(품질) 등이 있었고 1970년대에는 재일교포 청년 취업 차별 문제 및 일본 정부의 한국산 견제품 수입 규제 조치로 인한 불매운동이 있었다. 역사교과서 왜곡과 독도 영유권 문제, 그리고 이와 관련된 일본 정부 관련 인사들의 망언이 반복되면서 일본 제품 불매운동이 전개되었다. 2019년에는 역사 문제와 경제 문제가 복합적으로 얽히면서 대대적인 일본과 일본 제품 불매운동이 일어났다. 특히 역사교과서 왜곡 문제의 경우, 한국뿐 아니라 중국과 홍콩 등 아시아 국가에서도 동시에 전개되었다.

두 번째로는 미국을 들 수 있다. 1980년대 중반 이후 미국 정부의 통상 개방 압력은 한국 소비자의 반미감정을 극대화하면서 미국산 농산물, 미국산 담배, 미국산 자몽을 비롯하여 1990년대 후반 자동차와 영화까지 불매운동의 대상이 되었다. 2000년대에는 주한미군의 장갑차에 희생된 여중생, 그리고 연이어 이라크 파병으로 미국 제품 불매운동이 거세게 일어났다. 이외 1990년대 중반 남태평양에서 핵무기 실험을 계획 중인 프랑스에 대한 불매운동이 전 세계적으로 일어났으며 한국 소비자들도 이에 연대해 프랑스 제품에 대한 불매운동을 벌였다. 1997년에는 대만이 핵폐기물을 북한에 반입한다는 소식이 알려지면서 대만 상품 불매 및 대만 관광 안 가기 운동이 있었다. 2017년에는 한국 김천에 사드 배치가 확정되면서 중국에서 한국 제품 불매운동이 있었는데 이에 대한 보복으로 한국에서는 칭다오 맥주 및 샤오미 등 중국 제품 불매운동이 있었다. 한국 혹은 한국 정부를 상대로 한 한국 소비자의 불매운동은 박근혜 정권이 추진한 국정교과서에 반대한 국정교과서 불매운동도 있다.

이러한 불매운동은 흔히 대리적surrogate 불매운동의 일종[1]으로 간주되는데 소비자들은 정부나 정책에 영향을 미치는 권력 기구에 압력을 행사하기 위해 특정 기업이나 제품에 대한 불매를 수단으로 활용하며 따라서 특정 기업이나 제품 자체가 문제가 되는 것은 아니다. 한국에서 일어난 국가를 대상으로 한 대리적 불매운동은 한국과 상대국 간의 정치적, 경제적 갈등으로 유발되는 경우가 많았는데, 일본의 경우 역사적으로 뿌리 깊은 반감이 큰 영향을 미쳤으며 미국은 한국에 가한 다양한 정치 경제적 압력이 한국 소비자에게 저항을 불러일으켰다.

3) 대중매체, 대중문화 및 연예인

신문은 1920년대 민족주의를 비롯한 이념 등을 이유로 조선일보와 동아일보에 대한 불매운동이 전개된 이래 다양한 이유로 불매운동의

---

1 3자 대상 불매운동 혹은 2차적 불매운동이라고도 불리며, 1차적 불매운동의 대상 기업과 거래하고 있는 다른 기업에 거래를 중단할 것을 요구하는 것도 대리적 불매운동의 일종이나 여기서는 특정 국가의 정책을 변화시키기 위해 해당 국가의 기업 및 제품을 불매하는 것을 의미한다.

대상이 되어 왔다. 2008년 광우병 논란과 함께 조선, 동아, 중앙이라는 한국의 3대 '보수' 신문에 대한 불매운동은 극에 달했으며 특히 안티조선 운동은 대한민국 현대사를 관통하는 또 하나의 역사라고 불릴 만큼(한윤형, 2010) 한국 현대사에서 중요한 위치를 차지하는 대표적인 언론(불매)운동이자 소비자(불매)운동이다.[2] 또한 방송의 경우 KBS 시청료 거부운동, 종편 방송 불매운동뿐 아니라 특정 티비 프로그램에 대한 거부운동이 있었다. 대중매체 자체에 대한 불매운동은 불매 동기나 사유는 다양하지만 전형적인 불매운동의 표적이었다. 보다 최근으로 올수록 불매운동의 대상이 대중문화, 그리고 연예인을 비롯한 셀러브리티로까지 확장되고 있다. 이미 1996년도에 마이클 잭슨 내한공연 반대운동이 있었지만 이 운동은 종교적 이유가 컸고 또 종교인을 중심으로 한 종교단체가 주도했다. 그러나 2010년대에는 가수, 배우, 개그맨, 작가, 방송인 등 사람 자체에 대한 거부와 함께 이들이 출연한 작품과 광고 제품에 대한 불매가 상당히 보편적인 현상이 되었다. 여기에는 여성소비자의 목소리가 반영되었다고 볼 수 있다. 문화계의 주요 소비자층인 여성들이 여성 혐오 콘텐츠에 문제를 제기하기 시작하면서 페미니즘 정서가 구매/불매 결정에 영향을 미치는 강력한 요인이 된 것이다.[3] 대표적인 사례가 2016년 엘에스엠컴퍼니의

2 한국의 대표적인 언론(불매)운동으로서 안티조선운동은 한윤형(2010)의 〈안티조선운동사〉를 참조하기 바란다. 그는 이 책에서 1990년대 중반부터 15여 년 동안 진행되어온 안티조선운동의 역사를 시대별로 기록하고 분석하고 있다.

3 이러한 현상에 불만을 가진 일부 남성소비자들은 페미니즘 영화라는 이유로 〈캡틴 마블〉 〈82년생 김지영〉 등에 별점 테러를 하고 불매운동을 벌였지만 이것은 불매운동이라기보다 백래시backlash로 간주하는 것이 더 적절하다. 이 부분은 3부에서 좀 더 논의할 것이다.

연극 〈보도지침〉이다. 연극의 내용과는 별개로 제작사 측이 한 홍보 인터뷰에서 가벼운 주제만 좋아하는 관객으로 여성을 지칭하자 환불 요구와 함께 〈보도지침〉 불매운동을 선언한 것이다. 전국 성인남녀 1,000명을 대상으로 한 조사에서 93.4%가 개인의 취향은 존중되어야 한다고 응답했으며 자신의 취향을 가장 많이 표출하는 분야가 대중문화인 것으로 나타난 결과(엠브레인 트렌드모니터, 2019)와도 일맥상통한다. 즉 현대 사회 소비자는 물건뿐 아니라 음악, 영화, 드라마 등 대중문화를 선택할 때 자신의 취향 및 호불호를 분명히 드러낸다는 것이며 이것은 여성과 젊은 세대에게서 더 두드러지게 나타났다. 또한 김용섭(2019)은 '밀레니얼' 세대가 본격적으로 시장에 등장한 것에 주목했는데, 밀레니얼 세대가 소셜 미디어를 통해 정보를 수집하고 자신의 목소리를 적극 드러내고 신념과 태도에 대한 연대가 본격화되면서 대중문화를 비롯한 다양한 대상에 대한 불매운동 확산에 주도적인 역할을 하고 있는 것으로 볼 수 있다.

이상 한국 소비자 불매운동을 역사적으로 살펴보면, 불매운동의 대상이 점점 확장되고 다양해지고 있음을 알 수 있다. 특정 기업 및 제품이 압도적으로 많지만, 특정 국가나 특정 국가에서 생산한 제품은 물론 광고, 대중매체, 대중문화, 그리고 연예인에 이르기까지 한국 소비자들은 다양한 대상에 대한 불매를 통해 시장에 적극적으로 관여하고 있다. 여기에는 미디어 환경 및 소비자의 의식 변화가 중요한 요인으로 작용했다. 우선 인터넷과 소셜 미디어의 대중화는 사회 정치 이슈와 관련된 정보를 일반 대중들도 쉽게 접할 수 있도록 해주었으며 자신의 경험이 제3자에게 빠르게 전달할 수 있게 해주었고 나아가 사회운동에 일반 대중들의 참여를 확장시키는 계기를 제공했다

(Micheletti, 2003). 특히 어떤 사회 정치적 이슈가 발생하면 1차적으로 언론을 통해 보도되지만 이에 대한 공중의 즉각적인 반응은 소셜 미디어에서 공유되면서 2차적으로 쟁점화되는 양상을 띠는 경향이 강한 한국 사회(이미나 · 홍주현, 2014; 이동환 · 강내원 · 전종우, 2017)에서 소셜 미디어는 양질의 정보가 집결되고 확산되는 플랫폼으로서 그 역할이 크다고 할 것이다. 특히 불매운동에 참여하지 않는 소비자가 비참여의 이유로 불매할 필요성이 있는 기업에 대한 정보가 부족하다거나 보이콧 참여자가 비참여자보다 정보 획득을 위해 소셜 미디어를 더 사용한다는 사실 등은 소셜 미디어가 불매운동을 위한 정보 획득의 원천이자 그 자체로서도 자원이 될 수 있다는 가능성을 보여준다(천혜정, 2019). 이러한 가능성은 고전적인 불매 대상인 기업뿐 아니라 대중매체 및 대중문화, 그리고 개별 연예인에 이르기까지 불매 대상의 극적인 확장에 중요한 역할을 했다. 일부에서는 이러한 현상에 대한 부작용도 우려하지만 사회적 존재로서 자신의 신념과 목소리를 드러내고자 하는 소비자의 소비행동은 소비자 및 소비 개념이 진화하고 있음을 보여준다.

2. 주도집단: 조직에서 개인으로

주도집단으로 본 한국 소비자 불매운동의 역사에서 가장 두드러진 특징은 운동에 참여하는 단체나 조직이 점점 다양해지고 있는 점, 동시에 단체나 조직 주도가 아닌 개별 소비자가 주도하는 경우가 증가하고 있다는 점, 그리고 운동의 기반이 오프라인에서 온라인으로 이동하고 있다는 점 등이다.

1960년대에는 주로 야당/재야, 여성단체(대한어머니회, 한국부인회, 가정경제보호회 등), 대학생 단체, 그리고 정부의 주도로 불매운동이 전개되었다. 한일협정비준반대운동의 일환으로 전개한 일본 상품 불매운동은 대학생 단체가 주도했으며, 박정희 정권의 언론 탄압을 위한 언론법에 찬성한 신문들, 사카린을 밀수한 삼성, 그리고 일본에서 수입한 쌀의 불량 문제 등에 대해서는 야당과 재야에서 불매운동을 주도했다. 대한어머니회 등은 가격 인상 품목 및 유해과자에 대한 불매운동을 주도했다. 또한 당시 정부는 북괴 기술자에게 비자를 발급한 일본에 항의하기 위해 일본 상품 불매운동을 주도했으며, 불량식품에 대해 어머니회 등과 함께 불매운동을 주도했다. 당시 불량식품 불매운동은 제2경제정책의 일환으로 국민정신 계몽과 생활 개선을 위한 실천계획의 하나로 정부에서 주도했다.

1970년대에도 주도집단의 양상은 크게 변화하지 않았다. 상공부와 보건사회부의 불량식품 불매운동, 농림부의 일반미곡상 불매운동 등 정부 주도의 불매운동이 지속되었고, 대한어머니회, 한국부인회, 전국주부교실중앙회, 한국부인회총본부, 주부클럽연합회 등 주부단체들이 전면에서 불매운동을 이끌었으며, 여성단체협의회 및 YMCA 근로여성복지향상특별위원회는 직장여성 차별 문제를 쟁점으로 여성을 차별하는 기업 및 은행 불매운동을 주도했다. 종교단체들도 소비자 불매운동을 주도했는데, 대표적으로는 재일교포 청년의 입사를 취소한 일본 히다찌 사에 대한 불매운동은 기독교 단체에서 시작하여 세계교회협의회 인종차별투위의 개입을 끌어냈으며, 천주교를 비롯한 종교계는 동아일보 탄압사태 시 동아일보 광고를 해약한 기업에 대한 불매운동을 주도했다. 1970년대 노동조직인 한국노총은 노조 결성을 방해하는 기업에 대한 불매를 전개했다.

1980년대에는 한국소비자보호단체협의회와 산하단체인 한국소비자연맹, 대한주부클럽연합회, 한국부인회 등이 불매운동을 주도했다. 이와는 별도로 여성단체협의회, 한국여성단체연합, 한국여성유권자연맹 등은 여성노동자에 대한 부당노동행위, 성차별적 광고 및 미스코리아대회의 불매운동을 주도했다. 노동 문제에 대해서는 한국노총이 노조 결성을 방해하거나 노조를 파괴하는 기업, 특히 삼성에 대한 불매운동을 주도해나갔다. 수입 개방에 직면하여 전국농민단체협의회는 미국산 농산물에 대한 불매운동에 나섰으며, YMCA는 양담배 및 불량 어린이 TV 프로그램에 대한 불매운동을 주도했다. 또한 공영방송인 KBS가 전두환 군부정권의 하수인으로 전락하면서 농민들부터 시작하여 재야와 종교단체로 확산되어오던 TV 시청료 납부 거부운동은 1986년 'KBS-TV 시청료 거부 기독교 범국민운동본부'가 발족하면서 더 불이 붙었고 이 단체는 KBS 뉴스에 방영되는 광고상품에 대한 불매운동을 주도해나갔다. 1982년 일본의 1차 역사교과서 파동시에는 광복회, 순국처녀유관순기업사업회, 33인유가족회 등 반일민족단체를 중심으로 일본과의 국교를 단절하고 일본 상품에 대한 불매운동을 전개할 것을 정부와 국민에 요구했다. 삼양라면 우지파동의 경우 사건이 언론에 보도되면서 소비자단체들은 저질 유해식품을 생산하는 기업이 다시는 발붙일 수 없도록 법적, 제도적 장치를 마련할 것을 정부에 촉구하는 한편, 해당 제품을 구매하지 말 것과 유통업자도 해당 제품의 진열, 판매를 중지할 것을 요청하는 성명서를 발표했다.

1990년대에는 시민단체간의 연대가 더욱 확장되어 대부분의 불매운동이 수십 개의 관련 단체가 공동으로 관여했다. 낙동강 페놀사건의 주범이 두산에 대한 불매운동에는 공해추방운동연합·YMCA·경제정의실천시민연합·반핵반공해평화연구소 등 33개 시민단체가 '수돗물 페놀오염시민단체대책협의회'를 결성하고 두산그룹 고발 및 불매운동을 벌였으며, 지역별로도 부산공해추방시민운동협의회·낙동강보존회등 13개 단체로 구성된 '페놀사태 부산시민대책회의'에서도 두산그룹 불매운동을 주도했다. 환경운동연합, 경실련 등 4개 시민단체와 중소기업중앙회는 법정기준치 이상의 오염물질을 상습적으로 배출한 24개 업체에 대해, 환경운동연합·배달녹색연합·경실련·소비자시민모임 등 12개 환경·시민단체는 남태평양에서 핵실험을 강행한 프랑스에 대해, 환경운동연합, 경실련 등 6개 시민단체는 북한에 핵 폐기물을 반입한 대만에 대해 불매운동을 주도했다. 또한 우루과이라운드에 따라 본격적으로 수입 개방이 시작되면서 UR대책위, 수입개방저지범국민비상대책위원회, 전국 28개 지역의 농민, 노동자 및 대학생들이 격렬한 반대시위와 함께 수입농산물에 대한 불매운동을 전개했으며, 자동차시장 개방을 위한 슈퍼 301조 발동조치에 대한 항의로 과소비추방범국민운동본부 등 시민단체들이 미국 제품 불매운동을 벌였다. 또한 영화인비상대책위원회 포함 30대 시민단체는 스크린쿼터제 축소에 항의하여 미국 영화 불매운동을 호소했다. 21개 시민단체로 이루어진 '스포츠신문폭력공동대책위원회'는 저질 스포츠신문 불매운동을 주도했으며, 마이클 잭슨 내한공연을 반대하고 불매하는 경실련 등 총 50개 사회단체로 구성된 '마이클 잭슨 내한공연 반대공대위'도 있었다. 전노협(전국노동조합협의회)은 삼성조선의 부당한 노동쟁의 탄압에 대항하여 삼성 불매운동을 벌였으며 제네바에 본부가 있는 국제금속노련과 연대하여 국제적으로 삼성불매운동을 주도했다. 1996년 일본 외상의 독도 영유권 주장 망언에 대해 경실련, 배달녹색연합, 흥사단, 환경운동연합, 태평양전쟁희생자유족회, YMCA, 푸른독도가꾸기모임 등 울릉지역 20여 개 단체로 구성된 '독도망언규탄시위추진위' 등이 일본 불매운동을 주도했으며 80여 개 소비자 종교 환경단체가 공동으로 다국적 다단계 판매회사인 암웨이 제품 불매운동에 나섰다. 이외에도 한국부인회, 소시모(소비자 문제를 연구하는 시민의 모임) 등 소비자단체들은 상품가격, 광고, 소비자 안전 문제에 지속적으로 문제를 제기하며 불매운동을 선도했다.

2000년대에도 각종 시민단체, 소비자단체, 종교계 등 다양한 조직 및 집단이 불매운동을 주도했다. 2001년 일본의 역사교과서 왜곡 2차 파동 때에는 YMCA 등 40개 종교 및 사회단체로 구성된 과소비추방범국민운동본부, 한국교원단체총연합회 등이 일본 역사교과서 왜곡을 규탄하며 시민들을 상대로 일본 문화 거부운동과 일본 상품 불매운동에 적극 동참해줄 것을 호소했다. 2005년 시마네현의 독도의 날 조례 제정으로 국민들의 반일감정이 확산되면서 일본 제품 불매운동과 더불어 일본계 기업 입사를 꺼리는 현상까지 나타났었다. 주한미군 장갑차에 의해 희생된 효순이, 미순이 두 여중생의 죽음에 항의하여 대한민국네티즌연합회 회원들이 미국 제품 불매운동을 제안하고 학생과 시민들이 동참했다. 이라크 파병이 결정되었을 때 파병반대비상국민회의가 결성되었고 사이버공간에서는 파병을 강요한 미국 제품 불매운동이 일어났다. 2000년대 있었던 각종 노동 탄압 문제의 경우 민주노총의 주도하에 경실련을 비롯한 이해관계 당사자 조직, 예를 들면 사무금융연맹 등이 동참하여 불매운동을 펴나갔다. 두산중공업의 배달호 씨 분신자살사건으로 민주노총과 민주노동당 등 40여 개 단체는 '노동열사 고 배달호 동지 분신대책위원회'를 구성했으며, 경남지역 80여 개 시민사회단체는 '고 배달호 열사 분신사망 경남지역 대책위원회'를 결성하고 두산그룹의 부도덕성을 알려나가고, 14개 두산제품의 불매운동을 대대적으로 전개할 것이라 밝혔다. 이랜드의 경우도 141개 시민단체로 구성된 '이랜드 사태 해결을 위한 공동대책위'가 조직되어 '나쁜기업 이랜드 불매운동'을 조직적으로 전개했다. 환경단체, 예를 들면 환경정의시민연대, 녹색연합, 서울환경연합 등도 환경오염을 야기하는 자동차 및 과대포장 제품 불매운동을 벌였다. 이외에도 구체적인 이슈에 대해 이해관계가 첨예한 각종 단체와 조직이 불매운동을 주도했는데, 종교계, 참여연대 시민과학센터, 대전·충남·북지역 시민·사회단체로 구성된 신행정수도건설 비상시국회의, 광주·전남민주언론운동시민연합, 학부무단체 등이 있었다. 또한 한국여성민우회 등 11개 시민단체 및 전국농민회총연맹 등 10여 개 농민단체는 미국 칼로스 쌀에 대한 불매운동을 주장했으며, 언론단체와 여성단체는 개인의 인권을 침해한 문화일보에 대한 불매를 주장하기도 했다. 문화연대는 콜트콜텍 노동자를 지지하고 불매운동을 세계적인 뮤지션들과 협업하여 펼쳐나갔다. 소비자단체는 보험소비자연맹, (사)녹색소비자연대전국협의회, 소비자시민모임의 주도로 생명보험사, 하나로텔레콤, 쓰레기만두를 납품받아 유통시킨 대규모 식품업체에 대한 불매운동과 집단소송에 나서기도 했다.

한편, 2005년 한국 사회를 떠들썩하게 한 일명 황우석 사건은 황우석 서울대 교수팀의 난자채취 의혹을 보도한 MBC PD수첩에 대해 황우석 교수 지지자를 포함한 일부 네티즌들은 MBC PD수첩 폐지운동 및 MBC 광고상품 불매운동을 벌였다. 2008년 일병 광우병 소고기 파동은 범국민적인 미국 소고기 불매운동을 일으켰으며, 이에 그치지 않고 촛불집회 및 반정부지위로 이어졌다. 야당과 민주노총 및 광우병 국민대책회의가 주도했지만, 촛불집회로 결집한 네티즌들이 불매운동의 세를 넓혔으며, 각종 인터넷 커뮤니티를 중심으로 미국산 소고기뿐 아니라 일반 가정용품과 가전제품 등 미국 제품을 불매 리스트에 올려놓았다. 그뿐만 아니라 언론소비자주권국민캠페인카페에서는 조선, 중앙, 동아일보에 대한 불매뿐 아니라 조중동에 광고를 싣는 광고주(기업)에 대한 불매운동도 주도했다. 또한 2009년 각 지역을 중심으로 2009년 대형마트 및 SSM의 지나친 확장전략으로 골목시장과 중소상권이 무너진다며 시민단체와 야당에서는 대형마트의 입점과 영업시간을 제한할 것을 요구하고 이를 거부할 시 전국적인 불매운동을 벌이겠다고 밝혔다.

2000년대 불매운동을 주도한 집단이나 조직의 특성에서 두드러진 점은 특정 조직이나 단체보다는 네티즌, 누리꾼, 그리고 이들이 개설한 안티사이트들의 활동이 증가했다는 것이다. 이전에는 특정 조직이나 단체가 불매운동을 선언한 후 오프라인 집회 등을 통해 그 세력이나 활동을 확장해갔다면, 2000년대 이후에는 특정 조직이나 단체가 불매운동을 주도하더라도 네티즌을 중심으로 확장되거나 처음부터 인터넷에서 네티즌에 의해 불매운동이 거론되는 경우가 증가하기 시작했다. 연예인 모델료 문제, 초고속인터넷 종량제 전환 문제, 4대강 살리기 홍보 대안뉘우스 상영 문제 등은 네티즌의 분노를 유발하면서 온라인 상에서 불매운동을 하자는 제안이 넘쳐났다. 또한 보복폭행사건으로 구설수에 오른 가운데 네티즌들은 안티한화(www.antihanwha.net) 사이트를 만들고 부와 권력을 이용해 법질서를 파괴하는 그룹총수 행위를 규탄한다며 국민의 한화그룹 불매운동을 부탁한다고 밝혔다. 이러한 경향은 2010년대에 들어서면 더욱 확산된다. 기업 일가의 갑질 및 범죄행위, 남양유업, 옥시래킷벤키저 등은 전국적인 불매운동을 야기했는데 이러한 사건들의 경우 1차적으로는 언론을 통해 보도되었지만 네티즌이 주도하여 불매운동이 확산된 것으로 볼 수 있다. 또한 2010년대 급격히 증가한 여성 문제 관련 불매운동, 예를 들면 여성 비하 및 혐오 마케팅 및 광고와 해당 기업, 그리고 생리대 불매운동은 개별 여성소비자를 중심으로 시작되어 소셜 미디어에서 자발적 공동체가 형성되어 자발적으로 불매운동을 벌여나가고 있다. 이와 같이 2000년대 이후에는 오프라인에서 특정 조직이나 단체가 주도하는 방식보다 개인화된 미디어와 온라인 네트워크를 중심으로 의제가 확산되며 이를 통해 조직적 동원보다 자발적 참여가 두드러지게 증가했다. 단지 2000년대 이후 노동 문제와 관련된 굵직한 소비자 불매운동, 예를 들면 재능교육, 신세계, 이랜드파크 등에 대한 불매운동은 노동단체 및 노조의 주도하에 소비자들이 연대하는 방식이 지속되었다.

주도집단을 중심으로 한국 소비자 불매운동의 역사는 특정 단체나 조직 주도에서 개별 소비자 주도로, 그리고 오프라인에서 온라인으로 플랫폼이 변화한 것으로 요약할 수 있다. 1960, 70년대에는 소비자 불매운동이 관 주도의 성격이 강해 오히려 정부가 소비자나 소비자 단체에게 정부정책에 대한 협조의 일환으로 불매운동을 요구한 경우가 많았다. 이러다 보니 빈곤 문제나 노동 문제 등에는 별 관심을 가지지 않았으며 오히려 국가경제발전과 정부의 경제정책을 지지하기 위해 근검절약이나 산아 제한 캠페인 등에 관심을 가졌다. 이것은 원(Warne, 1993, Morse, 1993 재인용)이 잘 설명하고 있는데 개발도상국에서 소비자운동에 관심을 갖는 사람은 저임금층이 아니라 오히려 국가의 필요에 의해 독려된 부유층 사람들이라는 것이다. 이에 대해 문은숙(2004)은 1960년대와 1970년대 한국 사회는 정치적으로 어떠한 형태의 사회운동도 금지되었으며 친정부적 성향을 가진 일부 단체만이 활동을 할 수 있었던 시대적 상황이 한국 사회에서 소비자운동이 사회운동으로 성장하지 못하고 기존의 보수적 여성단체들에 의한 부분적 소비자보호운동만이 존재할 수밖에 없는 이유라고 지적했다. 소비자의 희생을 담보로 한 성장 위주의 경제정책, 결사의 자유가 보장되지 않았던 유신정권은 1970년대 말까지 한국 소비자운동이 본격적인 성장을 하지 못한 배경이 되었다. 1980년대 진보적 소비자운동 단체의 등장이라는 소비자운동의 내부적 변화와 함께 소비자운동의 헌법상 보장, 소비자보호법의 제정 등 소비자운동의 제도적 보장과 정치적 민주화의 시작, 수입시장 개방 등의 시장의 변화 등 급격한 외부적 변화를 배경으로 소비자운동의 성장기를 맞이하게 된다 또한 소비자 문제와 쟁점이 국민적 관심사가 되고 소비자운동이 사회 각계의 지지를 받게 되면서 소비자운동 단체의 조직적 역량이 확장된다. 그리고 1990년대 소비자 관련 법규들이 확대 시행되고 소비자정책 추진의 총괄 전담부서가 생기면서 소비자운동이 보다 제도적인 추진 동력을 받게 되었다. 정부의 체계적인 소비자정책 추진에 대응하여 기본적인 소비자보호 법제의 보완을 비롯하여 정부 각 부처의 개별적인 소비자 관련 부문 시책의 보다 치밀한 개선과 강화를 촉구하는 단계로 진전되었다. 또한 각종 시민단체들이 양적으로 질적으로 성장했다. 이에 따라 2000년대까지는 쟁점에 따라 노동단체 및 노동조합, 시민단체, 여성단체 및 직접적인 이해 당사자와 소비자단체가 연대하여 실행한 불매운동이 증가했다. 반면, 2000년대 이후에는 온라인 네트워크를 중심으로 개별 소비자들의 양심적 불매운동이 증가했다. 전통적으로 소비자 불매운동은 운동에 참여하는 단체의 수적 규모가 클수록 성공 가능성이 높아지는 것으로 보는데 이는 불매운동을 주도하는 운동집단의 자원동원력과 관련이 되기 때문이다. 그러나 개인화된 미디어 시대에는 조직의 자원 동원력보다 개별 소비자의 자발성이라는 요인이 훨씬 그 파급력이 강하다고 할 수 있다.

3부

한국 소비자 불매운동의 평가와 전망

3부에서는 그동안 한국 소비자 불매운동이 거둔 성과를 제시한다. 불매운동의 특성상 성과 내지 성공 여부를 정확하게 평가하기는 힘들지만 이용 가능한 자료를 토대로 대표적인 불매운동이 어떠한 결과를 낳았는지 살펴본다. 그리고 소비자 불매운동이 가지는 일반적인 딜레마와 한계, 그리고 한국 사회에서 특수하게 맞닥뜨린 딜레마와 한계를 함께 살펴본 후, 앞으로 한국 사회에서 소비자 불매운동이 어떠한 가능성을 가지고 있으며 어떠한 과제를 안고 있는지 논의한다. 불매운동의 성공 여부는 결국 이 딜레마와 한계를 어떻게 극복하고 해결하느냐에 달려 있는 만큼 이에 대한 정확한 파악과 진단이 중요하다.

7장

한국 소비자 불매운동의 성과

소비자 불매운동을 포함한 사회운동의 성과 및 효과 혹은 성공 여부를 판단하는 것은 그리 쉬운 일이 아니다. 그 이유에 대해 일찍이 프리드먼(Friedman, 1991)은 “기준의 문제criterion problem”를 언급했다. 우선 보이콧의 단기적 효과와 장기적 효과의 기준을 구분하는 것이 분명치가 않다. 즉 단기적 효과나 성공은 파악하기가 상대적으로 용이하지만 장기적 효과나 성공은 파악하기가 훨씬 어렵다. 혹은 징벌적 손해배상제의 도입이라는 장기적 목표 하에 프랜차이즈에 대한 불매운동이 일어난 경우 징벌적 손해배상제를 도입하는 데 실패했을지라도 이 문제에 대한 공중들의 인식과 태도에 변화를 가져왔다면 성공적인 불매운동이라고 평가할 수 있다는 것이다. 이와 유사한 맥락에서 불매의 대상이 된 제품의 실제 매출이 얼마나 줄었는가, 즉 소비자가 실제로 어느 정도 구매하지 않았는가도 불매운동의 중요한 목표이지만 보다 궁극적인 목표, 예를 들면 기업경영방식의 변화 혹은 노동관행의 변화까지 야기했는지도 중요하다. 그러나 이 둘이 항상 일치하는 것은 아니다. 즉 전자의 성공이 반드시 후자의 성공을 가져오는 것은 아니라는 것이다. 또한 소비자 불매운동의 성공을 평가하는 기준이 도출된다 하더라도 믿을만한 데이터를 확보하는 것은 여전히 힘들 뿐 아니라 믿을만한 데이터에서 변화가 나타났더라도 이것이 오로지 불매운동 때문인지는 분명치가 않다. 예를 들면, 노동운동과 연계해서 일어난 소비자 불매운동의 경우 노동조합에서는 파업 등 다양한 전략으로 대항하고 이를 지지하는 소비자는 불매로 호응한다면 불매운동의 성과만을 가려내는 것은 현실적으로 불가능하다.

이와 같이 소비자 불매운동의 성과 혹은 성공 여부를 판단하는 것은 매우 복잡한 문제이지만 본 장에서는 가렛(Garrett, 1987)이 제시한 기준에 따라 대표적인 한국 소비자 불매운동 사건을 중심으로 살펴보고자 한다. 그는 불매운동의 효과effectiveness of boycotts는 표적 대상이 된 기업의 문제행위에 어느 정도의 변화를 가져왔는가라는 측면에서 측정되어야 함을 주장하고, 변화가 전혀 일어나지 않았다면 불매운동은 효과적이지 못한 것으로, 전적인 변화가 나타났다면 불매운동은 매우 효과적인 것으로 개념화했다. 그리고 불매운동의 효과를 3가지로 세분화했는데, 경제적 압박economic pressure, 이미지에 대한 압박image pressure, 정책에 대한 약속policy commitment이 그것이다. 경제적 압박은 불매운동으로 인해 표적 기업에게 경제적 손실을 입히고, 나아가 이를 통해 표적 기업이 바람직한 변화를 하도록 만드는 것이다. 이미지에 대한 압박은 불매운동의 실행뿐 아니라 불매에 대한 경고로 인해 표적기업의 대외적 이미지에 타격을 주는 것으로 기업 이미지 혹은 브랜드 이미지가 갈수록 중요해지는 시점에서 불매운동으로 인한 경제적 손실을 최소화한다할지라도 기업 입장에서는 상당한 손실이라고 할 수 있다. 정책에 대한 약속은 기업 입장에서는 훨씬 더 중요한 결정이라고 할 수 있다. 경우에 따라서 표적 기업은 경제적 그리고 이미지의 손실을 감수하더라도 정책 변화를 하고 싶어 하지 않는다. 예를 들면, 노동자의 부당해고에 대한 소비자의 지지행동으로서의 불매운동이 일어난 경우 표적 기업은 해고된 노동자를 재고용하지 않는다는 입장을 고수할 수 있다. 본 장에서는 한국 소비자 불매운동의 성과를 크게 불매 대상의 경제적 손실 및 브랜드 이미지 추락, 기업 정책 및 경영 관행의 변화 외에 정부정책에 대한 압박을 추가하여 살펴보고자 한다. 왜냐하면 한국에서 불매 대상이 된 기업이나 경영 관행 등은 공정거래 위반으로 공정거래위원회에 제소되거나 법적 판단을 받는 경우가 많은데, 이에 상응하는 처벌을 받지 않는다. 이것은 잘못된 경영 관행 등을 처벌하기에 법적 맹점이 있거나 정부 정책에 모순이 있기 때문이며 소비자 불매운동이 성과를 거두기 위해서는 법적, 제도적 지원이 반드시 필요함을 강조하기 위해서이다.

1. 경제적 손실 및 브랜드 이미지 추락

한국 사회에서 일어난 불매운동이 표적 기업에게 어떻게 어느 정도의 경제적 손실을 가져왔는지를 정확하게 파악하기는 어렵다. 특히 금전으로 환산하기 힘든 기업 이미지에 대한 부정적 평가까지 포함된다면 더욱 그러하다. 그럼에도 대표적인 사례 및 사건을 중심으로 불매운동의 효과를 표적대상의 경제적 손실을 당시의 신문기사 등의 자료, 그리고 공개된 기업 관련 자료들을 중심으로 살펴보았다.

가장 먼저 꼽을 수 있는 사례는 1991년 낙동강 페놀 오염을 야기한 두산그룹에 대한 불매운동이다. 당시 보도에 따르면(한겨레, 1991. 4. 18), 두산그룹 산하의 동양맥주(OB)와 조선맥주(크라운)은 만년 67 대 33의 시장점유율을 유지하고 있었다. 그러나 페놀 유출사건 이후 OB맥주 불매운동이 일어났고 사고 직후인 4월에는 크라운 맥주의 점유율이 43%까지 증가했다. 특히 페놀유출로 직접적 피해를 입은 영남지역에서는 OB맥주의 출고량이 40% 이상 급감하기도 했다. 그러나 6월 이후 OB맥주의 점유율은 이전 상태로 회복되어 한시적인 효과에 그쳤다(매일경제, 1991. 11. 9). 그럼에도 1991년 두산 불매운동은 환경운동이라는 측면에서 상당한 성과를 거두었다고 볼 수 있다. 무엇보다 공해기업에 대한 최초의 국민적 경고와 응징이었으며 대기업의 산업폐수 문제를 제기하고 한국 사회에 환경에 대한 인식을 제고하는 계기가 되었다. 나아가 두산그룹의 전 제품을 대상으로 전국 규모로 일어난 대규모 불매운동이었으며 운동가의 전술이 아니라 분노한 국민이 자발적으로 전개한 운동으로 소비자 불매운동사에 중요한 전환점이 되었다고 할 수 있다. 그뿐만 아니라 두산그룹은 한동안 환경오염그룹이라는 오명을 달고 다녀야 했다. 이러한 성과는 두산그룹이 입은 직접적인 경제적 손실을 능가하는 성과라고 할 수 있다. 1990년대 후반과 2000년대에도 두산은 노동 탄압 등으로 불매운동의 핵심 대상이 되었다. 두산그룹에 대한 광범위한 불매운동이 두산에 미친 직접적인 경제적 타격은 파악하기 힘들지만 기업 이미지나 기업평판에는 상당한 타격을 준 것으로 볼 수 있다. 이와 같이 노동자 투쟁과 이에 호응한 소비자 불매운동은 두산을 환경오염기업에서부터 노동 탄압 기업이라는 부정적 상징의 대표기업으로 각인시키는 계기가 되었다.[1]

1997년 허위광고 및 영업방식으로 불매운동의 대상이 되었던 ㈜한국암웨이는 주방세제와 치약시장의 20%를 점유하는 등 생활용품 시장에 돌풍을 일으키면서 1997년 1월 360억 200만 원, 2월 403억 8,600만 원 등 매출액이 급속이 증가하고 있었다(동아일보, 1997. 4. 22). 그러나 불매운동이 진행된 이후 3월 384억 2,600만 원, 4월 268억 800만 원, 5월 261억 2,900만 원 등 30% 이상 매출이 줄어들었을 뿐 아니라 5월에는 전체 매출액의 12.5%에 이르는 32억 8,700만 원 어치가 환불되면서 1995년 다단계 판매 허용 이후 처음으로 매출이 줄어들었다(매일경제, 1997. 6. 20). 2008년 고객정보 불법 판매해 불매운동의 대상이 되었던 하나로텔레콤은 두 달 동안 4만여 명이 서비스를 해지했으며 한 달 동안 주가가 8.3% 급락했다(중앙일보, 2008. 4. 30). 또한 영업 정지와 과징금 및 사법당국의 형사적 책임에 더해 소비자단체 소송에 의해 손해 배상까지 지게 되면서 위상 실추는 물론 사업 기반에 큰 타격을 입었다.[2]

빨래엔 피죤으로 30년 이상 부동의 업계 1위를 유지하던 피죤은 이

---

1 이후에도 두산 인프라코어가 입사 1~2년차 사원들을 희망퇴직 대상에 포함시키고 일부 신입사원에게는 사직을 강요했다는 사실이 알려지면서 두산의 기업 PR 광고 "사람이 미래다"는 소비자에게 조롱의 대상이 되어 순식간에 각종 패러디를 만들어내기도 했다(THE PR, 2015. 12. 16).

2 이 사건으로 40일간 영업 정지 처분을 받은 하나로텔레콤은 이후 SK브로드밴드로 사명을 바꾸고 대대적인 기업 이미지 쇄신 작업을 했다.

윤재 회장의 청부 폭행사건으로 그 악덕함이 드러난 후 불매운동의 대상이 되었다. 2009년 1,600억 원이던 매출액은 2012년 900억 원으로 급감했다. 게다가 2012년 이 회장이 회사 돈을 빼돌려 비자금을 조성한 혐의로 징역 2년, 집행유예 3년을 선고받으면서 피죤의 시장 점유율은 50%대에서 20%대로 추락했다. 경영일선에서 물러나겠다는 약속을 뒤엎고 이 회장은 복귀했고 불매운동은 점점 약화되었다. 2016년과 2017년 이 회장 사주 일가는 55억 원의 배당금을 받았으며 2018년 한국의 영향력 있는 CEO로 선정되었다(경향신문, 2018. 11. 17; 중앙일보, 2011. 8. 16).

남양유업은 대리점 갑질 논란이 불거지기 전인 2012년 637억 원의 영업 흑자를 기록하던 중견기업으로 IMF 외환위기 하에서도 적자를 기록하지 않았었다. 그러나 갑질논란으로 소비자 불매운동이 일어난 2013년 175억 원, 2014년 261억 원의 영업 적자를 기록하며 2년 연속 적자 기업으로 전락했다. 2015년 201억 원 흑자, 2016년 418억 원 흑자로 돌아서며 불매운동의 위력이 사라진 듯했으나 2017년 51억 원 흑자로 영업이익이 다시 급락했다(금융감독원 전자공시자료, 2013~ 2017). '이름 지우기' 등의 꼼수 전략을 펼치기도 했으나 소비자들은 '숨은 남양 찾기'로 맞섰다. 무엇

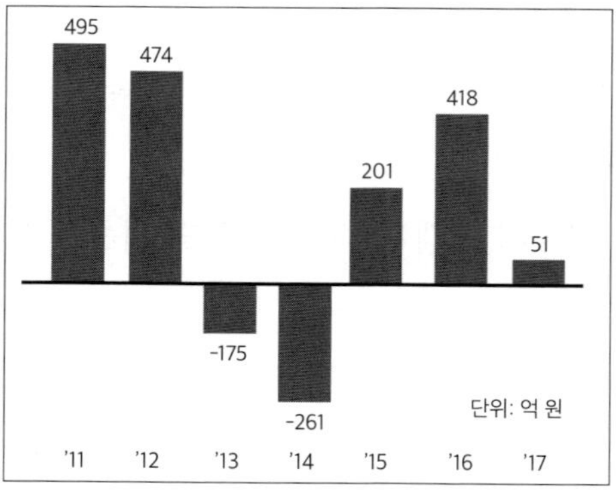

그림 7-1 남양유업 영업이익 추이(2011-2017)
(출처: 금융감독원전자공시자료)

보다도 '갑질'의 대표 사례로 계속 언급되면서 추락한 브랜드 이미지는 회복하기 어려운 상황으로 보인다.

한국 옥시래킷벤키저(RB코리아)의 경우, 2016년 4월 18일부터 5월 1일까지 2주일 동안 제습제 매출이 지난해 같은 기간과 비교해 53% 급감했으며 표백제와 섬유유연제 매출도 각각 38%, 7% 줄었다(한겨레, 2016. 5. 3). 또한 2016년 초 10.9%였던 섬유유연제 · 세탁세제 점유율이 2017년 1.5%로 급감했으며 같은 기간 세탁세제 부문에서도 옥시의 시장점유율은 6.5%에서 1.0%로 떨어진 것으로 나타났다(뉴스1, 2017. 5. 18). 한국소비자단체협의회가 2017년 7월 백화점 6곳, 대형마트 12곳, 기업형 슈퍼마켓SSM 37곳, 일반 슈퍼마켓 67곳, 기타업체 2곳 등 총 122곳에서 '옥시제품 판매현황'을 조사한 결과, 백화점과 대형마트는 전점 모두 옥시제품 판매를 철수했으며 SSM은 5곳(14%), 일반 슈퍼마켓은 63곳(94%)이 판매 중인 것으로 나타났다. 결국 2017년 9월 옥시는생활용품 판매를 중단했다. 일반의약품인 개비스콘은 2016년 38% 매출이 하락한 데 이어 2017년에는 매출액이 40억 원에도 못 미쳤으며, 스트렙실도 2015년 70여억 원에서 2016년 약 51억 원, 2017년 약 36억 원까지 매출이 떨어졌다(연합뉴스, 2018. 4. 18). 한때 연간 100억 원 이상 판매

<표 7-1> 옥시제품 대체품목 증감률

구분	옥시품목	증감률	대체품목	증감률
세재	파워크린	-49%	테크	10%
	옥시크린	-25%	수퍼타이	41%
방향제	에어윅	-53%	해피브리즈	25%
청소용품	옥시싹싹	-24%	유한락스	21%
			홈스타	-23%
손세정제	데톨	-21%	아이깨끗해	-13%

(출처: 헤럴드경제, 2016. 5. 10)

고를 올렸던 히트 상품인 개비스콘과 스트렙실의 매출 급락은 옥시 래킷벤키저의 이미지가 실추되었음을 보여준다. 옥시래킷벤키저는 2011년 실적 공시 의무가 없는 유한회사로 전환해 공식적인 영업실적이 공개되지 않아 정확한 연도별 실적을 파악할 수 없지만 기업과 브랜드의 이미지 추락은 회복할 수 없을 것으로 보인다.

경비원 폭행과 보복 출점 그리고 배임 및 횡령 혐의로 구속된 정우현 MPK회장의 미스터피자 매출 역시 불매운동과 함께 수직 하락했다. 2019년 MP그룹 매출은 연결 기준 1,099억 원이며 영업 손실은 24억 원이다. 2015년 약 73억 원의 영업 손실에서 시작해 2016년 약 89억 원, 2017년 약 110억 원, 2018년 약 4억 원으로 5년 연속 적자를 기록했으며, 가맹점 수도 2015년 말 392개에서 2018년 259개로 줄었다(금융감독원 전자공시자료). 게다가 5년 연속 적자기록 그리고 정 회장의 횡령 및 배임으로 코스닥 상장 적격성 심사대상에 올라 2020년 4월 상장 폐지 여부가 최종 결정될 예정이다.

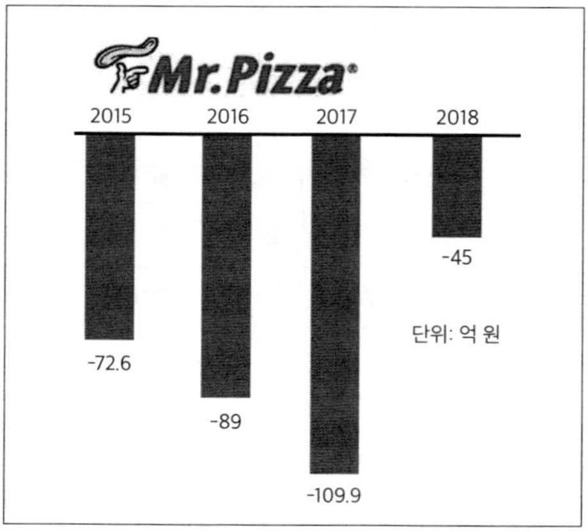

그림 7-2 MP그룹 4년간 영업손실 추이
(출처: 금융감독원전자공시자료)

사내 성폭행 사건으로 불매운동의 대상이 된 한샘의 경우 2018년 초 18만 원이었던 주가가 2018년 10월 7만 4,400원으로 반 토막이 나 52주 최저가를 기록했을 뿐 아니라 2014년 이후 최저점을 경신했다. 또한 2018년 상반기 영업이익과 당기순이익이 각각 60.5%, 29.6%씩 대폭 감소했다(조선일보, 2018. 10. 4). 이에 대해 한샘 측은 성장 동력이던 B2C 전 사업부가 역성장으로 돌아선 데다 아파트 공사 현장이 줄어들었기 때문이라고 설명했지만, 젊은 소비자 비중이 높은 온라인 채널에서 한샘 제품 매출이 눈에 띄게 감소했다는 사실(머니투데이, 2018. 10. 2)에서 확인할 수 있듯이 소비자 불매운동이 상당한 역할을 한 것으로 보인다.

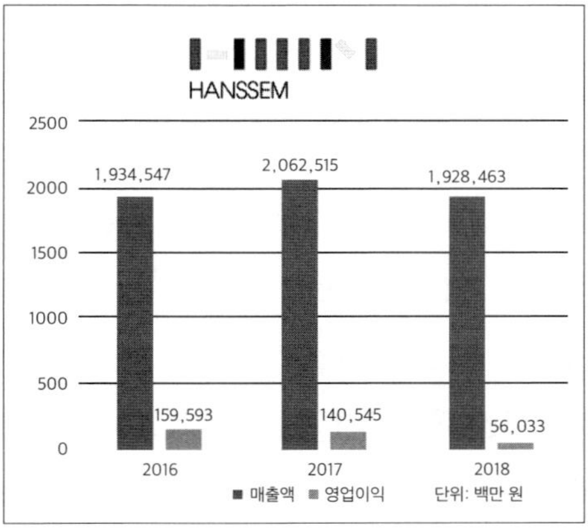

그림 7-3 한샘 매출액과 영업이익 추이
(출처: 금융감독원전자공시자료)

한편, 2019년 한국 사회를 뒤흔들고 지금도 현재 진행형인 일본(제품) 불매운동의 결과는 어떠한가. 우선 일본(제품) 불매운동의 대표적 표적이었던 유니클로의 영업실적을 국내 주요 신용카드사의 매출액으로 살펴보면 2019년 6월 마지막 주 59억 4,000만 원에서 7월 넷째 주 17억 7,000만 원으로 70.1% 급감하고 9월 매출액은 91억 원으로 한 해 전 같은 기간 275억 원보다 67% 감소하는 등(경향신문, 2019. 8. 15; 중앙일보, 2019. 10. 31) 불매운동의 타격을 입은 것으로 나타났다. 또한 유니클로 종로점, 구로점, 노원점 등이 폐점했다. 또한 유니클로의 모기업인 에프알엘코리아가 공개한 감사보고서에 따르면, 2018년 9월 1일부터 2019년 8월 31일 회계기간 중 영업이익이 전기 대비 약

15% 감소한 것으로 나타났다. 2019년 7월부터 본격적인 불매운동이 일어난 것을 고려하면 2개월의 영향인 것을 짐작할 수 있다(경향신문, 2020. 1. 12). 또한 유니클로를 운영하는 패스트리테일링이 2019년 9월 1일부터 11월 30일까지의 매출통계 등을 집계한 '2019 · 2020 1분기 보고서'를 보면 전 세계 시장에서 매출은 전년 동기 대비 3.6%, 영업이익은 28% 감소한 것으로 나타났다(한국일보, 2020. 1. 10). 동남아시아, 오세아니아, 북미지역 등에서 매출과 영업이익이 크게 증가했지만 유니클로 코리아가 급격한 매출 하락을 보이면서 종합적으로 해외 시장에서 하락세를 기록한 것이다.

일본 안 가기 운동의 결과를 살펴보면, 2019년 8월 일본을 방문한 한국 관광객의 숫자가 2018년 8월과 비교할 때 48% 줄어든 30만 8,700명으로 나타났으며 2019년 9월 역시 2018년 9월과 비교할 때 58%나 감소했다. 2019년 7월부터 12월까지 172만 명의 한국 관광객이 일본을 방문했는데 이는 전년 동기대비 51.1% 감소한 것이다(일

<표 7-2> 방일 한국인 여행객 증감률

연/월	방일 한국관광객 수	증감률
2018년 7월	607,953명	-7.6%
2019년 7월	561,675명	
2018년 8월	593,941명	-48%
2019년 8월	308,730명	
2018년 9월	479,733명	-58%
2019년 9월	201,252명	
2018년 10월	571,176명	-65.5%
2019년 10월	197,281명	
2018년 11월	588,213명	-65.1%
2019년 11월	205,042명	
2018년 12월	681,566명	-63.6%
2019년 12월	248,000명	
2019년 1월	770,383명	-59.4%
2020년 1월	316,800명	

(출처: 일본정부관광국)

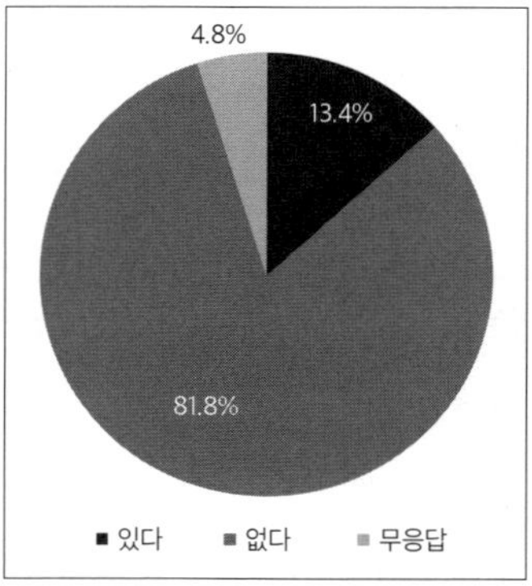

그림 7-4 2019년 8월 전국 성인 500명 대상 일본 여행 의향 조사 결과
(출처: 연합뉴스, 2019. 8. 19)

본정부관광국, welcometojapan.or.kr). 또한 2019년 8월 여론조사 전문기관인 리얼미터가 CBS의 의뢰로 성인 500명을 대상으로 한 여론조사(95% 신뢰수준에 표본오차 ±4.4%포인트) 결과를 보면 전체 응답자의 81.8% 즉 5명 중 4명이 '올해 일본 여행을 할 의향이 없다'고 응답하기도 했다(연합뉴스, 2019. 8. 19). 일본 여행 예약 취소율도 적게는 48.5%, 많게는 80%까지 나타났으며 신규 예약 역시 줄어들었다(뉴스1, 2019. 7. 12). 2017년 방일 한국 관광객(714만 명)이 방한 일본인 관광객(231만 명)의 3배를 넘었었던 때를 고려하면(조선일보, 2018. 10. 17) 엄청난 수의 감소라고 할 수 있다.

이 외 2019년 일본 식품 수입량은 2018년 대비 23.6%가 감소했는데 특히 맥주와 청주의 수입량이 각각 41.2%, 37.6%가 줄어들었다(식품의약품안전처, 2019). 일본 불매운동이 가장 격화되었던 2019년 8월 1일부터 10일까지 일본 맥주 수입 감소율이 98.8%에 이르러 사실상 수입이 중단된 것은 마찬가지 상황이었다(조선일보, 2019. 8. 14). 또한 2020년 1월 일본 수입차 신규 등록은 1,320대로 2019년 동기 3,752대 대비 64.8% 감소했다. 구체적인 차종을 살펴보면 도요타는 2020년 1월 420대가 판매돼 2019년 동기 1,047대 대비 59.9%가 감소했으며 도요타의 고급 브랜드인 렉서스는 2020년 1월 509대가 판매돼 2019년 1월 1,533대 대비 1/3로 줄어들었다. 혼다와 닛산도 각각 50.5%, 92.7% 줄었으며 2019년 1월 162대가 팔렸던 인피니티는 2020년 1월 단 1대가 판매되는 기록을 세웠다(중앙일보, 2020. 2. 6).

지금까지 한국에서 소비자 불매운동을 통해 표적 기업이 어느 정도 경제적 손실을 입었는지 단편적으로 확인했지만 앞에서도 언급했듯이 자료의 한계로 인해 지속적 효과에 대한 정보를 파악하기 힘들뿐

<표 7-3> 일본 맥주 및 자동차 수입금액 추이

품목	연월	수입금액(달러)
일본맥주	2019. 7	4,340,000
	2019. 8	223,000
	2019. 9	6,000
일본자동차	2018. 7	8,456,000
	2019. 7	6,300,000

(출처: 관세청 수출입무역통계/산업통상자원부 수출입동향)

더러 정확한 인과관계 또한 단언하기 어렵다. 이에 따라 불매운동이 야기한 직접적 경제 효과에 대한 결과들이 항상 일치하지는 않는다. 예를 들면 1971년에서 1981년 사이에 미국에서 일어난 21건의 불매운동으로 해당 기업의 주가가 통계적으로 유의미하게 감소했고(Pruitt & Friedman, 1986), 1969년에서 1991년 사이 미국에서 일어난 67건의 불매운동조사에서도 유사한 결과(Davidson, et al., 1995)를 보고하고 있어 어떤 방식으로든 불매운동은 해당 기업의 이익에 부정적 영향을 미쳤다고 볼 수 있다. 또한 불매운동의 효과를 소비자들이 표적기업의 브랜드에서 다른 브랜드로 전환하는 양도 효과transfer effect와 시장에서 이탈하는 소비자로 인해 매출이 감소하는 취소 효과cancellation effect로 구분하기도 하는데, 2012년 중국에서 안티 일본 운동의 일환으로 전개된 중국 소비자의 일본 자동차 불매운동의 경우 취소 효과가 일본 자동차 판매 감소의 90% 이상을 차지하고 있는 것으로 나타났다(Luo & Zhou, 2019). 반면 1980년에서 1993년 사이에 미국에서 일어난 502건의 불매운동을 조사한 결과에서는 표적기업의 가치는 불매운동 선언 이후 오히려 평균 0.76% 증가했으며 불매운동이 실행된 이후에도 0.55% 증가했다는 결과가 나오기도 했다(Koku, et al., 1997). 이렇게 모순된 결과들이 나타나는 것은 해당 산업영역에서의 경쟁, 국제 주식시장의 동향 등 다양한 변수들로 인해 주가 하락 및 판매 부진과 불매운동의 인과관계를 확언하기 어렵기 때문이다.

이와 같이 소비자 불매운동의 경제적 효과에 대한 연구결과들은 서로 모순되지만, '숫자'보다 더 중요한 의의를 둘 수 있는 것이 바로 브랜드 이미지나 기업 평판의 추락이다(Abosag & Farah, 2014). 기업 입장에서는 즉각적이고 직접적인 경제적 손실뿐 아니라 기업 평판의 추락이 불매운동을 더 두렵게 만드는 요인이 된다(Clouder & Harrison, 2005; Stolle, Micheletti, & Crépault, 2013). 특히 한국 사회에서 기업 일가의 갑질, 노동자 탄압, 여성 혐오와 같은 이슈들로 문제가 된 기업들이 반노동, 반교육, 반여성 등의 대표기업으로 꼬리표가 붙은 것은 경제적 손실로 양화할 수 없는 치명적 손해라고 할 수 있다. 이러한 성과는 불매운동이 소비자이익을 위한 협상도구로 활용될 수 있으며 나아가 사회 정의의 실현이라는 점에서 의미 있는 결과라고 할 수 있을 것이다.

2. 기업정책 및 경영관행의 변화

소비자 불매운동의 성과로 주목해야 하는 두 번째 측면은 기업정책 및 경영관행의 변화이다. 역사적으로 한국 소비자 불매운동도 기업정책 및 경영관행의 변화라는 측면에서 성과를 거두기도 했다. 예를 들면, 1970년대 재일교포라는 이유로 입사를 취소시킨 일본 히다찌 회사에 대한 국제적 불매운동은 채용 취소 조치를 철회하는 성과를 이루었으며, 1980년대에는 뉴코아백화점의 성상품화 광고에 대해 광고를 시정하지 않으면 불매운동을 전개할 것임을 선언하자 광고를 변경했다. 소비자 불매운동에 따른 광고 시정의 첫 사례였다고 할 수 있다. 노동자 부당해고에 저항한 뱅뱅 불매운동으로 해고자가 복직되기도 했다. 그러나 가격 인상과 같은 쟁점은 단기적으로 가격 인하를 끌어내기도 했지만 일시적인 경우에 그친 경우가 많았다. 또한 대부분의 표적 기업들은 불매운동이 발생할 조짐이 보이거나 발생하면 대부분 사과문을 발표하고 사태를 무마하려고 시도하나 여의치 않을 경우 회장이 경영 일선에서 물러나는 수순을 보였을 뿐 직접적으로 기업정책이나 경영관행을 자발적으로 개혁한 사례가 거의 없다. 금복주를 예로 들어 보면 소위 '수돗물 소주'로 소비자들의 불매운동이 일어나자 금복주는 사과문을 발표했다. 결혼한 여성, 혹은 결혼 예정 여직원에게 퇴사를 강요한다는 사실이 알려지고 불매운동이 다시 일어나자 금복주는 또 사과문만을 발표했다. 이후 국가인권위원회가 금복주에서 성차별적 고용 관행이 수십 년간 지속되었음을 확인하고 적극적 조치 계획을 수립할 것을 권고했지만 이는 말 그대로 권고사항이었다. 그리고 고용노동부는 특별근로감독을 통해 남녀고용평등법을 위반한 사실로 금복주에 벌금형을 선고했지만, 이후 하청업체에 상납금을 강요한 사실이 밝혀져 전 부사장과 홍보팀장 등이 징역형을 선고받았다.

한국에서 불매운동의 대상이 된 기업이 불매운동에 대응하는 행동을 보면 각종 위법 사항들이 적발되더라도 사과문을 발표하고 솜방망이 처벌로 마무리될 때까지 잠시 기다리다 본래의 자리로 돌아가는 사이클이 반복되고 있다. 이러다 보니 기업문화나 경영방식이 크게 달라지지 않았다. 이것은 금복주의 사례에서도 나타나듯이 불매운동의 대상이 된 기업의 경우 유사한 문제행위들이 반복적으로 일어나는 것에서도 확인할 수 있다. 남양유업은 대리점 밀어내기 및 욕설 사건으로 불매운동을 호되게 경험한 뒤 대리점과의 상생을 위해 노력하겠다고 발표했지만 불공정행위가 다시 발각되기도 했다. 여혐 마케팅이나 광고에 대해 여성소비자들이 끊임없이 문제 제기를 하고 불매운동을 벌여도 동일한 문제들이 끊임없이 나타나는 것도 유사한 맥락에서 생각할 수 있다.

금복주는 노사발전재단과 '고용평등 및 일·가정 양립 지원 컨설팅' 업무협약을 맺었다. 이후 5개월간 성 평등한 기업문화 그리고 일과 가정의 양립이 가능한 업무 환경 조성에 관한 컨설팅을 받았다. 그리고 노사발전재단은 "(주)금복주, 여직원 1명 승진 및 파견 여성근로자 5명 정규직 전환 등 고용 평등한 기업문화 조성 노력"이라는 시행결과를 발표하기도 했다(동아일보, 2016. 9. 27). 그러나 고졸 여직원이 근무 9년 7개월 만에 승진한 것은 고용 평등한 기업문화 조성 노력의 성과가 아니라 그동안 얼마나 많은 금복주 여성노동자들이 승진에서 배제됐는지 보여주는 증거이다. 5개월 컨설팅으로 60년간 법을 어긴 회사가 고용 평등한 기업문화를 만들고 있다는 것은 섣부른 판단인 듯하다.

소비자 불매운동은 기업의 입장에서는 경제적 손실과 브랜드 이미지 추락 등의 위협이 되기도 하지만 잘못된 관행과 경영을 수정하여 소비자와 상생의 길로 나아갈 기회가 되기도 하는 양날의 칼이다. 그러나 한국에서 불매운동의 표적이 된 대부분의 기업은 의도적이지 않은 잘못이 아닌 의도적이고 오랫동안 누적된 비윤리적 행태를 일삼아 왔다. 소비자 불매운동만으로 수십 년간 누적되어온 갑질 폭력, 노조 탄압 등의 무법적 기업문화가 바뀔 수 있으리라는 기대는 비현실적이다. 소비자 불매운동과 함께 법적, 제도적 지원이 필요한 이유이다.

3. 법과 제도의 개선

1985년 수입 개방으로 국내에 들어온 미국산 자몽에서 암 유발 물질인 알라가 발견되었다는 소비자시민모임의 발표는 한국 소비자의 불매운동뿐 아니라 한미간 통상 마찰까지 야기하면서 당시 큰 이슈가 되었다. 외국산 농축산물 수입이 본격화되었으나 당시 한국에는 수입농산물의 잔류농약, 발암물질 등에 대한 적절한 검사제도와 규제기준이 없었기 때문이다. 이 사건을 계기로 한국 사회에서는 미국산 농산물이 안전하고 좋다는 환상이 깨졌을 뿐 아니라 수입농산물의 안전성과 농약잔류기준을 만드는 계기가 되었다. 또한 국내 농산물에 대한 농약허용기준치도 마련되어 1989년 9월 농약 17종, 1996년 12월에는 농약 203종에 대한 잔류기준이 신설됐다(식품음료신문, 2013. 6. 25).

1991년 두산전자의 낙동강 페놀 오염 사건은 전 국민적인 불매운동을 일으켰으며, 「환경범죄의 처벌에 관한 특별조치법」, 「환경개선비용부담법」, 「자연환경보전법」 등 환경 관련 법을 제정하는 계기가 되었다. "사업활동에 수반하여 사람의 건강에 유해한 환경오염을 일으키는 행위 등을 처벌함으로써 사람의 건강에 관계되는 환경오염의 방지에 이바지함을 목적으로" 1991년 제정된 「환경범죄의 처벌에 관한 특별조치법」은 1999년 「환경범죄의 단속에 관한 특별조치법」으로 전면 개정되었다. 그 이유는 오염물질의 불법 배출에 대한 지속적인 단속에도 불구하고 환경범죄가 감소되지 아니하고 환경오염행위가 날로 증가함에 따라 환경범죄에 대한 형사 처벌의 범위를 확대하고 오염물질의 불법 배출로 인하여 얻은 불법 배출 이익을 국가에서 환수하기 위한 것이었다. 이후 2011년 신고포상금의 지급 대상을 확대하고 환경감시관 등 환경감시조직을 설치 운영하기 위하여 「환경범죄 등의 단속 및 가중처벌에 관한 법률」로 개정되어 현재에 이르고 있다. 「환경개선비용부담법」 및 「자연환경보전법」 역시 낙동강 페놀 오염사건을 계기로 수질 문제 및 먹는 물의 안전성, 그리고 산업이 환경에 미치는 영향에 대한 논의가 활발해지면서 제정되었고, 한국 사회 및 한국 소비자가 환경 보호의 중요성을 체감하게 되는 계기가 되었다.

2013년 남양유업 사태는 전 국민적 공분을 사고 불매운동이 지금까지도 이어지고 있다. 이를 계기로 공정거래위원회가 본사와 대리점 간의 관계에 대한 전면적인 실태 조사에 나섰다. 문제가 빈번하게 제기되던 유제품, 주류 등 8개 업종 23개 업체를 대상으로 서면 실태 조사를 실시하여 현황을 파악했다. 또한 4,800여 개의 공급업자 및 70만여 개의 대리점과 대리점 단체들을 대상으로 본사-대리점 거래 실태 조사도 최초로 실시했다. 조사 결과 대리점의 유통구조는 사실상 본사(공급업자)가 지배하는 형태이고 구입 강제, 판매 목표 강제 및 불이익 제공 등 다양한 불공정행위가 이루어지고 있으며 대리점 거래에서 우월한 지위에 있는 공급업자가 대리점에게 일방적으로 물량 밀어내기를 하거나 영업비용을 전가하는 등 각종 불공정거래행위가 만연하고 있음이 밝혀졌다(윤선우, 2018; 홍현석, 2018). 이에 따라 대리점 거래에서 흔히 존재하는 공급업자와 대리점 간 불공정관행을 규제하는데 기존의 일반 경쟁법규인 「독점규제 및 공정거래에 관한 법률」의 거래상 지위 남용 부분만으로는 한계가 있으며 대리점거래관계의 특성을 반영한 불공정거래행위를 구체화하는 특별법이 필요하다는 의견이 강력히 제기되었다. 그리고 여러 차례 입법 시도가 있었지만 무산되다가 2015년 말 「대리점거래의 공정화에 관한 법률(약칭 대리점법)」이 국회를 통과하고 2016년 시행에 들어간 후 수 차례의 일부 개정을 거쳤다.[3] 그러나 대리점법의 가장 중요한 부분인 2장, 대리점거래의 공정화에 관한 내용 중 계약서 작성 의무(제5조)와 주문내역 확인요청 거부·회피 금지(제11조)를 제외하고는 구입강제행위의 금지(제6조), 경제상 이익 제공 강요행위의 금지(제7조), 판매목표 강제 행위의 금지(제8조), 불이익 제공행위의 금지(제9조), 경영활동 간섭 금지(제10조) 및 보복조치 금지(제12조) 등 불공정행위로 규정된 내용들이 이미 공정거래법에서 금지하고 있어 대리점거래에 특화된 내용이 아니라는 비판을 받는다. 그럼에도 대리점법은 독자적인 법률로서의 의의를 가지고 있는데, 공급업자는 대리점에게 구체적인 계약내용이 담긴 계약서를 서면으로 제공해야 하며(5조, 대리점거래 계약서의 작성 의무), 공급업자는 대리점의 주문내역에 대한 확인 요청을 거부 혹은 회피할 수 없으며(11조, 주문내역의 확인 요청 거부 또는 회피 금지), 대리점거래에 관한 분쟁을 조정하기 위해 대리점분쟁조정협의회를 두며(13조, 대리점 분쟁조정협의회의 설치), 무엇보다도 공급업자가 법 규정

3 2015년 제정된 법안은 충분한 논의를 거치지 못하고 수혜자인 대리점이 요구한 조항들이 제대로 반영되지 못했다는 비판을 받았으며, 공정거래위원회는 대리점법이 제정되고 시행된 이후 1년 반이 지난 뒤까지도 고질적인 불공정관행이 근절되지 않고 있다며 실태 조사를 근거로 2018년 공정한 대리점 거래질서 확립을 목표로 5대 과제(15개 세부과제)를 제시하기도 했다.

을 위반하여 대리점이 손실을 입은 경우 공급업자는 손해액이 최대 3배에 달하는 배상책임을 져야 한다(34조, 손해 배상 책임) 등은 지속적으로 대리점거래에서 발생한 불공정관행을 어느 정도 해결할 수 있는 계기를 마련했다고 할 수 있다(정지은, 2019).

또한 미스터피자, 호식이두마리치킨, 총각네 야채가게 등 가맹본부 혹은 그 임원이 위법행위 및 모럴해저드로 인해 소비자 불매운동의 표적 대상이 되어 브랜드 이미지가 하락하고 가맹점주들의 매출이 하락하는 등 피해를 입는 사례가 증가함에 따라 「가맹사업거래의 공정화에 관한 법률(이하 가맹거래법)」이 개정되어 2019년부터 시행에 들어갔다. 개정안에는 가맹본부와 가맹희망자간 계약서에 '가맹본부 또는 가맹본부 임원의 위법행위 또는 가맹사업의 명성이나 신용을 훼손하는 등 사회상규에 반하는 행위로 인하여 가맹점사업자에게 발생한 손해에 대한 배상의무에 관한 사항'을 포함해야 한다고 명시하고 있다. 실제로 일명 '버닝썬' 사태로 빅뱅 승리가 운영하는 프렌차이즈 아오리라멘에 대한 불매운동이 이어지며 매장들이 '오너리스크' 직격탄을 맞자 아오리라멘 가맹점 15곳의 점주 26명은 아오리라멘 본사 '아오리에프앤비'와 전 대표 승리, 회사의 현재 인수자 등을 상대로 총 15억 4,000만여 원을 배상하라는 소송을 냈다. 그러나 이 법은 소위 오너리스크로 인해 가맹점주들이 피해를 입을 시 가맹본부가 배상책임을 지도록 하는 법적 근거를 마련했다는 점에서 의미가 있지만, 여러 가지 문제점을 가지고 있다. 예를 들면 '가맹본부 또는 가맹본부 임직원의 책임 있는 사유'로만 명시되어 있어 만약 창업주가 지분만 보유하고 임직원으로 일하지 않는 경우 손해 배상 의무를 지지 않아도 되며 본사 임직원이 위법행위를 저질러도 가맹점의 브랜드 이미지 하락과 같은 무형적 손해를 가맹점주가 입증하기가 어렵다는 것이다. 즉 가맹계약을 위반한 손해 배상의 입증 책임이 가맹점주에게 있어 오너 리스크와 손해액의 인과관계를 가맹점주가 입증하는 것이 현실적으로 불가능하다. 따라서 오너리스크의 요건과 범위, 배상책임과 범위 등을 구체적으로 명시할 필요도 있으며 징벌적 손해 배상으로 포함시켜 동일한 불법행위를 반복하지 못하도록 해야 할 필요도 있다(조선일보, 2018. 10. 29; 한겨레, 2019. 7. 30).

여성 생리대 사태 이후 2018년 10월부터 생리대도 포장지에 모든 성분을 표시해야 하는 '전全 성분 표시제'가 도입됐다. 그러나 명칭과는 달리 '모든 성분이 아니라' 생리대 품목허가(신고)증에 기재하는 원료명만 표시하도록 의무화할 뿐이다. 품목허가(신고)증에 기재된 원료물질은 부직포, 폴리에틸렌필름, 접착제 등이며, 수 백 가지 화학물질로 구성된 향은 단순히 '향료'로 기재할 수 있다고 규정하고 있다. 소비자는 그 속에 어떤 유해물질이 들어 있는지 알 길이 없다. 이에 여성계에서는 유럽연합이 피부알러젠, 생식독성, 발암성이 있는 향 성분 26가지 화학물질을 엄격하게 관리하고 있다며 '반쪽짜리' 전 성분 표시제 대신, 수백 가지 화학물질로 구성된 향료에 들어간 개별 성분 등 생리대에 사용된 모든 원료물질 공개를 의무화하는 '전 성분 표시제'를 요구하고 있다.

소비자 불매운동은 매출이나 주식가치에 영향을 주는 형태로 경제적 효과를 가질 수도 있고 기업의 명성이나 이미지에 해를 입히는 상징적 효과를 가질 수도 있다. 나아가 불매운동 실행에 대한 경고나 위협만으로도 문제가 된 기업행위를 변화시킬 수도 있다. 그리고 정부정책에 대한 압력을 행사할 수도 있다. 그러나 여러 가지 자료의 한계나 불매운동의 성격상 성과를 정확하게 양화하거나 파악하기는 힘들 뿐더러 불매운동에 참여하는 소비자의 목표가 항상 명시적인 것만도 아니다. 또한 불매운동은 단기, 장기 효과를 가진다. 불매운동은 계획에 따라 실행되기도 하지만 궁극적인 목표를 달성되지 않을 수도 있다. 불매운동은 수십 년간 지속된 네슬레 불매와 같이 장기적인 문제일 수도 있으며 맥도날드 불매와 같이 반복적으로 발생하는 것일 수도 있다. 따라서 불매운동의 성공 여부 혹은 효과성을 평가하는 데 다양한 요소들이 고려되어야 할 뿐 아니라 효과적이진 않지만 성공한 불매운동, 혹은 성공하진 않았지만 효과적인 불매운동이 있을 수 있다. 그러나 한 가지 분명한 것은 소비자들이 목소리를 드러내지 않았다면, 이러한 소기의 성과를 달성하기 힘들었을 수 있다는 것이다. 구체적인 성과가 없으면 실패라는 단언은 생산주의적 사고에 근거한 것일 뿐, 근본적인 권력 투쟁은 사람들의 마음속에 의미를 구축하려는 싸움이며 사회운동의 결정적인 성과는 사람들의 마음과 의식에 미친 영향이라는 카스텔(Castells, 2012)의 주장은 소비자 불매운동에도 유효하다. 숫자에 얽매여 성공 여부에 일희일비하는 것보다는 인식의 변화가 왔다는 것에 의의를 두는 것이 더 적절하다는 것이다. 예를 들면, 환경 관련 불매운동은 불매운동 자체의 성과와 상관없이 환경이 얼마나 중요한 쟁점인지 소비자에게 각인시키는 계기가 될 수 있으며 건강이나 안전 문제와 관련된 불매운동은 화학제품에 대한 경각심을 불러일으키는 계기가 될 수 있다는 것이다. 기업 일가의 갑질로 인한 불매운동은 한국 소비자에게 부당한 권력, 힘없는 을의 현실 등에 분노하게 만들었으며, 여성 혐오 기업에 대한 불매운동은 여성소비자간 연대를 강화하고 여성의 목소리를 드러내는 시간이었다.

8장

한국 소비자 불매운동의 딜레마와 한계

1. 작은 규모의 행위자 및 무임승차자 문제

소비자 불매운동의 참여 동기를 혜택과 비용이라는 측면으로 분석한 이래(Klein et al., 2004) 불매운동 참여로 인해 소요되는 비용에 대한 논의가 활발해졌다. 특히 작은 규모의 행위자와 무임승차자 문제가 가장 집중적으로 다루어졌다. 즉 불매운동의 성공에는 광범위한 소비자의 참여가 필수적인데 광범위한 참여는 역으로 무임승차의 의도를 증가시키는 역설이 존재한다는 것이다. 이 역설은 일반적인 집합행동에서 나타나는 현상인데 올슨(Olson, 1965)의 논의에서 출발한다. 다수의 개인들이 힘을 합쳐 집단행동을 행사하는 것이 유리하다고 판단되면 집단행동은 당연히 일어난다는 것이 일반적으로 통용되는 상식이다. 올슨은 이러한 통념에 근본적인 의문을 품고 개인들이 힘을 합쳐 집단행동을 이끌면 공동의 이익을 실현할 수 있는 가능성이 높은데도 불구하고 대개의 경우 아무런 집단행동도 일어나지 않는다는 점에 주목했다. 그리고 그 이유를 인간 행동의 근본동기가 비용/효과의 최적화라고 주장하는 (고전) 경제학적 접근법으로 설명했다. 집단행동은 집단재collective goods의 획득을 목표로 하는데 이 집단재는 그 성격상 집단 구성원 중 일부가 집단행동에 참여하지 않더라도 집단행동이 성공하면 참여하지 않은 이들에게도 차별 없이 골고루 혜택이 돌아간다. 이러한 상황에서 집단의 구성원들에게는 비용 대비 효과의 측면에서 '무임승차'가 가장 합리적인 선택이 된다는 것이다. 예를 들면, 노동자들이 파업으로 임금 인상을 쟁취했을 때, 그 혜택은 파업에 가담한 조합원뿐 아니라 가담하지 않은 비조합원에게까지 골고루 돌아가게 된다. 이와 같은 상황에서 노동자 개인의 입장에서는 파업에 참여해서 자신이 지불해야 될 비용(무노동 무임금, 해고의 가능성 등)을 생각하면 파업에 참여하지 않고 쟁의 결과를 기다리는 것이 오히려 합리적인 선택이 된다는 것이다. 결국 올슨의 논의는 "집단행동은 왜 일어나는가?"라는 의문 대신 "객관적으로 집단행동이 일어날 수 있는 여건에서 왜 집단행동이 일어나지 않는가?"라는 의문을 제기하고 이에 대한 해답을 행위자의 계산적 합리성에서 찾으려는 시도라고 정리할 수 있다. 올슨이 인간의 계산적 합리성에서 무임승차의 이유를 설명한 이후, 매카시와 잘드(McCarthy & Zald, 1977)는 '도덕적 참여자', 한과 알버트(Hahn & Albert, 2017)는 '호혜적 소비자'라는 개념을 도입하여 사람들은 자기에게 이익이 발생하지 않더라도 불매운동에 참여한다며 올슨의 주장을 반박했다.

그러나 도덕적 소비자 혹은 호혜적 소비자가 존재하고 그 수가 증가하고 있음에도 소비자 불매운동에 참여함으로써 생기는 비용, 즉 광범위한 참여를 방해하는 요인 역시 존재한다. 현대 사회에서 가장 대표적인 요인은 자신이 선호하는 제품, 혹은 자신이 가지고 싶은 제품을 포기해야 하는 것이다. 즉 불매운동 참여로 인해 자신이 선호하는 제품, 혹은 자신이 가지고 싶은 제품을 포기해야 하는 직접적 비용을 치러야 하지만, 불매운동 성공의 혜택은 불매운동에 참여하지 않은 사람, 즉 비용을 치르지 않은 소비자도 동일한 보상을 취할 수 있다는 점에서 무임승차의 유혹이 존재한다. 이것은 해당 기업을 선호할수록 기업의 부도덕한 행위를 덜 심각하게 지각하며 불매운동 참여의도 또한 낮아진다거나(박은아, 박민지, 2018), 특정 브랜드에 애착을 가질수록 해당 브랜드의 비윤리적 행위에도 불구하고 장기적인 불매가능성은 희박해지고(전상현 외, 2019), 브랜드 신의(신뢰성과 기업에 대한 믿음), 브랜드 태도(긍정적 브랜드 이미지 및 사전경험) 및 품질의 우수성에 대한 평가는 기업의 문제행위에도 불구하고 불매운동에 참여하지 않게 하는 동기로 작용한다(신성연, 2018)는 사실에서도 확인할 수 있다. 이와 같이 불매운동의 대상이 된 기업과 제품의 이미지나 품질에 대해 긍정적으로 생각하여 충성도나 선호도가 높은 소비자는 불매운동에 참여하지 않을 가능성이 높다는 것은 결국 불매운동의 가장 큰 딜레마 중의 하나인 작은 규모의 행위자 문제와 직결된다.

자신이 선호하는 제품에 대한 포기가 작은 규모의 행위자 및 무임승차자 문제와 직결되듯이 대체재의 이용 가능성 혹은 접근 용이성 그리고 가격도 일종의 비용으로 작용한다(Sen et al., 2001). 즉 낮은 가격의 대체재가 있을 경우 불매운동 참여의도를 높일 뿐 아니라 다른 사람의 불매운동 참여 예상 정도에 영향을 받는 정도를 낮춘다. 불매 대상이 되는 제품이나 특정 기업에 대한 대체재가 존재하지 않거나 대체재의 가격이 너무 높은 것은 불매운동 참여의 비용으로 작용한다. 예를 들면 남양유업이나 옥시의 불매 대상 제품 목록뿐 아니라 대체재 목록이 소셜미디어에서 공유된 것이 불매운동 성과에 적지 않은 영향을 미쳤다고 할 수 있다. 반면, 상대적으로 대한항공이나 텔레콤 기업에 대한 불매운동이 어려운 이유 중의 하나가 대체재의 부족이라고 할 수 있다.

또한 불매 대상이 된 기업이 소위 말하는 업계 1위 기업이라면 해당 기업 제품과 서비스에 대한 기본적 신뢰나 넓은 유통망 등으로 인해 접근하기가 쉬운 점 등도 불매를 어렵게 만든다. 이러한 경향이 가장 높은 산업 분야 중의 하나가 제약회사와 의약품이다. 대부분의 의약품은 특허이며 제약회사는 해당 약품에 대한 독점권을 가지기 때문이다. 유사한 이유로 에너지, 텔레콤, 교통 영역 역시 불매운동이 일어나기 힘든 영역이다. 이러한 영역에서의 불매운동은 위험을 감수해야 하는 정도가 높을 뿐 아니라 대체재를 찾는 데 시간과 노력이 더 많이 들기 때문에 불매운동이 일어나기 어려운 상황이다(Stolle & Michelletti, 2013).

대체재 문제는 전환비용이라는 개념으로도 설명할 수 있는데(Jones, Mothersbaugh, & Beatty, 2000), 소비자가 다른 브랜드, 제품, 혹은 서비스로 변경할 시 새로운 브랜드나 제품을 잘 알지 못함에서 오는 불확실성, 그리고 기존의 브랜드나 제품에 대한 친밀감과 신뢰감을 포기해야 하는 데서 오는 비용을 말한다. 이동통신 서비스 산업을 살펴본 정영(2007)은 관계적 비용이 많이 들수록 전환 장벽이 커지고 고객의 전환 의도가 낮아진다고 말한다. 길티넌(Guiltinan, 1989)은 이를 계약비용이라는 개념으로 설명했는데, 이는 기존의 관계 포기로 야기되는 이익 손실, 예를 들면 적립된 포인트 취소, 회원 혜택 상실, 위약금 지급과 같은 계약에 의한 비용을 가리킨다. 고객은 과도한 계약 비용을 부담하지 않기 위해 전환을 선택하지 않을 수 있다. 이와 같은 문제들은 작은 규모의 행위자 문제나 무임승차자 문제로 직결되며 불매운동 참여의 딜레마 혹은 비용으로 작용한다.

실제로 소비자 불매운동에 참여한 적이 없는 한국 소비자를 대상으로 참여하지 않은 이유 8가지—불매를 할 필요성이 있는 기업에 대한 정보가 부족하기 때문에, 불매의 필요성을 느끼지 못하기 때문에, 불매운동의 효과에 대해 회의적이기 때문에, 이미 다른 사람들이 충분히 참여하고 있기 때문에, 대체재를 찾기 어려워서, 불매를 함으로써 생길 수 있는 역기능이 우려되기 때문에, 불매 대상이 되는 기업이 국내기업이기 때문에, 불매 대상이 되는 기업 제품이나 브랜드를 개인적으로 선호하기 때문에—를 제시하고 4점 척도로 측정한 결과 작은 규모의 행위자 및 대체제 문제가 각각 2.27, 2.16(4점 척도)으로 나와 전체 이유 중 4, 5위를 차지하는 것으로 나타나(천혜정, 2019) 작은 규모의 행위자 문제나 무임승차자 문제가 실제로 불매운동 참여를 방해하는 요인이 됨을 확인할 수 있다. 결국 소비자는 개인적 혜택과 불매운동 성공으로 인한 집합적 혜택 사이에서 선택해야 하는 딜레마가 존재한다(Klein et al., 2004). 이것은 결국 소비행위가 개인적 선택의 문제이냐, 사회적 책임의 문제이냐의 논란으로도 확장될 수 있다.

결과적으로 작은 규모의 행위자 문제와 무임승차자 문제는 불매운동 참여의 비용으로 작용하여 참여의도를 제한하는 효과를 가진다(Hoffmann & Müller, 2009; John & Klein, 2003; Tyran & Engelmann, 2005). 이 문제는 불매운동을 선도하는 소비자/시민단체에도 시사하는 메시지가 크다. 공중의 불매운동 참여를 촉구할 때 불매운동에 대한 지각된 효능감을 높이거나 윤리적 시민의 역할만 강조할 것이 아니라, 개인이 제품 불매 시 겪을 수 있는 딜레마와 현실적인 장애 등을 고려해 메시지를 전달하는 것이 참여를 이끌어내는 데 더욱 효과적일 것이다. 더불어 불매운동을 통해서 새롭게 얻을 수 있는 이익에 대한 메시지도 담아내는 노력이 필요하다(전상현 외, 2019).

2. 의도하지 않은 피해

불매운동이라는 소비자집단행동을 반대하는 입장에서는 더 악독한 기업이나 조직이 있음에도 특정 기업이나 조직을 임의적으로 지목하여 표적으로 삼는 것은 공정하지 못하다고 주장한다. 또한 이러한 방식으로는 산업계 전반에 걸쳐 있는 문제에 대한 변화를 이끌어내지 못하며 긍정적인 영향력 또한 극히 약하다고 주장한다. 그러나 이 문제에 대해 벡(Beck, 2019)은 관련 업계에서 보편적인 수준 혹은 관행적으로 수용되는 정도의 부정이나 비리를 저지르는 기업을 표적으로 지목하고 불매운동을 전개하는 것이 과연 불공정한 운동인지 나아가 불매운동의 정당성을 훼손하는 것인지 반문한다. 예를 들면, 강도행위를 한 3인의 강도 중 한 명의 신원을 파악하여 구속하고 나머지 두 명은 신병을 확보하지 못했다고 해서 한 명을 구속한 것이 공정하지 못한 일이 아니라는 것이다. 관련 업계에서 보편적인 수준 혹은 관행적으로 수용되는 정도의 부정이나 비리를 저지르는 기업을 표적으로 지목하고 불매운동을 전개하는 것은 유사한 정도의 부정이나 비리를 저지르는 경쟁기업이 있다 하더라도 정당하지 못한 것은 아니다. 악덕기업의 문제를 강조하고 더 이상의 범법이나 부정행위를 예방하는 것은 유사한 다른 악덕기업도 공평하게 불매운동의 대상이 되어야 한다는 논리를 능가한다. 예를 들면, 대리점 밀어내기라는 갑질은 당시 업계의 잘못된 관행이었으며 이를 강요한 기업이 남양유업만 있는 것은 아니지만 그렇다고 남양유업 불매운동이 공정하지 못하다거나 정당하지 못한 것은 아니라는 것이다. 남양유업 불매운동을 계기로 업계에서 잘못된 관행을 수면 위로 드러내고 이에 대한 경각심 나아가 법적 제재를 위한 계기가 된다면 그 의미는 충분하다고 할 수 있다.

보다 미묘한 이슈는 의도하지 않은 역효과, 즉 불매운동 참여자들이 돕기를 원하는 사람에게 오히려 해가 될 수도 있는 경우이다. 예를 들면 어린이노동에 대한 반대를 표현하기 위해 어린이를 고용한 기업에 대해 불매운동을 하는 경우 오히려 제3세계 어린이들을 거리로 내몰고 나아가 더 통제되고 관리되지 않는 부문이나 분야로 어린이의 고용을 부추길 수도 있다는 것이다(Basu & Zarghamee, 2005). 우드헤드(Woodhead, 1998)는 방글라데시, 에티오피아, 필리핀, 과테말라, 엘살바도르, 니카라과 등에서 일하는 10세에서 14세 어린이 318명이 참여한 연구를 진행했다. 이 연구에서는 극히 소수의 어린이만이 강제로 노동을 하고 있었으며 많은 어린이들이 일하는 것을 선택했다고 응답했음을 보고했다. 이들은 일을 아동기의 정상적이고 필요한 부분으로 느끼고 있었으며 노동은 단순히 경제적 필요가 아닌 자신의 정체성의 핵심에 위치하고 있다고 이야기했다. 실제 모든 어린이들이 가계경제에 기여하고 있었으며 일을 하는 이유 중의 하나가 학교에 가는 비용을 대기 위해서였다. 또한 스스로에 대해 긍정적인 감정을 느끼는 것도 일할 때가 학교 갈 때만큼이나 자주 언급되었으며 어린 나이에 일을 한다는 것 그 자체보다는 노동현장에서 그들이 받는 대접이 주요 관심사였다. 특히 15세 이하 어린이의 노동 금지라는 새로운 국제법을 제정하는 것에 대해 28%의 어린이만이 긍정적으로 생각하고 있었으며 65%는 15세 이하 어린이의 노동이 금지된다면 법을 어길 것이며 법을 피하기 위해 언더그라운드에서 일을 하겠다고 응답했다. 이 연구를 진행한 안티스웨트샵 단체인 스웨디시 세이브 더 칠드런(Swedish Save the Children)은 이 연구결과를 토대로 어린이를 고용한 기업에 대한 불매운동 시 해당 지역의 역사적·문화적 맥락 등에 대한 세밀한 정보가 필요하며 무조건적인 불매운동을 하지 말아달라고 소비자에게 요구하기도 했다. 2012년 중국에서 전개된 일본 자동차 불매운동의 경우도 일본 자동차의 판매실적이 급감하여 불매운동이 성공적인 것 같지만 사실 중국에서 판매되는 대부분의 일본 자동차는 중국 내에서 조립되고 생산되기 때문에 결과적으로 중국의 자동차 노동자에게도 심각한 타격을 주었다(Luo & Zhou, 2019). 2019년 한국의 일본 불매운동 역시 한국 내 일본 기업에서 일하고 있는 한국 노동자가 피해를 볼 수도 있다는 주장이 제기되기도 했다.

한국 소비자 불매운동에서 이 문제가 가장 논란이 된 경우는 대기업 가맹 본사의 잘못으로 가맹점주들이 피해를 입은 경우이다. 호식이두마리치킨 회장의 여직원 성추행, 빅뱅 승리가 대표로 알려진 아오리 라멘, 친인척 폭행과 갑질이 드러난 교촌 치킨 등에 대한 소비자 불매운동이 벌어지면서 일부 가맹점은 매출이 급감하는 등 피해를 입었다. 최악의 경우 기업이 문을 닫아도 오너들은 큰 피해를 입지 않는 것도 소비자 불매운동의 한계로 간주되기도 한다. 예를 들면, 청부 폭행사건, 노조 탄압 등으로 물의를 빚은 피죤의 경우 매출액과 영업이익이 급격히 감소했음에도 불구하고 사주 일가는 2년간 55억 원의 배당금을 받았다(경향신문, 2018. 11. 17). 특히 가맹점주를 위한 법적 안전장치는 여전히 미비하다는 점은 소비자들이 악덕기업에 대한 불매운동을 실행하는 데 딜레마로 작용한다. 예를 들면 피해를 입었다고 생각하는 가맹점주들이 본사를 상대로 집단소송을 벌일 수 있지만 이 경우 가맹점의 금전적 손실이 가맹본사의 잘못을 원인으로 한다는 것을 객관적으로 증명하기가 어렵기 때문에 현실적 보상으로 이어지기 힘들다. 혹은 본사 귀책사유를 이유로 가맹계약 해지를 하는 것도 득보다 실이 많다. 현재 프랜차이즈 기업에서 통용되는 가맹계약서 상으로는 가맹점주가 소송에서 이겨 가맹계약 해지를 해도 본사로부터 돌려받을 수 있는 돈은 아예 없거나 매우 적다. 또 가맹점이 물의를 일으켰을 때 가맹계약서 상의 귀책사유 약관을 근거로 본사가 정한 상당 금액의 위약금을 물어내거나 폐점까지 감수해야 한다. 호식이두마리치킨의 경우 가맹점주가 본사의 승인 없이 영업을 중단, 폐업하거나 양도 양수 시 1,500만 원의 위약금을 지불하도록 되어 있다. 결정적으로 본사와 대립각을 세울 경우 다음 재계약 시 불이익을 받을 수 있기 때문에 가맹점주들이 피해 보상에 목소리를 높이기 힘든 것이 현실이다. 이러다 보니 본사의 잘못으로 불매운동이 일어났던 호식이두마리치킨 가맹점주들이 불매운동을 하지 말아달라고 호소하는 일이 벌어지기도 했다(중앙일보, 2017. 6. 11).

2019년부터 시행된 「가맹사업거래의 공정화에 관한 법률」 개정안은 '징벌적 손해배상제'를 도입하고 있다. 개정안에는 프랜차이즈 업체 본사가 허위과장 정보 제공, 부당한 거래 거절 등으로 가맹업주에게 손해를 입히면 최대 3배의 배상을 하도록 되어 있지만, 본사의 의도치 않은 잘못된 행동으로 인한 피해 혹은 프랜차이즈 업체 회장의 개인 일탈로 개별 점포가 손해를 입었을 때 본사의 배상 의무가 있다고만 되어 있고 구체적으로 누가 어떻게 피해를 입증하고 손해액를 산정해 배상할 것인지는 명시되어 있지 않다. 또한 본사가 매출액 자료를 공개하지 않으면 피해 증명이 어려워 책임을 묻기가 불가능하다. 특히, 법이 시행되기 전 계약을 맺은 가맹점주들은 피해 구제 대상이 아니다. 더 큰 문제는 오너가 등기이사직에 이름을 올리지 않으면 배상 의무가 없다는 것이다(SBS뉴스, 2019. 5. 3). 앞으로 추가 보완 입법이 필요한 이유이다.

3. 법적 규제

한국에서 불매운동의 법적 규제 타당성에 대한 문제 제기는 2008년 광우병과 관련해 왜곡 보도를 한다며 언론소비자주권국민캠페인(이하 언소주)이 벌인 조선, 중앙, 동아일보 불매운동과 조중동 광고주의 상품에 대한 불매운동에 대해 서울중앙지방법원이 업무방해죄와 강요죄 및 공갈죄의 유죄를 선고하면서 전개되었다. 그러나 2013년 대법원은 광고주에 대한 광고 중단 압박운동에 업무방해죄를, 그리고 광고주의 상품에 대한 불매운동에 강요죄 및 공갈죄를 적용하여 유죄를 선고했고, 신문사에 대한 광고 불매운동은 무죄로 최종 판결했다.

1심과 2심에서는 신문사에 대한 업무방해죄도 유죄를 선고했으나 대법원에서는 신문사에 대해서는 직접적인 위력의 행사가 있었다고 보기엔 부족하다며 무죄를 선고했다. 광고주들에게 지속적·집단적으로 항의전화를 하거나, 항의 글을 게시하는 등 다양한 방법으로 광고 중단을 압박한 행위는 광고주들의 자유의사를 제압할 만한 세력으로서 위력에 해당한다며 광고주에 광고 불매운동을 벌인 피고인들에게 업무방해죄 위반의 유죄를 선고한 원심을 확정했다. 그러한 행위는 광고주들에게 광고 중단을 '홍보·호소·설득'하는 차원을 넘어 광고주들의 자유의사를 제압할 만한 위력을 행사하여 광고주들의 영업 활동의 자유를 침해한 것으로 수단 방법의 적정성, 법익 균형성, 긴급성, 보충성의 요건을 충족하지 못해 정당 행위에 해당하지 않는다고 판시했다(대법원 2013.3.14.선고 2010도410판결). 또한 항소심 재판이 진행 중일 때 언소주는 위력이나 위계에 의한 업무방해죄, 협박에 의한 강요죄와 공갈죄 등의 규정이 추상적·포괄적이어서 명확성의 원칙과 죄형법정주의 원칙을 위반한다는 취지로 헌법 소원 심판을 청구했지만, 조중동 광고주에 대한 광고 불매운동에 업무방해죄, 강요죄, 공갈죄 등을 적용하는 것이 헌법의 한계를 벗어나지 않는다며 기각했다.[1]

---

1 헌재의 법정의견은 다음과 같다. 첫째, 소비자 불매운동은 해당 사업자뿐만 아니라 그 사업자의 거래 상대방인 제3자에 대해서도 실행이 가능하다. 둘째, 불매운동의 범위에는 불매운동을 검토하고 있다는 취지의 의견 표명, 다른 소비자들에게 불매운동을 촉구하는 행위, 불매운동 실행을 위한 조직행위, 직접 불매를 실행하는 행위 등이 포함된다. 셋째, 신문의 정치적 입장이나 보도 논조는 신문상품 구매의 결정요소로서 소비자의 권익과 관련되고 따라서 불매운동의 목표가 될 수 있다. 넷째, 소비자 불매운동은 헌법·법률의 한계 내에서 정당화되는데, 그 기준은 객관적으로 진실한 사실을 기초로 할 것, 불매운동에 참여하는 소비자들의 의사 결정의 자유가 보장되어야 할 것, 실행 과정에서 기물을 파괴하거나 관계자들을 폭행·협박하는 등 위법한 수단을 동원하지 말 것, 해당 사업자와 거래하는 광고주·거래처·후원 협력 업체 등 제3자 영업의 자유 등의 권리

이로써 '광우병 관련 제1차 광고 불매운동'은 법적으로 마무리되었지만, 이른바 '제3자 대상 불매운동'의 정당성, 특히 형사법적 처벌의 대상이 된다는 점에 대한 논란은 여전히 남아 있다. 특히 한국에서 업무방해죄라는 것이 노동운동 탄압에 악용되고 있는 상황에서 이제 소비자 불매운동에까지 업무방해죄를 적용하는 것은 구시대적이라는 것이다. 소비자 불매운동은 대한민국 헌법 제124조 및 소비자기본법 제4조 제7호에 의해 법적으로 보장된 소비자의 권리이다. 사업자의 재산권과 자유강화라는 (형)법정책을 실현하기 위하여 소비자의 불매운동에 대하여 형법전상의 위력업무방해죄를 적용하여 소비자 보호운동을 위축시켜서는 안 된다. 언론의 논조나 취재 보도 행위를 문제 삼아 그 언론에 광고를 게재하는 기업들에게 광고 게재의 중단을 요구하는 광고 불매운동은 헌법이 보장하는 소비자 보호운동의 하나다. 기업들이 광고 게재를 중단하지 않을 경우, 그 기업의 제품을 불매하겠다는 의사를 표현하고 이를 실천에 옮기는 행위도 소비자 보호운동의 정당한 범위에 속한다. 사실 2008년 조중동 광고주 불매운동 이

를 부당하게 제한하거나 위축시키지 말 것 등이다. 다섯째, '위력이나 위계에 의한 업무방해죄'의 '위력 · 위계 · 업무 · 방해 · 공동정범', '강요죄'와 '공갈죄'의 '협박' 등은 건전한 상식과 통상의 법 감정을 가진 일반인이라면 명확히 해석할 수 있고 혹시 불명확한 점이 있더라도 법 집행기관이나 법원의 해석에 의해 합리적으로 보충될 수 있어서 명확성의 원칙에 위배되지 않는다. 여섯째, 광고 불매운동의 '무차별적 전화걸기'는 횟수, 홈페이지의 글 남기기와 어울려 조직적으로 계획된 비정상적인 전화 공세로 내용 정당성 여부를 떠나 계속 걸려 오는 전화 자체만으로 심리적 압박과 두려움을 느낄 정도의 물리력 행사이고 사회 통념의 허용 한도를 벗어나 피해자의 자유의사를 제한하기에 족한 '위력'이라고 볼 수 있다. 일곱째, 소비자 불매운동을 명확성의 원칙에 위반되지 않는 업무방해죄, 강요죄, 공갈죄의 형사벌로 처벌하는 것은 소비자 운동을 보호하는 헌법의 취지에 반하지 않는다. 이러한 법정 의견은 헌법재판관 전원의 일치된 의견이었으며, 더불어 재판관들은 불매운동으로 인해 기업이 파산할 수도 있다거나 제3자 기업의 영업의 자유를 침해할 수도 있다고 우려를 표명했다.

전에도 이와 유사한 불매운동은 있었다. 1990년대 스포츠일간신문만화의 음란폭력조장에 항의하며 스포츠신문 구독 정지와 스포츠신문에 광고를 게재한 기업 상품에 대한 불매운동이 있었고, 2000년 가수 서태지의 팬들이 SBS 〈한밤의 TV연예〉가 서태지에게 불리한 보도를 일삼는다며 광고주를 압박해 4개 광고주가 광고를 철회했다. 2005년 MBC의 〈PD수첩〉 프로그램에서 '황우석 교수'의 연구 진실성에 의혹을 제기하자 네티즌들은 강력한 광고 불매운동을 전개했지만 누구도 형사처벌을 받지 않았다. 그리고 2009년 조중동 방송 진출을 반대하며 '조·중·동 방송 퇴출 무한행동'은 종편 컨소시움에 참여하는 기업에 대한 불매운동을 선언하고 종편에 출자하는 기업과 제품 목록 등을 공개했으며 2011년 4개의 방송사가 개국을 하면서 언론시민단체에서는 종편 시청 거부 및 종편 광고기업 불매운동을 이어갔다. 그리고 2019년 일본(제품) 불매운동이 전국으로 확산될 때 언소주는 조선일보가 일본 정부의 주장을 재생산하는 기사를 작성하고 있다며 조선일보 불매뿐 아니라 조선일보에 광고를 게재하는 기업에 대한 불매운동을 다시 벌이고 있다. 단지 1996년 마이클 잭슨의 내한공연에 반대하기 위해 공연 후원사 불매운동과 공연 입장권 예매처인 은행에 대한 계좌변경운동을 벌인 단체의 공동대표와 간사가 민사상 책임을 진 적은 있다. 요컨대 2008년 '광우병 관련 광고 불매운동'은 소비자 불매운동이 형사 처벌을 받은 국내 최초의 사건이다.

이른바 제3자 대상 불매운동이 형사 처벌을 받은 사례는 소비자 불매운동의 위축 가능성을 높인다. 특히 대부분의 OECD 국가에서 광고 불매운동은 소비자의 합법적인 권리로 인정받고 있다는 점에서 보다 선진적인 자세가 필요하다. 2007년 미국의 진보단체 및 개인 소비자는 미국의 대표적인 극우 방송인 FOX 뉴스에 광고하는 업체들에 광고를 중단하도록 압박했다. 이보다 훨씬 이전인 1984년 미국 캘리포니아의 환경단체는 보수성향의 『풋힐타임즈*Foothills Times*』의 편파적 논조와 왜곡 보도에 항의하기 위해 광고를 게재하는 기업을 압박하고 불매운동을 벌였다. 해당 신문사는 영업 방해로 손해 배상 청구소송을 제기했지만 캘리포니아주 대법원은 만장일치의 의견으로 청구소송을 기각했다. 2011년에는 168년 전통의 영국 일요신문 『뉴스 오브 더 월드*News of the World*』가 유명인들의 휴대전화를 불법 도청해 얻은 정보를 기사화한 것이 알려져 이 신문의 주요 광고주에 대한 압박과 함께 불매운동이 일어났으며 결국은 폐간되었다.

소비자 불매운동은 소비자불매권의 현실적 행사 형태로 소비자불매권의 사회적 기본권으로서의 지위를 고려하여 국가에 의해 적극적으로 보장될 필요가 있다(김희윤, 2016). 따라서 소비자 불매운동의 결과로 인해 개별 소비자 또는 소비자단체가 민·형사상 책임을 부담하지 않도록 면책조항을 포함하는 소비자기본법의 개정도 필요할 것이다.

4. 생산/공급사슬의 복잡성

현대 사회에서 상품의 생산/공급사슬은 너무 복잡하고 길어서 누구에게 책임의 소재가 있는지, 어디에서 문제가 발생했는지를 파악하기가 쉽지 않다. 공급사슬은 제품이 만들어져 소비자에게 공급되기까지 일련이 과정으로 원재료부터 시작하여 제조/가공, 포장, 운송/보관, 유통을 거쳐 최종 소비에 이르는 협력업체 및 거래선과 연결된 부분을 포함한 전체 프로세스를 말한다. 이전과는 달리 기업의 직접적 행위뿐 아니라 그 기업의 최종 상품이나 서비스의 일부를 구성하는 공급사슬의 관행에 대해서도 기업에 책임이 있다 할 것이다. 그러나 현대사회에서는 거의 모든 상품들의 생산과정이 길고 복잡한 생산사슬을 가지고 있다. 이러다 보니 불매운동을 조직하는 데 모든 문제 영역을 포함하지 않는 결정을 하기도 한다. 예를 들면, 안티스웨트샵 활동가들은 경우에 따라 면을 기르고 염색하는 과정에서 발생하는 환경 문제는 고려 대상에서 제외하기도 한다. 자동차의 경우도 마찬가지이다. 정치적 소비자들은 연료 효율성이 높은 자동차를 선택하고자 한다. 자동차가 어디서 조립되었는지는 찾을 수 있지만, 모든 자동차 부품들이 어디서 왔는지, 어떤 노동조건에서 만들어졌는지, 원자재 추출 시 노동 문제는 없었는지, 환경적 고려는 어떻게 했는지 등을 모두 알아낼 수가 없다. 즉 현대 사회에서 생산되는 많은 상품들은 제품책임성product accountability이 모호하다는 문제를 가지고 있어(Stolle & Micheletti, 2013) 불매운동의 타깃이 무엇인지 명확하지 않다는 딜레마가 존재한다.

5. 반민주적 불매운동

소비자 불매운동이 항상 정의와 평등, 인권, 혹은 환경 보호라는 목표를 성취하는 데 사용되는 것이 아닐 뿐 아니라 오히려 차별과 배제를 조장하고 혐오를 부추기는 데 활용되기도 한다. 역사적으로 민족적, 인종적 그리고 종교적 집단을 차별하고 위협하는 불매운동은 늘 있어

왔다(Stolle & Huissoud, 2019). 시기를 거슬러 올라가면 1930년대 및 40년대 나치가 주도한 유태인 기업 불매운동부터 20세기 아프리카계 미국인과 이민자를 타깃으로 한 케이케이단Ku Klux Klan, KKK의 불매운동이 있었다. 그리고 21세기, 빌리그래함전도협회는 보석 제조 및 판매업체 티파니Tiffany & Co.와 웰스파고Wells Fargo 은행을 이용하지 말 것 등을 주문했는데, 그 이유는 그들의 광고에 게이 커플을 등장시켰기 때문이었다(Velagaleti, 2017). 영화 〈스타워즈Star Wars〉가 유태인 제작자와 작가가 참여하고 다양한 인종의 등장인물이 캐스팅되었다고 미국의 백인우월주의자들이 불매를 실행하기도 했다(Forward, 2016. 12. 5). 미국 스타벅스가 동성애자 결혼 합법화에 찬성한다는 입장을 표명한 이후 미국에서 가장 게이 결혼에 적대적 단체인 전미결혼단체National Organization for Marriage, NOM가 스타벅스 불매운동을 벌였으며 미국 맥도날드는 게이 프라이드 기간 동안 게이 프라이드 감자튀김을 내놓은 이후 불매운동의 표적이 되었다(Fox news, 2017. 6. 2). 영국 테스코Tesco는 크리스마스 광고에 무슬림 가족을 등장시켜 불매운동의 표적이 되기도했다(Gurdian, 2017. 11. 13).

사진 8-1 나치의 유태인 가게 불매운동 (1933)
(출처: Wikipedia, the free encyclopedia)

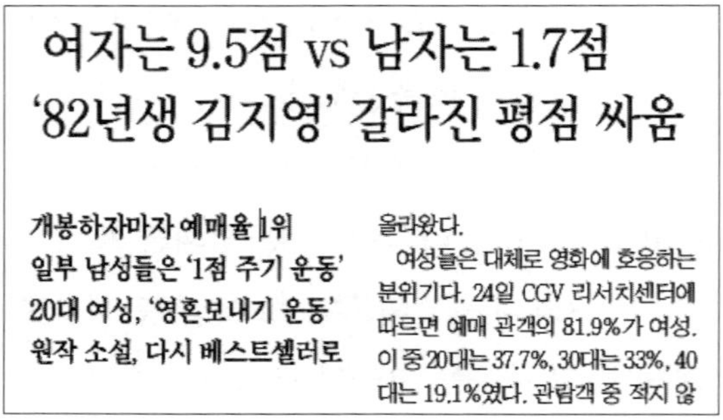

여자는 9.5점 vs 남자는 1.7점
'82년생 김지영' 갈라진 평점 싸움

개봉하자마자 예매율 1위
일부 남성들은 '1점 주기 운동'
20대 여성, '영혼보내기 운동'
원작 소설, 다시 베스트셀러로

올라왔다.
여성들은 대체로 영화에 호응하는 분위기다. 24일 CGV 리서치센터에 따르면 예매 관객의 81.9%가 여성. 이 중 20대는 37.7%, 30대는 33%, 40대는 19.1%였다. 관람객 중 적지 않

사진 8-2 페미니즘 영화에 대한 한국 남성소비자의 백래시
(출처: 조선일보, 2019. 10. 25)

2019년에는 미국 P&G 면도기 브랜드 질레트의 '당신이 될 수 있는 최고의 남성The Best Men Can Be'이라는 광고에 대해 남성소비자들이 남성성을 모욕했다며 불매운동을 벌였다.

이러한 형태의 반민주적 불매운동은 한국도 마찬가지 상황이다. 캡틴 마블이 페미니즘 영화라며 일부 남성소비자를 중심으로 '평점 깎기'와 '페미 영화 불매' 움직임이 있었고, 인터넷 서점 예스24가 페미니즘 책 홍보과정에서 한남이라는 표현을 쓰자 이에 반발하는 남성회원들이 집단 회원 탈퇴를 했으며 알라딘도 예전부터 페미니즘을 소재로 한 머그잔과 티셔츠 등을 판매해왔다며 대체재로 이용해서는 안 된다는 의견을 공유하기도 했다. 이와 같이 한국에서는 남성소비자를 중심으로 페미니즘 관련 콘텐츠에 대한 백래시가 있었다. 그뿐만 아니라 2019년 한국을 휩쓴 일본(상품) 불매운동 중 유니클로에 입장하는 소비자의 사진을 찍는 행위, 개인 소셜 미디어에 몰려가 악플을 다는 행위, 국내 일식집 방문에 대한 비난, 한국에서 일본인 손님을 거절하는 소매점에 대한 찬양, 혹은 일본인 손님을 받는 소매점에 대한 비난, 일본 차에는 주유를 해주지 말기 등 대부분이 개인에 대한 차별로 이어지기도 했다. 특정 민족에 대한 적대감에서 비롯된 애국주의

적 불매운동이 가지는 문제라고 할 수 있다.

이와 같이 정치적 소비주의로서 소비자 불매운동이 사회적 소수자 그룹에 대한 차별적 불매운동으로 왜곡되고 있음에도 이에 대한 연구는 극히 드물다. 반민주적인 소비자 불매운동이라는 변종이 학문적 혹은 실무적 주목을 피할 수 있었던 이유 중의 하나는 소비자 불매운동에 대한 실증적 측정 문제를 들 수 있다(Stolle & Huissoud, 2019). 예를 들면 소비자 불매운동에 대한 설문조사를 실시할 때 대부분의 연구들이 환경적, 정치적 혹은 윤리적 이슈를 고려하여 특정 기업이나 상품을 불매하는가(불매한 적이 있는가)를 질문하는데 이 질문은 반민주적 혹은 차별적 불매행동을 분명하게 가려내지 못한다. 불매운동 참여 여부에 대한 질문 자체가 반민주적 불매운동을 배제하지 못할 뿐 아니라 사회적 바람직성에 의해 편향된 응답을 유도한다는 문제를 가지고 있다. 소비자의 구매력이 오히려 차별과 배제를 조장하고 혐오를 부추기는 데 활용되기도 한다는 점 또한 소비자 불매운동이 경계해야 할 측면이라고 할 수 있다.

9장

한국 소비자 불매운동의 가능성 및 과제

1. 개인화된 정치와 새로운 접속행동

사회운동에 대한 연구 및 실천에서 오랫동안 주목해온 동원의 주체는 '조직'이었다. 특히 1970년대 사회운동 일반을 사회조직의 산물로 인식하면서 집합적 행위자로서 조직을 강조한 자원동원이론이 사회운동을 설명하는 주도적 패러다임으로 등장한 이후, 사회운동은 거의 조직과 같은 개념으로 간주되었다(임희섭, 1999; 최재훈, 2015). 그러나 2000년대 중반 이후 이러한 흐름에 극적인 변화가 나타났는데, 특정한 '조직'에 의해 동원되는 것이 아니라 불특정 '개인'들이 자발적으로 참여하면서 운동의 주체로 등장한 것이다. 이러한 사회운동 양상의 변화는 '집합행동의 개인화personalization of collective action'(Bennett

& Segerberg, 2013), '개인화된 정치personalization of politics'(Bennett, 2012) 혹은 '라이프스타일 정치lifestyle politics'(Zorell, 2018) 등으로 명명된다.

이와 같이 사회 문제에 대한 대응방식의 변화 배경에는 현대 사회가 직면하고 있는 구조적 · 문화적 변동, 예를 들면 산업화 세대가 공유하던 정체성을 해체시켜버린 신자유주의의 광풍과 함께 이전 세대와는 다른 사회문화적 환경에서 성장한 새로운 세대의 등장이 자리하고 있다. 이들은 사회적 결속력에 기초한 전통적 집단정체성이나 제도적 충성심과 분리된 파편화된 개인으로 자신의 개별적 자아를 강조하며 개인적 라이프스타일의 실현을 통해 독자적인 작업방식으로 특정 이슈를 개인화한다. 일찍이 라인골드(Rheingold, 2002)가 '영리한 군중smart mob'이라고 명명했듯이 스마트폰과 소셜 미디어로 무장한 이들이 사회 전면에 나서면서 조밀해진 네트워크를 바탕으로 서로 정보를 주고받으며 정치 · 경제 · 사회 등의 제반 문제에 직접 참여하면서 사회운동의 판도를 바꾸고 있는 것이다. 첨단통신기술의 발달과 소셜 미디어로 대변되는 미디어의 개인화는 이전과는 비교할 수 없을 정도로 대규모의 빠른 집합행동의 조직을 가능하게 해주면서 '집합행동의 개인화'라는 모순된 현상을 낳는 데 일조했다(최재훈, 2017). 소셜 미디어로 확산되는 개인화된 행위 프레임을 통해 이전의 집단행동의 논리logic of collective action에 대비되는 새로운 접속행동의 논리logic of connective action가 형성된 것이다(Bennett & Segerberg, 2013).

사회운동으로서 소비자 불매운동도 예외가 아니다. 2000년대 중반까지 한국 소비자 불매운동은 특정 단체나 조직이 공동의 이해를 바탕으로 자원을 동원하는 형식이 주요한 운동 양상이었다. 예를 들면,

1990년대 낙동강 페놀 오염사건의 주범인 두산전자에 대한 불매운동은 공추련 · 경실련 · 서울YMCA · 소시모 등 33개 환경 · 시민 · 소비자단체가 "수돗물 페놀오염대책 시민단체협의회"를 조직하고 'OB맥주 버리기 퍼포먼스', '시민공청회 개최', '두산 규탄 및 수돗물 살리기 시민대회 개최', '민간조사단 구성 · 파견', '두산 제품인 OB맥주 · 코카콜라 불매운동' 등의 활동을 벌이면서 대중의 참여를 유도했다. 그러나 2013년 남양유업 불매운동의 경우, 대리점 밀어내기 행위 및 대리점주에 대한 폭언 및 욕설 등이 소셜 미디어상에 유포되면서 대규모의 불매운동이 일어났다. 이때 불매운동을 주도한 특정 조직이나 단체가 있었던 것도 아니었다. 남양유업의 불매운동은 트위터상의 개별 소비자에 의해 주도되어 단기간에 확산되었고 온라인상의 개별 소비자들이 '영리한 군중'으로 활약한 대표적인 사례라고 할 수 있다. 최근 들어 증가하고 있는 갑질에 대한 을의 저항으로서의 불매운동에서도 온라인이라는 플랫폼의 잠재력을 확인할 수 있다. 일본 불매는 어떠한가. 인터넷과 소셜 미디어가 없었다면 2019년 일본 불매운동과 같은 폭발력을 가지기 힘들었을 것이다. 누가 주도했는지 알 수 없을 정도로 개인 소비자가 자발적으로 참여하고 정보를 공유했다. 누군가는 일본 여행을 취소하고 누군가는 불매 대상 리스트와 대체재를 공유하는 사이트를 개설하는 등 온라인 플랫폼이 소비자가 분노를 표출하는 중요한 장이 된 것이다. 익명성과 비대면성, 시간과 공간의 제약을 받지 않는 광범위성과 신속성 등 인터넷이라는 공간이 가지는 장점을 극대화한 것이다. 무엇보다도 온라인을 매개로 한 개인화된 불매운동은 전통적인 자원 동원에서 가장 문제가 되었던 비용의 문제뿐 아니라 무임승차의 문제와 정보 소통의 문제를 상당 부분 해결했다는 의미를 가진다.

오프라인 기반 불매운동과 온라인 기반 불매운동 중 어느 것이 더 성공적이었는가는 쉽게 파악하기 어렵지만 최근의 불매운동에서는 네트워크에 기반하여 개별성과 비위계적 속성이 두드러지게 나타나고 있다. 특히 특정한 조직이 정보와 자원에서 우위를 가지던 과거와는 달리 인터넷을 기반으로 개별 소비자들이 얼마든지 정보를 취득하고 자원을 조직하여 불매운동에 참여할 수 있다는 것이다. 이것은 소셜 미디어를 많이 이용할수록 정치적 소비행동의 참여 수준이 증가한다는 것에서 단적으로 드러난다(Gil de Zúñiga, Copeland, & Bimber, 2014). 그러나 단순히 소셜 미디어를 이용하는 시간이 많다고 해서 이들이 모두 정치적 소비행동에 적극적이라고 단언할 수는 없다. 여기에는 이용시간뿐 아니라 소셜 미디어를 이용하는 동기도 중요한 역할을 한다. 예를 들면, 소셜 미디어를 정치적으로 이용하는 사람이 정치적 소비행동에 더 적극적이라는 것이다(최연태, 2018). 또한 온라인상의 커뮤니케이션은 정보 습득을 매개로 불매행동이 강력한 효과를 가지고 있다(Kelm & Dohle, 2018).

인터넷이나 소셜 미디어가 가지고 있는 쌍방향 커뮤니케이션 능력은 일반 대중을 정보의 소비자에서 참여자로 재구성하며 시공간을 초월하여 실시간으로 교류하면서 일종의 '공동체 의식'을 형성하게 해준다. 여기서 공동체 의식이라는 것은 '개인의 정서적 연대'를 기반으로 한다(McDonald, 2002; Shirky, 2011). 개인의 정서적 연대가 불매운동에서 가장 강력하게 등장한 사례가 해시태그 운동이라고 할 수 있다. 초기의 해시태그는 소셜 미디어 메시지들을 그룹핑하는 기능적 도구였지만 이제는 대중들을 정서적으로 연결하는 핵심적 도구로 활용되고 있다. '#여성차별_하나은행_불매' 트윗은 몇 시간 만에 2만 건 넘게 쌓이면서 '실시간 트렌드' 1위에 올랐다. 또한 '#여성소비총파업'과 같은 해시태그 총공격은 여성소비자간 정서적 연결성이라는 지점을 활용하여 여성 문제를 쟁점화하고 있다. 이것은 온라인을 매개로 한 개인화된 정치의 또 다른 가능성을 보여주는데, 그동안 사회운동의 주변부에 위치한 이들의 참여를 이끌어내고 있다는 점이다. 과거 동원의 주체가 조직이었던 시기 대부분의 조직은 정보와 자원의 확보라는 측면에서 우위를 차지한 남성에 의해 주도되었다. 그러나 이제는 공식적인 조직에 소속되지 않아도 정보를 교환하고 공적 말하기로 확장하면서 여성들의 임파워먼트를 견인하는 핵심적 도구가 되고 있다. 이것은 남성과 기성세대가 전통적 정치참여(투표) 참여율이 높은 반면, 여성과 젊은 세대는 전통적 정치참여과정에서 주변화되고 있지만 정치적 소비와 같은 비통상적 정치참여에서는 참여율이 높다는 사실에서 온라인을 통한 개인화된 정치—소비자 불매운동—가 '아웃사이더'의 사회참여라는 측면에서 잠재력을 가지고 있음을 보여준다.

2. 호혜적 소비자

지금까지 불매운동에 대한 대부분의 연구들은 소비자가 불매운동 참가로 인한 혜택이 비용보다 크다고 지각하는 경우 불매운동에 참가하게 되지만 무임승차자와 작은 규모의 행위자 문제가 불매운동을 혜택을 능가하는 비용이 드는 행위로 만드는 데 중요한 역할을 하고 있음을 지적해왔다(Albrecht et al., 2013; John & Klein, 2003; Klein et al., 2004; Sen et al., 2001). 그러나 불매운동은 이기적 동기로는 완전히 설명하기 힘든 대표적인 친사회적 행동이다. 몇몇 연구들은 개인적 혜택이나 비용과 상관없이 불매운동에 참가하는 소비자가 존재하고 있음을 밝혔지만(Tyran & Engelmann, 2005) 비용-혜택모델에 기초해 의사 결정을 하지 않는 소비자의 역할은 오랜 기간 간과되어왔다.

행동경제학이나 사회심리학에서는 다른 유형의 행위자들이 뚜렷한 행동 동기를 가지고 공존하고 있음을 주장하는데, 이러한 행위자들은 자기 이익 혹은 호혜적reciprocal 동기에 의해 행동한다(Kuhlman & Wimberley 1976; Liebrand 1984). 자기 이익이라는 동기에 의해 행동하는 사람은 사적 효용의 극대화에 동기 부여가 되기 때문에 다른 사람의 상황이나 조건이 자기 자신의 상황에 직접적으로 영향을 미치는 선에서만 효과를 가지는 반면, 호혜적 동기에 의해 행동하는 사람은 다른 사람의 상황을 고려하면서 자기 자신과 다른 사람에게 인식된 보상이나 이득의 공정성에 의해 행동한다는 것이 게임이론을 적용한 다양한 실험에서 경험적으로 확인된 바 있다(Fehr & Gintis, 2007). 호혜적 행동이란 유익하거나 유해한 행위에 대해 동일한 대응을 하는 것으로 호혜적 행동을 하는 사람은 자신의 이득이 감소하고 추가적인 비용이 들어갈 수 있음에도 공정한 것으로 지각하는 행위는 보상하고 부당한 것으로 지각한 행위는 처벌한다(Fehr & Gähter 1998; Sethi & Somanathan 2003). 이때 호혜적 행동을 구분하는 것이 필요한데 느슨한weak 호혜적 행동과 강력한strong 호혜적 행동이 그것이다(Hahn & Albert, 2017). 느슨한 호혜적 행동은 결국 자기 이익이라는 동기로 바뀌는데 왜냐하면 느슨한 호혜적 행동을 하는 사람은 처벌 비용을 능가하는 혜택이 미래에 보장되는 한에서만 부당한 행위를 처벌하기 때문이다. 그리고 강력한 호혜적 동기에 의해 행동하는 사람은 부당한 행동이 자기 자신에게는 부정적 영향을 미치지 않고 제3자에게만 영향을 미칠 때에도 처벌하는 경향이 높다. 그리고 강력한 호혜적 행동은 몇 가지 공정성 규범에 의해 촉진되는데, 분배의 공정성distributional fairness, 의도의 공정성intentional fairness, 절차의 공정성procedural fairness 등이다. 분배의 공정성은 물질적 성과에 근거한 거래의 공정성을 판단하는 것이며, 의도의 공정성은 다른 사람의 행위 의도에 따라 공정성을 판단하는 것이다. 절차의 공정성은 행동을 계획하고 실행하는 방법에서 공정성을 판단하는 것이다(Bolton & Ockenfels, 2000; McCabe, Rigdon, & Smith, 2003). 따라서 강력한 호혜적 행동이라는 것은 이타적인 행동과는 다르다. 이타적 행동은 조건 없이 다른 사람에게 친절하고 다른 사람의 이익을 배려하는 행동이라면 강력한 호혜적 행동은 조건부 우호이며 전적으로 사심이 없는 행동이 아니다.

호혜적 소비자는 불매운동 참여에 다양한 방식으로 영향력을 행사한다(Hahn & Albert, 2017). 구조적으로 불매운동은 두 가지 유형의 상호작용으로 구성되는데, 개별 소비자와 표적이 된 기업과의 상호작용, 그리고 소비자간 상호작용이다. 개별 소비자는 표적이 된 기업의 불매운동 참여 여부를 개인적으로 결정한다. 여기에는 표적 기업의 행위가 얼마나 악독한가에 대한 지각이 중요하며 이 지각된 악독성이 불매운동 참여를 예측하는 것으로 알려져 있다. 그러나 지각된 악독성이 호혜적 행위를 추동하는 공정성 판단과 밀접한 관련이 있음에도 공정성 이론equity theory을 적용하여 소비자 불매운동을 설명한 연구는 헤이버와 콜린스(Hayibor & Collins, 2016)의 연구가 유일하다. 이 연구에 따르면 소비자의 불매운동 참여의도는 표적이 된 기업과의 관계에서 지각하는 공정성 정도와 밀접하게 관련되어 있다. 그러나 기업의 행위가 부당하다고 간주하는 소비자라고 해도 모두 불매운동에 참여하지 않는데 왜냐하면 기업행위의 부당함이나 악독함에 대한 지각 정도나 수준이 다르기 때문이다. 즉 특정 기업행위에 대해 어떤 소비자는 용납할 수 없는 행위로 간주하지만 또 다른 소비자는 용납할만한 행위로 간주한다는 것이다. 이러한 맥락을 고려할 때 자기 이익을 추구하는 소비자와 호혜적 소비자는 부당함이나 악독함에 대해 상이하게 지각한다. 즉 자기 이익을 추구하는 이기적 소비자는 문제가 된 기업행위가 자신에게 직접적으로 해를 끼칠 때 악독함을 지각하는 수준이 높은 반면, 호혜적 소비자는 누구에게 해가 되었는가와 관계없이 공정성 규범으로 판단한다(Hahn & Albert, 2015). 그래서 이기적 소비자는 불공정한 가격 인상이나 마케팅 정책 등 '경제적' 문제에 대한 기업행위는 그 악독함을 높게 지각하지만 노동 탄압이나 환경 문제 등에 대한 기업의 문제행위는 그 악독함을 낮게 지각한다. 반면, 호혜적 소비자는 공정성 규범에 따라 행동하기 때문에 경제적 문제와 사회적 문제 모두에서 악독함을 지각하는 수준이 높다.

또 다른 차이점은 이기적 소비자는 무임승차자나 작은 규모의 행위자 문제에 취약하다. 다른 말로 하면 이기적 소비자는 불매운동이 기업행위에 변화를 가져올 것이라는 효능감이 낮다는 것이다. 그러나 호혜적 소비자는 표적기업의 악독한 행동에 대해 처벌하고자 하는 것 자체가 목표이다. 호혜적 소비자는 표적기업의 행위를 효과적으로 변화시키지 못할지라도 불매운동 자체만으로 동기화된다. 불매운동의 효과 혹은 성공 여부는 그리 중요하지 않다는 것이다. 즉 호혜적 소비자는 불매운동 참여 여부를 '개별적으로' 결정하며 다른 소비자의 참여 여부에 영향을 받지 않기 때문에 사회적 딜레마나 무임승차자 문제를 무화시킨다. 이러한 맥락의 연장선상에서 호혜적 소비자는 다른 소비자에게 영향을 미친다(Hahn & Albert, 2017). 불매운동 초기에 일정 수준 이상의 호혜적 소비자가 참여하게 되면 불매운동은 가시화된다. 다른 소비자의 참여 여부에 영향을 받지 않는 호혜적 소비자가 더 많이 참여할수록 성공의 가능성도 더 높아지게 되고 이렇게 되면 호혜성에 의해 동기화되지 않는 소비자들까지도 자극할 수 있다. 왜냐하면 더 많은 소비자가 참여할수록 성공으로 인한 도구적 혜택이 증가하기 때문이다. 이것은 사회적 압력, 대중의 비난, 혹은 죄의식이 불매운동 참여의 동인이 된다는 것으로도 설명할 수 있다(Klein et al., 2004). 강력한 호혜성은 비협조에 대한 사회적 거부감을 실행할 수 있는 근본적인 메커니즘을 제공한다. 예를 들면, 동물의 권리를 주장하는 활동가들은 공공연하게 모피를 입는 사람을 비난하기도 한다. 게다가 인터넷이나 소셜 미디어 환경은 불매운동에 참여하지 않는 사람들을 파악하는 플랫폼 역할을 하면서 이기적 소비자가 참여하지 않음으로 인해 발생하는 비용을 증가시킨다는 것이다. 나아가 불편부당한 관찰자impartial spectator처럼 호혜적 소비자는 다른 사람에게 도덕적 의무감을 갖도록 만들 수 있다.

이와 같이 호혜적 행동 및 호혜적 소비자는 불매운동을 포함한 집합행동을 추동하는 데 상당한 의미를 가진다. 요컨대 인간은 자기 이익이라는 동기에 의해 움직이는 존재라는 전통적인 경제학 관점, 그래서 불매운동 참여동기를 비용-혜택모델로 접근하는 것은 한국 사회에서 일어난 불매운동의 전부를 설명하지 못한다. 왜냐하면 한국 사회의 많은 불매운동, 심지어 '성공'한 불매운동을 보면 자기 이익이 아닌 호혜성에 의해 동기화된 소비자들의 존재가 상당한 역할을 했기 때문이다. 특히 이들은 문제 기업의 행위를 바꾸고 사회 정의를 실현하고 불합리한 시장 관행을 변화시킬 수 있다고 믿기 때문에 불매운동에 참여할 뿐 아니라 양심과 관련된 문제이고 삶의 가치와 부합하기 때문에 불매운동에 참여한다(천혜정, 2019). 이것은 불매운동 참여요인에 기업의 사회적 책임이나 비윤리적 경영 등 도덕성 문제가 주요 동기가 된다는 점(신성연, 2018)에서도 호혜적 소비자의 존재를 확인할 수 있다. 또한 5장에서 살펴보았듯이 한국 소비자에게는 가격이나 품질 등 소비자에게 직접적 영향을 미치는 쟁점뿐 아니라 노동, 환경, 여성 등 사회적 쟁점도 불매운동의 표적이 되었다는 것에서도 확인할 수 있다. 자기 이익이 아닌 호혜적 동기를 추구하는 소비자의 증가는 소비자 불매운동의 가능성을 낙관하게 하는 중요한 요인이라고 할 수 있다.

3. 무엇을 어떻게 할 것인가

한국 소비자 불매운동이 소비자의 파워를 집결시켜 사회 개혁을 위한 수단이 되기 위해서는 학문적으로, 그리고 실천적 운동으로서 고민해야 할 과제가 있다. 우선 한국 사회를 분석하는 프레임워크로서 소비연구 및 소비자 불매운동에 대한 논의가 보다 활성화되어야 한다. 한국 소비자 불매운동이 다양한 학문의 연구주제로 주목받기 시작한 것은 2000년대 이후로 볼 수 있다. 2000년대도 2007년 광고주 불매운동의 여파로 제3자 대상 불매운동 및 언론소비자 불매운동의 법리적 성격 및 타당성을 논의한 연구들이 대부분이다.[1] 2010년대에 와서야 소비자 불매운동에 대한 연구가 본격적으로 진행되었는데, 이때 수행된 연구들은 대부분 서베이 방법을 활용했다. 주지하다시피 이러한 방법이 가지는 한계는 분명하다. 우선 대부분의 연구가 불매운동 참여의도를 살피고 있다. 의도가 높으면 행동으로 옮길 가능성이 높다는 전제를 하고 있지만, 의도-행동 갭(Belk, Devinney, & Eckhardt, 2005)으로 알려져 있듯이, 소비자의 의도 및 태도가 실제 행동으로 이어지지 않을 수도 있다는 점을 고려하면 의도가 아닌 행동에 보다 집중할 필요가 있다. 이러한 한계는 참여의도를 살펴본 대부분의 연구들이 가상 시나리오 혹은 가상 메시지를 제시하거나 실제 문제 기업의 사례를 제시한 후 참여의도를 측정하고 있는 것과 연관된다. 최근에는 좀 더 세밀한 연구모형을 설정하고 실험연구를 한 연구도 나타나고 있지만, 이 역시 불매 가능성을 종속변인으로 하여 의도-행동 갭의 문제를 벗어나지 못하고 있다. 또한 소비자 불매운동의 이론적 맥락으로 간주되는 정치적 소비주의 역시 측정이라는 한계를 가지고 있다. 예를 들면, 정치적 소비주의를 의도적 구매행동buycott과 의도적 불매행동boycott으로 나누어 행위 여부를 단일 문항으로 측정하거나 측정 후 두 문항을 합쳐서 분석하기도 한다. 단일 문항으로 측정하는

1 각종 학술 DB에서 불매 혹은 보이콧을 키워드로 검색한 결과, 연구논문으로 볼 수 있는 논문이 처음 등장한 것은 1996년이며, 1992년부터 1996년까지 5대 주요 일간지 기사를 중심으로 소비자 불매운동의 현황에 대해 빈도분석을 실시했다(이득연, 1996). 2000년대 광고주 불매운동 외 불매운동에 대한 연구로는 우정 외(2007)가 자민족중심주의가 외국제품 불매의도에 미치는 영향을 분석한 연구가 있다.

것은 정치적 소비 혹은 소비자 불매운동을 지나치게 단순화하고 있다는 문제가 있으며 두 문항을 합쳐서 분석하는 것은 의도적 구매행동과 의도적 불매행동의 기본적 전제가 다르다는 점에서 결과를 왜곡할 우려가 있다. 이러한 점에 주목하여 정치적 소비에 대한 포괄적인 척도를 개발한 연구(박미혜, 2019)는 주목할 만하다. 그러나 이 연구에서 바이콧과 보이콧을 각각 윤리적, 환경적, 정치적 동기로 세분화한 것은 논의가 더 필요할 것으로 보인다. 왜냐하면 윤리적, 환경적, 정치적 동기라는 것이 상당 부분 중복의 여지가 있을 뿐 아니라 더 중요한 것은 정치적 소비의 각 영역의 쟁점이 무엇인가이다. 예를 들면, 로컬 푸드를 구매하는 것은 환경에 대한 고려도 있지만 대기업이 생산부터 유통까지 독점하는 체제에 저항하기 위한 이유도 있다. 특히 한국 소비자 불매운동의 역사에서 살펴보았듯이 한국 소비자들이 불매운동을 전개한 쟁점은 여성 혐오부터 기업 일가 갑질까지 상당히 다양하지만 한 가지 관통하는 키워드는 이러한 불매운동이 상당히 "정치적" 행위라는 점이다. 이러한 측면에서 해당 척도는 "정치적"이라는 의미를 너무 좁게 정의하고 있는 것으로 보인다.[2]

서베이 방법을 사용한 실증적 연구들은 꽤 축적되고 있는 현 시점에서 복잡하고 일상적인 불매운동에 대해 다양한 방법론적 접근을 시도해볼 필요가 있다. 또한 보다 미묘한 차이, 예를 들면 상이한 산업

---

2 박미혜(2019)의 연구에서 개발한 정치적 바이콧 척도 문항은 나는 상품 이면의 생산과 소비에 관련된 정치적 측면을 신중하게 고려하여 구매하는 편이다, 나는 기업의 정치적 성향을 고려해서 나의 신념과 일치하는 기업의 상품을 구매하는 편이다로, 정치적 보이콧 척도 문항은 정치적 입장이 다른 언론매체에 광고를 하는 기업 상품 구매하지 않는다, 정치적 이유로 기존에 구매하던 상품을 다른 상품으로 바꾸어 구매한다로 구성하고 있다.

이나 지역간 비교연구를 들 수 있다. 이러한 연구는 보다 심도 있는 맥락적 지식이 필수적인데, 예를 들면 에스노그래피를 활용하여 영국의 여섯 가족의 일상적인 소비에서 돈, 낭비, 건강 등의 쟁점과 윤리가 어떻게 얽혀 있는지 풀어내거나(Hall, 2011) 혹은 상업적 목적으로 물개사냥을 허용하는 캐나다 정책에 반대하여 캐나다 씨푸드 불매운동을 벌이는 소비자들이 캐나다 정부에 물개사냥 금지를 요구하는 탄원서의 내용을 네트로그래피netnography 방법을 활용하여 참여동기와 참여비용을 분석할 수도 있다(Braunsberger & Buckler, 2011). 최근에는 한국에서도 연결망 분석network analysis을 활용하여 소비자의 불매운동 참여 동기를 분석하기도 했다(신성연, 2018). 결국 불매운동의 복잡미묘한 측면을 파악하기 위해서는 보다 다양하고 새로운 방법론적 시도가 필요할 것이다.

"온라인" 불매운동으로 명명되어 새로운 사회운동 플랫폼에 대한 연구도 최근에 급증하고 있다. 소셜 미디어를 통해 획득한 정보가 시민들의 전통적 정치참여 정도를 높이고(최지향, 2016) 트위터 이용 정도가 청소년들의 19대 총선 투표참여를 활성화하는 데 기여했으며(이창호, 2012), 소셜 미디어 이용이 증가할수록, 그리고 소셜 미디어 친구 수가 많을수록 결과적으로 정치참여를 촉진시킨다는(정낙원, 2013) 등의 결과들이 보고되면서 소셜 미디어 이용이 전통적 형태의 정치참여에 직간접적으로 긍정적 영향을 미친다는 사실이 받아들여지고 있다. 그러나 소셜 미디어와 소비자 불매운동 및 정치적 소비행동의 관계에 대한 연구는 이제 시작 단계에 있다. 소셜 미디어를 정치, 정책, 선거와 관련된 목적으로 이용하는 정도는 정치적 소비자운동 참여도에 유의미한 정적 영향을 미치며(최연태, 2018), 소셜 미디어를 어떤 목적과 동기로 사용하느냐가 소비자 불매운동 참여에 영향을 미치는 유의미한 변수로 나타나기도 했다(천혜정, 2019). 이러한 결과들을 고려할 때, 자신의 구매력을 무기로 자신의 신념이나 선호를 시장에 반영함으로써 시장에 관여하고 사회 변화를 이끌어내는 데 소셜 미디어가 어떠한 역할을 할 수 있을지에 대한 보다 심층적인 논의가 필요할 것으로 생각된다. 특히 한국 사회에서 가장 대중적인 소셜 미디어로 간주되는 페이스북, 트위터, 인스타그램, 블로그, 카카오스토리 등은 상당히 다른 사용행태와 목적을 가지고 있다(금희조, 2010; 김은이, 2015). 따라서 각 소셜 미디어가 소비자 불매운동이나 정치적 소비행동에 어떠한 차별적 영향력을 가지는지, 그리고 정치적 소비주의가 소셜 미디어를 매개로 전통적 정치참여에 어떠한 영향력을 미치는지 등을 파악한다면 정치적 행위로서 소비자 불매운동의 잠재적 가능성을 확장하는 논의에 기여할 수 있을 것이다. 특히 새로운 방법론적 시도라는 측면에서 특정 기업의 불매운동이 소셜 미디어에서 어떻게 역의제로 확산되는지 그 과정을 현미경적 관점으로 살펴보는 것도 흥미로운 연구가 될 것이다.

소비자 불매운동에 대한 연구는 단순히 특정 기업/국가 및 상품을 구매하지 않는 것이라는 측면에서 나아가 "반소비anti-consumption", "브랜드 거부brand rejection", "문화 방해culture jamming" 등 확장된 논의로 나아갈 필요가 있다. 현재 한국에서는 소비자 불매운동의 다양한 형태와 방식에 대한 연구는 상당히 미미하다. 유사한 맥락에서 소비자 불매운동에 대해 노골적으로 목소리를 높이는 "적극적/정치적" 소비자뿐 아니라 일상에서 소리 없이 불매운동을 나름대로 실천하고 있는 "평균적" 소비자에 대한 연구도 보다 필요할 것으로 생각된다. 이러한 연구를 통해 얼마나 미묘하고 일상적이며 평범한 숙고와 배려가 불매운동에 관여되어 있는지 드러낼 수 있을 것이다. 구매행동이나 불매행동에 참여한 적이 있다는 것을 넘어서 이러한 정치적 소비행동이 단발적 행동인지 일상적 행동인지, 그리고 특정 제품에 해당하는 것인지, 동시에 여러 제품에 대해 발생하는지 등 보다 구체적으로 정치적 구매행동에 대한 책무commitment를 평가하는 것도 필요할 것이다.

두 번째, 사회운동으로서 전략적 측면에 대한 고민이 필요하다. 촛불집회 참가자들은 시위가 성공한 이후 왜 시민단체에 가입하지 않을까란 의문에 대해 강준만(2017)은 이들이 '정치적' 소비자라는 정체성이 두드러진 시민이라는 점을 강조했다. 이들은 소기의 성과를 거두었음에도 여전히 정치나 정치적 조직에 냉소적이며 시민단체에 가입할 의사가 전혀 없다. 정당이나 시민단체 등을 매개로 한 제도화된 운동이 아니라 자신의 가치와 신념에 기반을 둔 개인화된 정치를 선호한다는 것이다. 그렇다면 휘발성이 높은 이들의 참여를 어떻게 추동할 것인가. 소비자들이 참여할 수 있도록 만들고 참여를 수월하게 만들기 위한 조건, 즉 새로운 기회구조를 만들어내는 것이 핵심이라고 할 수 있다. 여기에는 내부조직과 참여자의 역량 강화뿐 아니라 외부환경의 재구성이 필요하다. 투명하고 유용한 정보를 제공하면서 소비자와의 소통을 지속적으로 강화시켜나가야 한다. 특히 명확한 목표와 타깃이 중요하다. 왜 해당 기업을 상대로 불매운동을 해야 하는지, 어떠한 기업행동의 변화를 목표로 하는지, 구체적으로 어떤 상품을 대상으로 하는지, 어떤 대체재가 이용 가능한지 등을 명확히 함으로써 불매운동의 지구력을 강화하고 직접적 압력수단으로서의 힘을 발휘

할 수 있을 것이다. 이와 병행하여 문제 기업이 공정하게 법적으로 처벌받을 수 있도록 제도적 개선을 위해 힘을 집중해야 할 것이다.

또한 최근 한국의 소비자 불매운동은 개인화된 비판적 시민의 공감을 바탕으로 한 결집의 영향력을 분명히 보여주고 있다. 이러한 결집이 가능했던 것은 인터넷, 특히 디지털 모바일 기술과 결합된 온라인 액티비즘에서 비롯되었다. 온라인 액티비즘은 새로운 방식의 정치적 행위이며 새로운 연결행동으로, 온라인에서 의제화되고 자발적인 조직화가 일어나며 소셜 미디어를 운동의 동력으로 삼으면서 네트워크화된 탈조직적 사회운동을 이끈다. 남양유업 불매운동, 기업 일가의 갑질에 저항한 을들의 불매운동, 페미니즘과 소비자 불매운동의 조응, 2019년의 일본 불매운동 등은 디지털공간을 통해 온라인 연결망 내의 교류가 활성화되고 소비자의 시민적 역량이 강화되는 경로를 분명히 보여주었다. #네이버페이불매, #여성소비총파업, #일본불매, #잘가요DHC 등을 통해 이슈가 즉각적이고 신속하게 공론화되었다. 누구나 1차 정보의 발신자가 될 수 있고, 광범위한 사람과의 의견교류가 가능한 '소공공권public sphericule(Glitin, 2002)'이 형성되고 여기서 이루어지는 다양한 여론들과 상호작용 등 소셜 미디어가 불매운동의 주요한 플랫폼으로 작동하고 있다. 그러나 다른 한편으로는 인터넷 군중이 집단지성을 실현하는 새로운 주체가 될 것이라는 전망은 지나치게 낙관적이라는 지적도 있다. 이런 점에서 온라인 소비자 불매운동은 오프라인 활동과의 연계방식을 함께 고려해야 한다. "온라인상에서의 활동이 오프라인에서 함께 전개되지 않는다면 단순한 여론 형성 수준에 머무를 수밖에 없다"(김혜순 · 정혜숙, 2004)는 것이다. 그럼에도 생리대 불매운동, 여성 차별 기업 불매운동, 남양유업 불매운동 등이 전개될 때 많은 여성과 시민들이 온라인뿐 아니라 거리로 나가 온라인을 기반으로 오프라인으로 확장하는 양상이 나타났다. 이제 엄청난 동원력을 발휘하지만 체계적인 조직력이 부족한 온라인 운동과 시민 없는 시민운동이라는 문제를 드러낸 오프라인 운동의 결합이 본격적으로 진행 중인 현재, 이 가능성의 극대화야말로 한국 소비자 불매운동이 풀어야 할 과제라고 할 수 있다.

마지막으로, 소비자 불매운동이 가진 잠재력과 가능성을 극대화시키기 위해서는 무엇보다도 법과 정책이라는 제도적 지원이 중요하다. 소비자 불매운동이 정부정책과 어떻게 관련되는가라는 질문은 상당한 이론적 논쟁을 내포하고 있다(Hyisng, 2018). 여기에는 규제정책 등을 포함한 정부정책에 대한 대리자substitute로서의 소비자 불매운동, 정부정책에 대한 보완자complement로서의 소비자 불매운동, 정부정책과의 경쟁자competitor로서의 소비자 불매운동, 정부정책을 이끄는 촉발자trigger로서의 소비자 불매운동, 그리고 정부정책에 대한 수렴자converger로서의 소비자 불매운동이라는 다섯 가지 입장이 있다.

우선 정부정책 대리자라는 것은 소비자 불매운동이 정부정책 및 규제에 대한 실행 가능한 대안이자 대리자라는 의미이다. 세계화된 경제 및 신자유주의 패권주의에서 비롯된 정치경제상의 제약에 직면하여 국가정부는 정치권력에 적합하지 않은 장소로 논의되고 있다. 특히 개발도상국가에서 정부는 결정적인 문제를 해결하기 위한 규제나 개입을 실행하기 어려운 실정이다. 이러한 상황에서 시민들은 국가로부터의 권력이 아니라 세계시장의 조작과 고객 선호라는 권력을 끌어들이는 제도적 해결책을 만드는 대리자가 된다. 그러나 국가정부의 권력이 감소하는 것으로 바라보는 급진적 관점과 병행하여 이것이 오히려 정부의 통치력을 전략적으로 확장하는 방식이라고 주장하면서 국가의 역할이 위축된 것이 아니라 변화 내지 확장된 것으로 보는 것이 더 적절하다고 주장하기도 한다. 즉 기업 및 시민사회단체가 생산과 소비와 관련된 복잡한 정책 문제를 다루도록 정부가 조종하기 위해 정부는 의도적으로 규제조치 등을 보류한다는 것이다. 정부의 책임이자 영역이어야 하는 중대한 사안을 소비자와 기업에게 그 부담을 지우게 하는 것이다. 이 측면은 신자유주의적 통치성이라는 개념으로도 적절하게 설명될 수 있다. 따라서 대리자로서의 소비자 불매운동이라는 관점은 불매운동이 근본적으로 약화된 국가권력의 징후라고 주장하는 사람들과 이를 새로운 통치 도구로 보는 사람들, 양측 모두에 의해 지지되고 있다.

둘째, 소비자 불매운동은 소비자와 기업이 법적 의무를 준수하고 정치적 목표를 지지하는 소비자 선택을 하도록 장려하고 가능하게 함으로써 정부의 역할을 보완하는 것으로 볼 수도 있다. 또한 소비자 불매운동은 부족한 공공자원 문제를 완화시키는 데 도움이 되는 전문성, 신뢰성, 검사능력 및 기타 자원을 추가함으로써 정부의 노력을 지지하는 것으로 볼 수도 있으며 정부가 법률을 제정, 시행하고 감시의 대상이 되는 기준을 세울 수 있도록 해준다. 이와 같이 소비자 불매운동은 국가정책 및 규정, 그리고 정부 간 합의라는 다소 혼잡한 맥락 안에서 작동하고 있다는 관점이다.

셋째, 소비자 불매운동과 정부정책은 상호 보완적일 수도 있지만 치열한 경쟁상대가 될 수도 있다. 특히 정부가 규제를 하지만 글로벌 공급망 등으로 인해 효과적으로 공공재를 단속하고 감시할 수 없는 상황에서 민간 공급을 촉진하기보다는 좌절시킬 수 있다. 이러한 상황에서 시민사회는 자신만의 사회적 기준을 만들기보다 정부규제를 따르지 않는 것이 보다 매력적일 수 있다. 예를 들면 소위 시민사회 및 각종 비정부기구에서 소비자들이 판단할 수 있는 각종 기준을 제시하고 이에 대한 인증labelling 정보를 제공하는 것은 중요한 문제에 대처하기 위한 국제적, 국내적 압력을 완화시킴으로써 통치능력을 강화하려는 정부의 시도를 약화시키는 것으로 볼 수 있다. 나아가 이러한 인증은 오히려 기업에게 쉬운 길을 제시하기도 한다(그린워싱, 스웨트와싱 등). 치열한 인증 경쟁 속에서 정부가 특정 인증 편에 서는 것은 상당히 결정적인 일이다. 특히 최근 주목할 만한 현상은 초국적이고 자발적인 대안에 도전하고 경쟁하는 국가 기반 의무 인증제도의 도입이다.

넷째, 소비자 불매운동은 기업의 부도덕한 행위 및 시장의 불완전함에 대해 정부로 하여금 행동을 하게 하는 수단이다. 소비자 불매운동은 정부에 의해 정치적 의제로 강조되지 못했던 문제를 전면에 내세움으로써 새로운 정책이나 정책의 변화를 야기하고자 한다. 가장 대표적인 사례가 스웨트샵 불매가 작업현장에 대한 미국 정부의 규제를 이끌어낸 것이다. 그러나 이것이 기존의 국가기반 이니셔티브를 정체시키거나 훼손할 수 있으며 정부정책을 촉발하기보다 오히려 설 자리를 없앨 수도 있다.

다섯째, 정부는 정치적 소비주의의 주장을 정책 등으로 적용하거나 제도로 수렴한다. 이러한 수렴이 가장 명백한 영역은 계약 당국이 요구사항을 구체화한 인증 기준을 사용할 뿐 아니라 이러한 요구의 준수를 증명하는 것으로 인증을 간주하는 정부의 물품 조달 규정이다. 예를 들면 몇몇 국가에서는 법적으로 지속 가능한 삼림관리의 증거로 국제삼림관리협의회Forest Stewardship Council, FSC의 목재 인증을 요구하기로 결정한 것이다. 정부 정책과 자발적인 표시제도간의 결합은 선진국과 개도국 간의 권력 불평등 및 경제적 의존 그리고 정치적 소비주의가 어떻게 보호주의와 민족주의를 위한 기제로 사용될 수 있는지와 같은 중요한 논쟁을 야기했다.

한국 사회에서 한국 소비자 불매운동은 쟁점에 따라 다섯 가지 관점이 혼합된 양상을 보이고 있지만, 구체적인 내용은 다소 상이하다. 예를 들면, 한국 소비자 불매운동은 국가역할의 축소나 확장으로서의 대리자 역할과는 다르다. 즉 한국 소비자 불매운동은 정부나 제도에 대한 신뢰가 너무 낮아 소비자가 직접 행동으로 나서는 것에 가까우며 이러한 점에서 한국 소비자는 저항자rebel이다. 일반적인 정부 신뢰와 시민참여라는 관점에서도 정부 신뢰가 투표라는 통상적 정치참여에는 영향을 미치지 않았으나 비통상적인 참여(진정서 서명, 불매운동, 시위참가와 정치인 접촉 활동)의 대부분 유형에서 부정적인 영향을 미치는 것, 즉 정부 신뢰가 낮을 때 비통상적 정치참여가 더 활발하며(이혜인 · 홍준형, 2013), 소비자 불매운동에 참여하는 정치적 소비자는 비정치적 소비자에 비해 한국 사회에 대한 신뢰 정도가 낮으며 한국 사회의 공정성에 대한 인식 수준이 낮다(천혜정, 2014). 지금까지 살펴본 한국 소비자 불매운동의 역사를 돌아보건대, 한국 소비자 불매운동은 정부정책을 이끄는 촉발자의 역할이 가장 큰 듯하다. 프랜차이즈사업의 부당한 거래에 대응한 소비자 불매운동은 대리점 거래의 공정화 및 가맹사업거래의 공정화에 관한 법률을 만들도록 이끈 것이 가장 대표적인 예이다. 또한 한국 소비자는 개인정보를 불법 거래한 기업에 대해 불매운동으로 맞섰지만 2019년 정부는 소위 데이터 3법을 국회에서 통과시키면서 이제 기업이 합법적으로 소비자의 개인정보를 유통시킬 수 있게 된 것은 소비자 불매운동과 정부정책이 서로 경쟁적일 수 있음을 보여준다.

소비자 불매운동은 일차적으로 소비자의 자발적인 참여가 필요하지만, 이를 이끌어내기 위해서는 비윤리적 기업, 문제 기업, 불법행위를 저지른 기업을 정당한 법의 힘으로 처벌해야 한다. 대장균이 검출된 제품을 정상제품에 혼입하여 소비자를 기만한 식품회사는 사법부에 의해 무죄판결을 받았고 소비자의 손해배상 청구소송 역시 무죄 판결을 받았다. 한국 사회에서 소기의 성과를 거두지 못한 불매운동의 배후에는 소비자의 의식 부족이 아니라 문제 기업에 대한 강력한 처벌의 부재가 있다. 따라서 문제를 근본적으로 해결하기 위해서는 소비자의 자발적인 참여뿐 아니라 문제 기업은 법으로 처벌받는다는 것을 보여주어야 한다. 그리고 그 중심에는 집단소송제와 징벌배상제가 있다. 소비자는 제품 또는 서비스에 의해 피해를 입었어도 직접적인 인과관계를 밝히기 어렵기 때문에 직접 소송을 제기하기 힘들다. 그러나 집단소송제를 도입하면 한 명 또는 소수집단이 대표로 소송을 하여 승소하게 되면 동일한 피해를 입은 사람들은 별도의 소송 없이 피해를 구제받을 수 있다. 또한 고의 또는 중대한 과실에 의해 소비자에게 피해를 준 기업 등에 그 책임을 강하게 부과하기 위해서는 징벌적 손해배상제가 반드시 필요하다. 소비자 불매운동 사례에서도 알 수 있듯이 개인정보 유출, 식품 안전 문제, 기업 일가의 갑질 등으로 소비자가 피해를 입었을 시 이것이 기업의 잘못 때문이라는 것을 개인 소비자가 입증하기는 현실적으로 불가능한 점, 유사한 부당행위를 반복적으로 하고 있다는 점, 무엇보다도 불법행위가 발생하는 것을 사전에 차단하기 위해서라도 집단소송제와 징벌적 손해배상제가 필요하다. 한국에서 유일하게 집단소송제가 도입된 분야는 증권이다. 소액주주보호를 위해 2005년 처음으로 한국에 증권집단소송제가 도입되었는데 대법원 판결이 나온 것은 2020년이 처음이었다. 그러나 집단소송의 특성상 소송기간이 길고 또 긴 시간만큼 배상금이 부족해 실효성에 의문이 제기되기도 했다.[3] 2020년 3월에는 「금융소비자보호에관한법률」이 국회를 통과하면서 금융소비자보호정책에 진전을 이루었다. 지난 2011년 첫 발의 이후 무려 9년만에 통과되어 일단 통과 자체에 의미를 부여할 수 있으며 위법계약해지권, 판매제한명령 등 판매원칙 준수를 위한 수단이 마련돼 금융소비자 보호에 대한 긍정적인 효과가 있을 것으로 기대하지만, 이 법안에서도 징벌적 손해배상제와 집단소송제는 논란 끝에 결국 포함되지 못했다. 2019년에는 가습기 살균제 피해자들이 제품을 생산한 기업을 상대로 집단소송을 할 수 있는 「가습기 살균제 피해 구제를 위한 특별법」 개정안이 논의되고 있다는 소식이 전해졌지만 2020년 초 국회를 통과한 개정안에는 집단소송 조항이 삭제되고 입증책임전환[4] 조항이 포함되었다.

조금 더 근본적으로는 '소비자기본법'상 소비자 불매운동권의 명문화를 통해 소비자 불매운동을 적극적으로 보장할 필요가 있다. 이에

3 소송을 낸 주주들은 2011년 유상증자에 참여해 씨모텍이 발행한 주식을 취득했으나 이후 벌어진 대표의 횡령과 배임, 주가조작 등으로 상장 폐지되었다. 이에 씨모텍 소액주주 186명이 상장폐지에 따른 손해를 배상하라며 집단소송을 제기했고 9년여에 걸친 소송 끝에 2020년 초 대법원 승소 확정 판결을 받아 총 4,972명이 배상을 받을 수 있게 되었다. 그러나 소송 기간이 워낙 긴데다 1인당 배상금이 평균 29만여 원에 불과해 실효성을 두고 논란이 되었다.

4 기업의 입증 책임 또한 법정 소송을 하는 데 피해자에게 얼마만큼 유리하게 작용할지는 여전히 의문이다.

대해 김희윤(2016)은 소비자 불매운동권을 소비자의 자기 결정권이라는 자유권적 관점만으로는 충분히 설명되지 못하므로 이를 사회권적 관점으로 재조명할 필요성을 제기했다. 이를 통해 국가는 소비자의 권익 증진을 위해 개인의 소비자 불매운동을 적극적으로 보장해야 할 의무를 부담하게 된다는 것이다. 특히 현행 소비자기본법에서 소비자는 소비자권리를 "정당하게" 행사해야 한다는 책무를 규정하고 있는데, "정당하게"라는 규정이 모호하여 법원의 재량이 개입할 여지가 있을 뿐 아니라 헌법 제124조[5]를 침해하는 상황도 발생하고 있다. 또한 공정거래위원회 또는 지방자치단체에 등록한 소비자단체에게만 고유한 권한을 부여함으로써 현재 한국 사회에서 전개되는 다차원적인 불매운동의 특성을 제대로 반영하지 못하고 있다. 쟁점에 따라 다양한 자발적 결사체가 조직되고 개인이 자발적으로 온라인에서 불매운동을 벌이는 상황에서 등록 소비자단체에게만 권리를 인정하는 것은 시대적 흐름에 뒤쳐진 규정이다. 특히 이 부분이 중요한 것은 소비자 불매운동에 대한 민형사상 면책 조항이 필요하기 때문이다. 2001년 마이클 잭슨 내한공연 반대운동과 2008년 조중동 광고주 불매운동의 경우 소위 '제3자'에 대한 불매운동으로 피해를 입었다고 주장한 은행과 조중동 광고주가 손해배상 청구소송 및 형사소송(업무방해죄) 등을

5 헌법 제124조에서는 "국가는 건전한 소비행위를 계도하고 생산품의 품질향상을 촉구하기 위한 소비자보호운동을 법률이 정하는 바에 따라 보장한다"고 규정하고 있다. 그러나 이는 1980년 헌법에서 처음 규정한 내용으로 소비를 계도의 대상으로 규정하고 소비자보호운동을 생산품의 품질 향상을 촉구하는 것으로 한정하고 있어 단순히 경제 개발을 위한 하나의 대상으로만 소비자를 인식하는 수준이다. 이에 소비자단체들은 헌법상 기본권으로 소비자기본권을 명시하고 국가가 소비자 주도의 포괄적인 소비자운동을 보장할 것을 요구하고 있다.

제기했으며, 2013년 생리대 불매운동은 해당 기업이 생리대 문제를 처음 제기한 여성환경연대를 대상으로 손해배상 소송을 제기했다. 이 사례들을 통해 볼 때 앞으로도 소비자 불매운동과 관련된 법적 분쟁이 격화될 가능성이 있으며 이는 소비자 불매운동을 위축시키는 결과를 초래할 수 있다. 따라서 소비자 불매운동으로 인해 소비자나 주도 단체가 민형사상 책임을 지지 않도록 면책 방안이 마련되어야 할 것이다.[6]

한국 사회에서 소비자 불매운동은 점점 정치적 메시지를 전달하는 통로가 되고 있다. 평범한 사람이 동원할 수 있는 무기는 오직 소비자로서의 권리일 뿐이니 불매운동을 택할 수밖에 없다는 것이다. 그러나 여기에는 빈곤, 착취, 오염 등 공적인 문제를 개인 소비자의 책임으로 환원시키고 소비자로서의 정체성만 부각시킴으로써 자기 통치 self-government 테크놀로지를 강화할 우려가 있다. 그래서 소비자 불매운동이 계급 투쟁 대신 모든 문제를 소비자의 관점으로 해석할 여지가 있다는 한계가 지적되기도 한다(김민하, 2016). 그럼에도 우리는 소비를 통해 조금이라도 변화된 세상을 역사적 사례 속에서 목격했다. 쇼핑이 투표보다 중요하다는 것, 이것이야말로 소비자 불매운동의 가능성이자 도전인 것이다.

6 물론 여기에는 좀 더 세밀한 고려가 필요하다. 이에 대해 김희윤(2016)은 소비자 불매운동권을 목적, 주체, 수단 및 방법, 절차로 세분화하여 소비자권익의 증진을 위해 소비자 혹은 단체의 비폭력적인 방식과 자발성이 전제되어야 한다는 조건을 제시하기도 했다.

참고문헌

• 연구문헌 •

강명구(1993). 변화하는 시민사회와 언론시민운동. 한국언론학회 심포지움 및 세미나, 33-53.

강수택·박재홍(2011). 한국사회운동의 변화와 탈물질주의. 『OUGHTOPIA』, 26(3), 5-38.

강준만(2017). 왜 촛불집회 참가자들은 시민단체에 가입하지 않을까: 정치적 소비주의. 『인물과 사상』, 233, 38-49.

강철웅(2008). ISO 26000에 대한 민주노총의 입장. 『노동리뷰, 5, 64-68.

강충호(2008). ISO 26000에 대한 한국노총의 입장. 『노동리뷰, 5, 59-63.

구연상(2018). 가습기살균제 사건, 재난(참사)인가 악행인가. 『동서철학연구』, 89, 495-516.

권정호(2007). 사회적 책임성을 중심으로 한 소비자윤리 구축방안. 『윤리연구』, 64, 81-102.

금희조(2010). 온라인 소셜 미디어와 참여적 사회 자본. 『한국방송학보』, 24(3), 9-46.

김나민(2017). 기업의 비윤리적 행동이 소비자에게 미치는 영향: 행동유형, 제품유형, 소비자특성을 중심으로. 『마케팅논집』, 25(3), 83-105.

김민하(2016). 『냉소사회』. 현암사.
김석신(2011). 불량만두소 사건에 대한 음식 윤리적 접근. 『한국식생활문화학회지』, 26(5), 437-444.
김성국(1997). 신사회운동의 이론적 기반: 시민사회론과 관련하여. 『한국사회과학』, 19(2), 28-60.
김수한 · 이명진(2014). 한국사회의 반기업정서. 『한국사회학』, 48(1), 39-70.
김승영 · 김석수(2010). 소비자 자민족중심주의, 적대감이 제품평가와 구매의도에 미치는 영향. 『대한경영학회지』, 23(1), 589-612.
김용섭(2019). 미닝아웃, 일본 불매운동이 오래 갈 수밖에 없는 이유. 웹진 『소비자시대』, 9월호.
김은이(2015). SNS(트위터 · 페이스북)가 시민 · 정치참여에 미치는 영향 : 한 · 미 비교 연구. 『정치커뮤니케이션연구』, 37, 81-113.
김주환(2012). 신자유주의 사회적 책임화의 계보학: 기업의 사회책임경영과 윤리적 소비를 중심으로. 『경제와 사회』, 96, 210-251.
김진웅(2010). 1980년대 한국인의 대미인식의 성격. 『역사교육논집』, 45, 357-381.
김춘식 · 강현구(2009). 정치적 소비자운동에 영향을 미치는 예측요인 연구. 『한국언론학보』, 53(4), 162-182.
김형욱(2010). ISO 26000(사회적 책임) 국제표준제정과 이행이 우리 산업에 미치는 영향과 효율적 대응방안. 『품질경영학회지』, 38(2), 236-247.
김혜순 · 정혜숙(2004). 온라인 공동체와 사회적 자본의 형성 가능성: 대구지역 시민운동단체를 중심으로. 『사회과학논총』, 23(2), 191-208.
김혜연 · 김시월(2014). 소비자의 사회적책임 의식 및 행동에 관한 연구. 『소비문화연구』, 17(1), 1-24.
김호기(2001). 『한국의 시민사회, 현실과 유토피아 사이에서』. 아르케.
김희윤(2016). 소비자 불매운동의 현실적 활성화 필요성. 『KHU 글로벌 기업법무 리뷰』, 9(1), 104-133.
남상민(2011). 일본에 대한 심리적 거리, 적개심이 일본 제품 이미지 및 구매의도에 미치는 영향. 『일본근대학연구』, 33, 577-598.
마우한 · 김효규(2017). 사드 (THAAD) 배치 관련 중국 소비자의 롯데 브랜드 구매의도에 관한 연구: 자민족 중심주의, 소비자 적대감과 친밀감을 중심으로. 『광고PR실학연구』, 10(3), 66-90.
문은숙(2004). 소비자운동의 이해와 한국소비자운동의 발전과정. 『시민사회와 NGO』, 2(2), 189-223.
박경신(2009). 소비자들의 2차 불매운동의 합법성: 외국의 공정거래법 및 노사관계법의 유비적 비교법적 의미. 『법학행정』, 9월호, 71-106.
박명호 · 장영혜(2012). 소비자 적개심이 일본산 제품 구매의도에 미치는 영향. 『소비문화연구』, 15(2), 19-38.
박미혜(2019). 정치적 소비의 개념화와 척도개발 연구. 『소비자학연구』, 30(2), 117-146.
박민지 · 박은아(2017). 기업 악의성 지각과 피해자 동일시에 따른 불매운동 참여의도. 한국심리학회 학술대회 자료집, 395.
박우룡(2013). 새로운 사회운동이론: 진정으로 '새로운' 운동들인가. 『서양사론』, 117, 105-137.
박은아 · 박민지(2018). 누가 불매운동에 참여하는가. 『한국심리학회: 소비자광고』, 19(1), 121-138.
박정민 · 김수한(2015). 한국인이 바라는 기업의 사회적 책임 활동: 기업평가에 따른 차이. 『한국사회』, 16(2), 159-189.
박형신(2010). 먹거리 불안 파동의 발생 매커니즘과 감정동학. 『한국학』, 33(2), 161-193.
서동진(2009). 『자유의 의지, 자기계발의 의지: 신자유주의 한국사회에서 자기계발하는 주체의 탄생』. 돌베개.
서정희(1997). 환경문제에 책임을 지는 소비자처분행동 및 관련변수에 관한 연구. 『한국가정관리학회지』, 15(1), 27-40.
서정희 · 전향란(2011). 소비자의 사회적 책임 인식에 따른 사업자의 사회적 책임에 대한 소비자요구. 『한국생활과학회지』, 20(5), 993-1008.

손지연(2015). 베이비붐세대와 에코세대의 소비자의 사회적 책임의식 변화와 시사점: 1990-2014. 『월간소비자정책동향』, 66, 64-84.

식품의약품안전처(2019). 2019년 식품 등 수입동향자료.

신선애 · 이진권(2018). 미국과 중국 간 정치적 마찰이 중국인의 미국제품 구매거부에 미치는 영향. 『Journal of the Korean Data Analysis Society』, 20(3), 1191-1205.

신성연(2018). 연결망 분석을 이용한 소비자의 보이콧 참여동기에 관한 연구. 『소비자문제연구』, 49(2), 135-180.

신성연 · 윤성욱(2017). 기업의 부당행동이 유발하는 소비자의 부정적 감정과 보이콧 의사결정. 『광고학연구』, 23(5), 93-116.

심영(2009). 소비자의 사회적 책임에 관한 연구. 『소비자학연구』, 20(2), 81-119.

안종석 · 곽의 · 황설빈(2014). 일본에 대한 한국 및 중국소비자의 적대감 효과에 관한 연구. 『중국과 중국학』, 23, 27-66.

엠브레인 트렌드모니터(2019). 취미생활 및 취향, 개념소비 관련 인식조사.

엠포스데이터랩(2019). 포털사이트 검색 데이터 및 SNS 데이터 등을 활용한 일본 불매운동 현상 분석.

오상조 · 안중호(1995). 기업에서의 개인정보사용에 대한 소비자의 태도 연구: 데이터베이스를 이용한 마케팅 활동을 중심으로. 한국경영정보학회 학술대회 논문집, 598-620.

우정 · 고원현 · 박경도 · 허원무(2007). 자민족중심주의가 외국제품 불매의도에 미치는 영향. 『한국광고홍보학보』, 9(4), 230-256.

유두련 · 송영우(1994). 환경보전캠페인이 사회책임적 소비자행동에 미치는 영향에 관한 연구. 『지역사회개발연구』, 3, 41-71.

유두련 · 심미영(1998). 사회책임적 소비자태도와 행동에 관한 연구. 『대한가정학회지』, 36(11). 1-17.

유선형 · 이강형(2008), 『저신뢰 위험사회의 한국 언론』. 한국언론재단.

유지아(2016). 한국과 일본에서의 한일회담 반대운동의 전개과정과 역사적 의의. 『한일관계사연구』, 53, 265-302.
윤선우(2018). 대리점거래의 공정화에 관한 법률의 규제 및 집행 개선방향에 관한 연구. 『유통법연구』, 5(1), 169-192.
윤영민 · 최윤정(2011). 한국 공중의 도의적 · 실제적 위기 책임성 지각과 사과 수용에 영향을 미치는 요인들은 무엇인가? 『한국언론학보』, 55(5), 158-184.
윤은순(2006). 일제 강점기 기독교계의 공창폐지운동. 『한국기독교와 역사』, 26, 177-207.
윤태경 · 안소은(2018). 국민환경의식조사. 한국환경정책평가연구원.
이강로(2004). 한국 내 반미주의의 성장과정 분석. 『국제정치논집』, 44(4), 239-261.
이동환 · 강내원 · 전종우(2017). SNS를 통한 시민사회운동의 공론화 과정. 『사이버커뮤니케이션학보』, 34(2), 83-123.
이동후(2003). 국가주의 집합기억의 재생산: 일본 역사교과서 파동을 중심으로. 『언론과사회』, 11(2), 72-110.
이득연(1996). 소비자 불매운동: 현황과 평가. 『소비자문제연구』, 18, 139-159.
이명진 · 최자영(2015). 기업의 사회적 책임이 반기업정서에 미치는 영향. 한국사회학회 사회학대회 논문집, 144-145.
이미나 · 홍주현(2014). 기업의 위기 대응 전략에 따른 공중의 반응 분석: 트위터 상의 이슈 확산 네트워크를 중심으로. 『홍보학연구』, 18(4), 30-60.
이영면 · 정란아 · 신태중 · 전채연 · 정혜용(2013). 『고장 난 거대기업: 우리 시대 기업에 따뜻한 심장 달기』. 양철북.
이원보(2017). 87 노동자 대투쟁 30년, 한국 노동운동의 현주소. 87년 노동자 대투쟁 30주년 기념토론회 자료집, 한국노동사회연구소, 1-28.
이유경(2010). 중국소비자의 적대감과 자민족중심주의가 한국산 제품 신뢰와 구매의도에 미치는 영향: 한국산 핸드폰을 중심으로. 『국제지역연구』, 14(2), 133-158.
이윤재 · 강명수 · 이한석(2013). 온라인 소비자 불매운동의도의 영향요인에 관한 연구. 『소비자문제연구』, 44(2), 27-44.
이인지(2019). 탈코르셋 운동 확산에 따른 한국 여성 소비자의 뷰티 제품 관심도 변화 분석. 한국경영정보학회 학술대회 논문집, 492-495.
이장로 · 정인식 · 김미옥 · 초수봉(2009). 소비자자국중심주의와 적개심이 구매의도에 미치는 영: 중국 80후 소비자들을 중심으로. 『무역학회지』, 34(5), 43-74.
이지은 · 유동호(2010). 가격변화가 소비자의 공정성 지각에 미치는 영향. 『한국심리학회지: 소비자 · 광고』, 11(2), 349-374.
이창호(2012)/ 소셜미디어가 대학생들의 정치효능감, 정치관심 및 투표참여에 미치는 영향 분석－19대 총선을 중심으로. 『정치커뮤니케이션연구』, 27, 231-259.
이한석 · 주영혁(2011). 온라인 보이콧 행동에서 감정이입의 역할: 소비자의 감성적 접근방법을 중심으로. 『소비문화연구』, 14(2), 25-43.
이혜인 · 홍준형(2013). 정부신뢰와 시민참여: 지난 두 정부에 대한 설문조사를 활용한 실증분석. 『한국행정논집』, 25(3), 791-820.
임희섭(1999). 『집합행동과 사회운동의 이론』. 고려대학교 출판부.
장몽교 · 이승신 · 류미현(2017). 확장된 목표지향적 행동모델을 적용한 소비자 불매운동의도에 대한 영향요인 연구. 『Family and Environment Research』, 55(6), 675-687.
장정헌 · 김선호(2014). 공감, 책임귀인, 그리고 분노가 이타적 처벌 의사에 미치는 영향. 『한국언론학보』, 58(5), 97-122.
전상숙(2003). 물산장려 논쟁을 통해서 본 민족주의세력의 이념적 편차. 『역사와 현실』, 47, 37-65.
전상현 · 김현우 · 장신 · 김지은 · 조수영(2019). 불매운동의 개인적 딜레마: 기업의 비윤리적 위반이 개인의 불매행위에 미치는 영향. 『홍보학연구』, 23(2), 141-181
전재호(2019). 한국의 반일 민족주의 연구: 담론의 변화와 특징. 『한국과국제정치』, 35(2), 113-147.

전향란 · 제미경 · 이석기(2016). 소비자 불매운동에 대한 자민족중심주의와 소비자적대감의 영향력. 『소비자문제연구』, 47(2), 149-170.

정낙원(2013). 대학생들의 소셜 미디어 이용의 정치 참여 효과 메커니즘 분석. 『사회과학연구』, 24(2), 273-294.

정성훈 · 왕려원(2013). 소비자의 자민중심주의, 적대감 및 제품평가가 외국제품 구매의도에 미치는 영향에 관한 연구: 한국과 일본 전자제품 구매에 대한 중국소비자를 중심으로. 『통상정보연구』, 15(1), 185-206.

정영(2007). 고객 전환비용 모델 개발과 효과성 측정에 관한 연구 :이동통신 서비스 산업을 중심으로. 연세대학교 석사학위 논문.

정은정(2014). 『대한민국 치킨전』. 따비.

정지은(2019). 대리점법의 문제점과 개선방안에 대한 소고. 『중소기업과 법』, 11(1), 41-50.

정한울(2013). 반기업 정서와 CSR 인식의 국제비교: 다양성과 유형별 특성. 『CSR Monitor』, 2, 동아시아연구원.

정한울 · 조계원(2019). 한국 사회의 '갑질' 문화에 대한 경험적 연구: 〈갑질 및 갑을관계에 대한 인식 조사〉(2018) 결과를 중심으로. 『한국정치학회보』, 53(1), 105-125.

정현석(2004). 한국사회와 사회운동으로서의 환경운동. 『일본어문학』, 25, 501-522.

제미경 · 전향란(2013). 계획행동이론을 적용한 소비자 불매운동 유형별 분석. 『소비문화연구』, 16(4), 191-213.

조정인(2012). 정치적 아웃사이더들의 역습? 『한국정당학회보』, 11(2), 39-66.

주승희(2009). 소비자 불매운동의 의의 및 법적 허용 한계 검토. 『경영법률』, 19(3), 515-542.

질병관리본부 폐손상조사위원회(2018). 가습기살균제 건강피해 사건 백서. 보건복지부.

천혜정(2014). 정치적 소비행동 여부에 영향을 미치는 요인. 『소비자정책교육연구』, 10(2), 39-56.

_______(2019). 정치적 소비주의, 소비자 불매운동, 그리고 소셜 미디어: 소셜 미디어 이용동기 및 정치사회자본을 중심으로. 『소비자문제연구』, 50(2), 55-88.

채백(2003). 1920년대 초반의 신문불매운동 연구. 『한국언론정보학보』, 22, 249-272.

_______(2005). 일제강점기의 신문불매운동연구: 1920년대 중바을 중심으로. 『한국언론정보학보』, 28, 219-249.

최명 · 권태환 · 홍두승(1989). 『사회조사 10년, 1979-1988』. 서울대학교 출판부.

최병선(1992). 시장개방시대의 소비자운동 방향. 『소비자문제연구』, 9, 78-87.

최연태(2018). 소셜 미디어가 정치적 소비자운동에 미친 영향에 관한 연구. 『한국사회와행정연구』, 29(3), 369-389.

최재황(2008) ISO 26000에 대한 경영계의 입장. 『노동리뷰』, 5, 55-58.

최재훈(2015). 온라인을 매개로 한 사회운동의 가능성과 한계: 촛불집회의 사회운동론적 의의에 대한 재고찰. 『사회연구』, 28, 69-114.

_______(2017). 집햅행동의 개인화와 사회운동 레퍼토리의 변화. 『경제와 사회』, 113, 66-99.

최지영 · 이명진(2015). 기업의 사회적 책임이 반기업정서에 미치는 영향: 시민사회활동가의 평가를 중심으로. 『한국사회』, 16(2), 87-115.

최지향(2016). SNS 이용과 정치참여. 『한국언론학보』, 60(5), 123-144.

한국개발연구원(2007). 반기업정서의 실체파악을 위한 조사연구.

한윤형(2010). 『안티조선 운동사』. 텍스트.

환경부(2016). 폭스바겐 조작사건 궁금증 풀어보기.

황미요조(2015). 문화영역의 여성화와 여성혐오. 『여성이론』, 32, 57-72.

황희중(2011). 가격변동이 소비자의 가격 공정성 지각에 미치는 영향에 대한 연구. 『대한경영학회지』, 24(2), 1009-1028.

홍현석(2018), 대리점주 권익보호를 위한 대리점법의 문제점과 개선바안: 거래법상 불공정거래행위를 중심으로. 『법학논총』, 31(1), 289-327.

한국사사전편찬회(2005). 한국근현대사사전. 가람기획.

Abosag, I. (2010). Dancing with macro-boycotters: The case of Arla Foods. *Marketing Intelligence & Planning*, 28(3), 365-373.

Abosag, I., & Farah, M. F. (2014). The influence of religiously motivated consumer boycotts on brand image, loyalty and product judgment. *European Journal of Marketing*, 48(11/12), 2262-2283.

Ajzen, I. (1985). From intentions to actions: A theory of planned behavior. In J. Kuhl & J. Beckmann (eds.), *Action control: From cognition to behavior* (pp. 11-39). Berlin: Springer-Verlag.

Albrecht, C. M., Campbell, C., Heinrich, D., & Lammel, M. (2013). Exploring why consumers engage in boycotts: Toward a unified model. *Journal of Public Affairs*, 13(2), 180-189.

Ahmed, Z., Anang, R., Othman, N., & Sambasivan, M. (2013). To purchase or not to purchase US products: Role of religiosity, animosity, and ethno-centrism among Malaysian consumers. *Journal of Services Marketing*, 27(7), 551-563.

Amine, L. S. (2008). Country-of-origin, animosity and consumer response: Marketing implications of anti-Americanism and Francophobia. *International Business Review*, 17(4), 402-422.

Anderson Jr, W. T., & Cunningham, W. H. (1972). The socially conscious consumer. *Journal of marketing*, 36(3), 23-31.

Ang, S. H., Jung, K., Kau, A. K., Leong, S. M., Pornpitakpan, C., & Tan, S. J. (2004). Animosity towards economic giants: What the little guys think. *Journal of Consumer Marketing*, 21(3), 190-217.

Antil, J. H. (1984). Socially responsible consumers: Profile and implications for public policy. *Journal of macromarketing*, 4(2), 18-39.

Baek, Y. M. (2010). To buy or not to buy: Who are political consumers? What do they think and how do they participate?. *Political Studies*, 58(5), 1065-1086.

Bagozzi, R. P., & Kimmel, S. K. (1995). A comparison of leading theories for the prediction of goal-directed behaviours. *British Journal of social psychology*, 34(4), 437-461.

Barda, C., & Sardianou, E. (2010). Analysing consumers 'activism' in response to rising prices. *International Journal of Consumer Studies*, 34(2), 133-139.

Basu, K., & Zarghamee, H. (2005). Is product boycott a good idea for controlling child labor?. Unpublished paper (Cornell University, Ithaca NY).

Bauman, Z. (2007). Collateral casualties of consumerism. *Journal of Consumer Culture*, 7(1), 25-56.

Beck, U. (1996). World risk society as cosmopolitan society? Ecological questions in a framework of manufactured uncertainties. *Theory, culture & society*, 13(4), 1-32.

Beck, V. (2019). Consumer boycotts as instruments for structural change. *Journal of Applied Philosophy*, 36(4), 543-559.

Belk, R., Devinney, T., & Eckhardt, G. (2005). Consumer ethics across cultures. *Consumption Markets & Culture*, 8(3), 275-289.

Benett, W. L. (1998). The uncivic culture: Communication, identity, and the rise of lifestyle politics. *PS: Political Science & Politics*, 31(4), 740-761.

_______ (2012). The personalization of politics: Political identity, social media, and changing patterns of participation. *The Annals of the American Academy of Political and Social Science*, 644(1), 20-39.

Bennett, W. L., & Segerberg, A. (2013). *The logic of connective action: Digital media and the personalization of contentious politics*. Cambridge University Press.

Bolton, G., & Ockenfels, A. (2000). ERC: A theory of equity, reciprocity and competition. *American Economic Review*, 90(1), 166-193.

Braunsberger, K., & Buckler, B. (2011). What motivates consumers to participate in boycotts: Lessons from the ongoing Canadian seafood boycott. *Journal of Business Research*, 64(1), 96-102.

Brewer, M. B., & Brown, R. J. (1998). Intergroup relations. In D. T.Gilbert, S. T. Fiske, & G. Lindzey (Eds.), *Handbook of social psychology* (pp. 554-594). Boston: McGraw-Hill.

Carroll, A. B. (1979). A three-dimensional conceptual model of corporate performance. *Academy of management review*, 4(4), 497-505.

Castells, M. (2012). *Outrage and hope: Social movements in the internet age*. Cambridge, UK: Polity Press.

Chapa, S. (2014). Hope as a mediator of ethnocentrism among hispanics: the post analysis of the nothing gringo boycott of 2006. *International Journal of Economic and Business Management*, 2(1), 10-18.

Chavis, L., & Leslie, P. (2009). Consumer boycotts: The impact of The Iraq War on French wine sales in the US. *Quantitative Marketing and Economics*, 7(1), 37-67.

Cicic, M., Brkic, N., Husic, M., & Agic, E. (2005). The influence of animosity, xenophilia and ethnocentric tendencies on consumers' willingness to buy foreign products-the case of Croatia. In 34th European Marketing Conference (pp. 24-27).

Clarke, N. (2008). From ethical consumerism to political consumption. *Geography compass*, 2(6), 1870-1884.

Clouder, S., & Harrison, R. (2005). The effectiveness of ethical consumer behaviour. *The ethical consumer*, 89, 96.

Cohen, L. (2003). *A consumers' republic: The politics of mass consumption in postwar America*. New York: Vintage Books.

Coombs, W. T. (1999). Information and compassion in crisis responses: A test of their effects. Journal of Public Relatins Research, 11(2), 125-142.

Coombs, W. T., & Holladay, S. J. (2002). Helping crisis managers protect reputational assets: Initial tests of the situational crisis communication theory. *Management Communication Quarterly*, 16(2), 165-186.

_______ (2005). An exploratory study of stakeholder emotions: Affect and crises. In *The effect of affect in organizational settings* (pp. 263-280). Emerald Group Publishing Limited.

Copeland, L. (2014). Conceptualizing political consumerism: How citizenship norms differentiate boycotting from buycotting. *Political Studies*, 62(S1), 172-186.

Cruz, B. D. P. A., Pires Jr, R. J. M., & Ross, S. D. (2013). Gender difference in the perception of guilt in consumer boycott. *Review of Business Management*, 15(49), 504-523.

Davidson III, W. N., Worrell, D. L., & El-Jelly, A. (1995). Influencing managers to change unpopular corporate behavior through boycotts and divestitures: A stock market test. *Business & Society*, 34(2), 171-196.

Davis, M. H. (2018). *Empathy: A social psychological approach*. Routledge.

Dawes, R. M. (1980). Social dilemmas. *Annual review of psychology*, 31(1), 169-193.

De Zúñiga, H. G., Copeland, L., & Bimber, B. (2014). Political consumerism: Civic engagement and the social media connecton. New Media & Society, 16(3), 488-506.

Deuze, M. (2008). The changing context of news work: Liquid journalism for a monitorial citizenry. *International journal of Communication*, 2, 848-865.

Devinney, T. M., Auger, P., Eckhardt, G., & Birtchnell, T. (2006). The other CSR: Consumer social responsibility. *Stanford Social Innovation Review*, Fall; Leeds University Business School Working Paper No. 15-04.

Eisenberg, N., & Miller, P. A. (1987). The relation of empathy to prosocial and related behaviors. *Psychological Bulletin*, 101(1), 91.

Escalas, J. E., & Stern, B. B. (2003). Sympathy and empathy: Emotional responses to advertising dramas. *Journal of Consumer Research*, 29(4), 566-578.

Ettenson, R., & Klein, J. G. (2005). The fallout from French nuclear testing in the South Pacific. *International Marketing Review*, 22(2), 199-224.

Ewen, S. (1976). *Captains of consciousness*. 최현철 옮김(2003). 『광고와 대중소비문화』. 나남.

Farah, M. F., & Newman, A. J. (2010). Exploring consumer boycott intelligence using a socio-cognitive approach. *Journal of Business Research*, 63(4), 347-355.

Fehr, E., & Gächter, S. (1998). Reciprocity and economics: The economic implications of homo reciprocans. *European Economic Review*, 42(3-5), 845-859.

Fehr, E., & Gintis, H. (2007). Human Motivation and Social Cooperation: Experimental and Analytical Foundations. *Annual Review of Sociology*, 33(1), 43-64.

Fishbein, M., & Ajzen, J. (1975). *Beliefs, attitudes, intention and behavior: An introduction to theory and research*. Reading, MA: Addison-Wesley.

Fishbein, M., & Stasson, M. (1990). The role of desires, self-predictions, and perceived control in the prediction of training session attendance 1. *Journal of Applied Social Psychology*, 20(3), 173-198.

Forno, F., & Ceccarini, L. (2006). From the street to the shops: The rise of new forms of political actions in Italy. *South European Society & Politics*, 11(2), 197-222.

Friedman, M. (1985). Consumer boycotts in the United States, 1970-1980: Contemporary events in historical perspective. *The Journal of Consumer Affairs*, 19(1), 96-117.

_______ (1991). Consumer boycotts: A conceptual framework and research agenda. *Journal of Social Issues*, 47(1), 149-168.

_______ (1999). *Consumer boycotts: Effecting change through the marketplace and the media*. New York: Routledge.

Galbraith, J. K. (1958). *The affluent society*. 노택선 옮김(2006). 『풍요한 사회』. 한국경제신문사.

Garrett, D. (1987), The effectiveness of marketing policy boycotts: environmental oppositions to marketing. *Journal of Marketing*, 51(2), 46-57.

Giddens, A. (1991). *Modernity and self-identity: Self and society in the late modern age*. Stanford university press.

Gil de Zúñiga. H., & Valenzuela, S. (2011). The mediating path to a stronger citizenship: Online and offline networks, weak ties, and civic engagement. *Communication Research*, 38(3), 397-421.

Gitlin, T. (2002). Public sphere or public sphericules?. In T. Liebes, & J. Curran(Eds.). *Media, ritual and identity*(pp. 178-184). Routledge.

Glickman, L. B. (2009). *Buying power: A history of consumer activism in America*. University of Chicago Press.

Guiltinan, J. P. (1989). A classification of switching costs with implications for relationship marketing. In *AMA winter educators' conference: Marketing theory and practice* (pp. 216-220). Chicago: American Medical Association.

Hahn, T., & Albert, N. (2017). Strong reciprocity in consumer boycotts.

Journal of Business Ethics, 145(3), 509-524.

Hall, S. M. (2011). Exploring the 'ethical everyday': An ethnography of the ethics of family consumption. *Geoforum*, 42(6), 627-637.

Hardin, G. (1968). The tragedy of the commons. *science*, 162(3859), 1243-1248.

Hayibor, S., & Collins, C. (2016). Motivators of mobilization. *Journal of Business Ethics*, 139(2), 351-374.

Hinck, W. (2005). The role of domestic animosity in consumer choice: empirical evidence from Germany. *Journal of Euromarketing*, 14(1-2), 87-104.

Hoffman, M. L. (2001). *Empathy and moral development: Implications for caring and justice*. Cambridge University Press.

Hoffmann, S., & Müller, S. (2009). Consumer boycotts due to factory relocation. *Journal of Business Research*, 62(2), 239-247.

Hysing, E(2018). Government Engagement with Political Consumerism. In M. Bostrom, M. Micheletti, & P. Oosterveer(Eds.), *The Oxford Handbook of Political Consumerism*(pp. 833-854). Oxford, UK: Oxford Handbooks.

Inglehart, R. (1977). *The silent revolution: Changing values and political styles among Western politics*. Princeton, NJ: Princeton University Press.

Iyer, A., & Oldmeadow, J. (2006). Picture this: Emotional and political responses to photographs of the Kenneth Bigley kidnapping. *European Journal of Social Psychology*, 36(5), 635-647.

John, A., & Klein, J. (2003). The boycott puzzle: Consumer motivations for purchase sacrifice. *Management Science*, 49(9), 1196-1209.

Jones, M. A., Mothersbaugh, D. L., & Beatty, S. E. (2000). Switching barriers and repurchase intentions in services. *Journal of Retailing*,

76(2), 259-274.

Kahneman, D., Knetsch, J. L., & Thaler, R. (1986). Fairness as a constraint on profit seeking: Entitlements in the market. *The American Economic Review*, 76(4), 728-741.

Kalliny, M., & LeMaster, J. (2005). Before you go, you should know: The impact of war, economic, cultural and religious animosity on entry modes. *Marketing Management Journal*, 15(2), 18-28.

Kelm, O., & Dohle, M. (2018). Information, communication and political consumerism: How (online) information and (online) communication influence boycotts and buycotts. *New Media & Society*, 20(4), 1523-1542.

Klein, J. G., Ettenson, R., & Morris, M. D. (1998). The animosity model of foreign product purchase: An empirical test in the People's Republic of China. *Journal of Marketing*, 62(1), 89-100.

Klein, J. G., & Ettenson, R. (1999). Consumer animosity and consumer ethnocentrism: An analysis of unique antecedents. *Journal of International Consumer Marketing*, 11(4), 5-24.

Klein, J. G., Smith, N. C., & John, A. (2002). Exploring motivations for participation in a consumer boycott. *Advances in Consumet Research*, 29, 363-369.

_______ (2004). Why we boycott: Consumer motivations for boycott participation. *Journal of Marketing*, 68(3), 92-109.

Koku, P. S., Akhigbe, A., & Springer, T. M. (1997). The financial impact of boycotts and threats of boycott. *Journal of Business Research*, 40(1), 15-20.

Kollock, P. (1998). Social dilemmas: The anatomy of cooperation. *Annual Review of Sociology*, 24(1), 183-214.

Kozinets, R. V., & Handelman, J. (1998). Ensouling consumption: A netnographic exploration of the meaning of boycotting behavior. *Advanced in Consumer Research*, 25, 475-480.

Kuhlman, D. M., & Wimberley, D. L. (1976). Expectations of choice behavior held by cooperators, competitors, and individualists across four classes of experimental games. *Journal of Personality and Social Psychology*, 34(1), 69-81.

Laidler, H. W. (1913). *Boycotts and the labor struggle*. New York: John Lane Co.

Leigh, J. H., Murphy, P. E., & Enis, B. M. (1988). A new approach to measuring socially responsible consumption tendencies. *Journal of Macromarketing*, 8(1), 5-20.

Lerner, J. S., Gonzalez, R. M., Small, D. A., & Fischhoff, B. (2003). Effects of fear and anger on perceived risks of terrorism: A national field experiment. *Psychological Science*, 14(2), 144-150.

Liebrand, W. B. G. (1984). The effect of social motives, communication and group size on behaviour in an N-person multi-stage mixed-motive game. *European Journal of Social Psychology*, 14(3), 239-264.

Lockie, S. (2009). Responsibility and agency within alternative food networks: assembling the "citizen consumer." *Agriculture and Human Values*, 26(3), 193-201.

Luo, Z., & Zhou, Y. (2019). Decomposing the effects of consumer boycotts: evidence from the anti-Japanese demonstration in China. *Empirical Economics*, 1-20.

Maignan, I., & Ferrell, O. C. (2003). Nature of corporate responsibilities: Perspectives from American, French, and German consumers. *Journal of Business research*, 56(1), 55-67.

Marcuse, H. (1964). *One-dimensional man: the ideology of advanced industrial society*. Sphere Books.

Marx, K. (1932). *Economic and Philosophic Manuscripts of 1844*. 최인호 옮김(1991). 『1844년의 경제학 철학초고』. 박종철출판사.

Mausse, M (1950). *Essai sur le don*. 류정아 옮김(2002). 『증여론』. 한길사.

McCabe, K., Rigdon, M., & Smith, V. (2003). Positive Reciprocity and Intentions in Trust Games. *Journal of Economic Behavior & Organization*, 52(2), 267-275.

McCarthy, J. D., & Zald, M. N. (1977). Resource mobilization and social movements: A partial theory. *American Journal of Sociology*, 82(6), 1212-1241.

McDonald, K. (2002). From Solidarity to fluidarity: Social movements beyond 'collective identity'—the case of globalization conflicts. *Social Movement Studies*, 1(2), 109-128.

McGovern, C. F. (2009). *Sold American: Consumption and citizenship, 1890-1945*. University of North Carolina Press.

Micheletti, M. (2003). *Political virtue and shopping: Individuals, Consumerism, and collective action*. New York: Palgrave Macmillan.

Micheletti, M., & Stolle, D. (2005). Swedish political consumers: Who they are and why they use the market as an arena for politics. *Proceedings from the 2nd International Seminar on political consumerism*, 145-164.

________(2008). Fashioning social justice through political consumption, capitalism and the internet. *Cultural Studies*, 22, 746-769.

Morse, R. L. D. (1993). *The consumer movement: Lectures by Colston E. Warne. Manhattan*, KS: Family Economics Trust Press.

Murphy, W. W. (2016). *Consumer culture and society*. Sage Publications.

Neilson, L. A. (2010). Boycott or buycott? Understanding political consumerism. *Journal of Consumer Behavior*, 9, 214-227.

Neilson, L. A., & Paxton, P. (2010). Social capital and political consumerism: A multi-level analysis. *Social Problems*, 57(1), 5-24.

Newman, B. J., & Bartels, B. L. (2011). Politics at the checkout line: Explaining political consumerism in the United States. *Political Research Quarterly*, 64(4), 803-817.

Nijssen, E. J., & Douglas, S. P. (2004). Examining the animosity model in a country with a high level of foreign trade. *International Journal of Research in Marketing*, 21(1), 23-38.

Offe, C. (1985). New social movements: challenging the boundaries of institutional politics. *Social Research*, 52(4), 817.

Olson, M. (1965). *The logic of collective action*. Cambridge, MA: Harvard University Press.

Paek, H., & Nelson, M. R. (2009). To buy or not to buy: Determinants of socially responsible consumer behavior and consumer reactions to cause-related and boycotting ads. *Journal of Current Issues and Research in Advertising*, 31(2), 75-90.

Pellizzoni, L. (2012). In search of community: Political consumerism, governmentality and immunization. *European Journal of Social Theory*, 15(2), 221-241.

Pepper, M., Jackson, T., & Uzzell, D. (2009). An examination of the values that motivate socially conscious and frugal consumer behaviours. *International Journal of Consumer Studies*, 33(2), 126-136.

Perugini, M., & Bagozzi, R. P. (2001). The role of desires and anticipated emotions in goal-directed behaviours: Broadening and deepening the theory of planned behaviour. *British Journal of Social Psychology*, 40(1), 79-98.

Pruitt, S. W., & Friedman, M. (1986). Determining the effectiveness of consumer boycotts: A stock price analysis of their impact on corporate targets. *Journal of Consumer policy*, 9(4), 375-387.

Rheingold, H. (2002). *Smart Mobs: The next social revolution*. Cambridge, MA: Perseus.

Roberts, J. (1995). Profiling levels of socially responsible consumer behavior: Cluster analytic approach and its implications for marketing. *Journal of Marketing Theory and Practice*, 3(4), 97-117.

Rose, M., Rose, G. M., & Shoham, A. (2009). The impact of consumer animosity on attitudes towards foreign goods: a study of Jewish and Arab Israelis. *Journal of Consumer Marketing*, 26(5), 330-339.

Sasson, T. (2016). Milking the third world? Humanitarianism, capitalism, and the moral economy of the Nestle boycott. *The American Historical Review*, 121(4), 1196-1224.

Saunders, P. (1986). *Social theory and the urban question*. Routledge.

Schudson, M. (2007). Citizens, consumers, and the good society. *Annals of the American Academy of Political and Social Science*, 611, 236-249.

Scott, E. (1990). *Ideology and the new social movements*. 이복수 옮김 (1995). 『이데올로기와 신사회운동』. 한울아카데미.

Sen, S., Gürhan-Canli, Z., & Morwitz, V. (2001). Withholding consumption: A social dilemma perspective on consumer boycotts. *Journal of Consumer Research*, 28, 399-417.

Sethi, R., & Somanathan, E. (2003). Understanding Reciprocity. *Journal of Economic Behavior & Organization*, 50(1), 1-27

Shah, D. V., McLeod, D. M., Kim, E., Lee, S. Y., Gotlieb, M. R., Ho, S. S., & Breivik, H. (2007). Political consumerism: How communication and consumption orientations drive "lifestyle politics". *The ANNALS of the American Academy of Political and Social Science*, 611(1), 217-235.

Shimp, T. A., Dunn, T. H., & Klein, J. G. (2004). Remnants of the US Civil War and modern consumer behavior. *Psychology & Marketing*, 21(2), 75-91.

Shimp, T. A., & Sharma, S. (1987). Consumer ethnocentrism: construction and validation of the CETSCALE. *Journal of Marketing Research*, 24(3), 280-289.

Shirky, C. (2011). The political power of social media: Technology, the public sphere, and political change. *Foreign Affairs*, 28-41.

Smith, C. (1990). *Morality and the Market: Consumer pressure for corporate accountability*. Routledge.

Smith, N. C., & Cooper-Martin, E. (1997). Ethics and target marketing: The role of product harm and consumer vulnerability. *Journal of Marketing*, 61(3), 1-20.

Smith, M., & Li, Q. (2010). The boycott model of foreign product purchase: An empirical test in China. *Asian Review of Accounting*, 18(2), 106-130.

Sombart, W. (1913). *Luxus und Kapitalismus*. 이상률 옮김(2017). 『사치와 자본주의』. 문예출판사.

Stolle, D., Hooghe, M., & Micheletti, M. (2005). Politics in the supermarket: Political consumerism as a form of political participation. *International Political Science Review*, 26(3), 245-269.

Stolle, D., & Huissoud, L. (2019). Undemocratic political consumerism. In M. Boström, M. Micheletti, & P. Oosterveer(Eds.). *The Oxford handbook of political consumerism*(pp. 625-641). Oxford Handbooks.

Stolle, D., & Micheletti, M. (2013). *Political consumerism: Global responsibility in action*. Cambridge University Press.

Stolle, D., Micheletti, M., & Crépault, J. F. (2013). Mapping political consumerism in Western democracies. In D. Stolle, & M. Micheletti(Eds.). *Political consumerism: Global responsibility in action*(pp. 95-134). Cambridge University Press.

Strømsnes, K. (2009). Political consumerism: A substitute for or supplement to conventional political participation? *Journal of Civil Society*, 5(3), 303-314.

Sumner, W. G. (1906). Folkways: A study of the sociological importance of usages. *manners, customs, mores, and morals*, Read Books Ltd.

Tilly, C. (1978). *From mobilization to revolution*. Addison-Wesley

Trentmann, F. (2011). Consumer society-RIP. A comment. *Contemporary European History*, 20(1), 27-31.

Tucker, L. R. (1978). The environmentally concerned citizen: Some correlates. *Environment and Behavior*, 10(3), 389-418.

Tyran, J. R., & Engelmann, D. (2005). To buy or not to buy? An experimental study of consumer boycotts in retail markets. *Economica*, 72(285), 1-16.

Twyman, M., Harvey, N., & Harries, C. (2008). Trust in motives, trust in competence: Separate factors determining the effectiveness of risk communication. *Judgment and Decision Making*, 3, 111-120.

Van Lange, P. A., Liebrand, W. B., Messick, D. M., & Wilke, H. A. (1992). Social dilemmas: The state of the art. In W. Liebrand, D. Messick, & H. Wilke (1992). *Social dilemmas: Theoretical issues and research findings* (pp. 3-28). Galand Science.

Van Marrewijk, M., & Werre, M. (2003). Multiple levels of corporate sustainability. *Journal of Business ethics*, 44(2-3), 107-119.

Veblen, T. (1899). *The theory of the leisure class*. 김성균 옮김(2012). 『유한계급론』. 우물이 있는 집.

Velagaleti, S. R. (2017). *From Symbolic Violence to Revolution: How Social Change Impacts Consumer Legitimacy in the Marketplace*. The University of Wisconsin-Madison.

Wahlen, S., Heiskanen, E., & Aalto, K. (2012). Endorsing sustainable food consumption: Prospects from public catering. *Journal of Consumer

Policy, 35(1), 7-21.

Waldman, S. (1992). The tyranny of choice: Why the consumer revolution is ruining your life. *New Republic*, 206, 22-25.

Webb, D. J., Mohr, L. A., & Harris, K. E. (2008). A re-examination of socially responsible consumption and its measurement. *Journal of Business Research*, 61(2), 91-98.

Weber, M. (1905). *The protestant ethic and the spirit of capitalism*. 박문재 옮김(2018). 『프로테스탄트 윤리와 자본주의 정신』. 현대지성.

Webster Jr, F. E. (1975). Determining the characteristics of the socially conscious consumer. *Journal of Consumer Research*, 2(3), 188-196.

Wiedenhoft, W. A. (2006). Consumer tactics as 'weapons' Black lists, union labels, and the American Federation of Labor. *Journal of Consumer Culture*, 6(2), 261-285.

Willis, M. M., & Schor, J. B. (2012). Does changing a light bulb lead to changing the world? Political action and the conscious consumer. *The Annals of the American Academy of Political and Social Science*, 644(1), 160-190.

Wolman, L. (1914). *The boycott in American trade unions*. Baltimore: Johns Hopkins Press.

Wood, D. J. (1991). Social issues in management: Theory and research in corporate social performance. *Journal of Management*, 17(2), 383-406.

Woodhead, M. (1998). Children's perspectives on their working lives: A participatory study in Bangladesh, Ethiopia, The Philippines, Guatemala, El Salvador and Nicaragua. Save the children Sweden.

Wooton, G. O. (1978). *Pressure politics in comtemporary Britain*. Lexingon: Lexington Books.

Zillmann, D. (1995). Mechanisms of emotional involvement with drama. *Poetics*, 23(1-2), 33-51.

Zorell, C. V. (2018). *Varieties of political consumerism: From boycotting to buycotting*. Springer.

• 신문기사 •

경북일보(2009. 12. 30). 속았다 금복주 참소주는 수돗물

경향신문(1964. 9. 1). 言論法反對紙購讀禁止令(언론법반대지구독금지령)에 맞서 野側(야측), 贊成紙(찬성지) 不買同盟(불매동맹) 기세

________(1965. 3. 8). 고기안사기 운동 대한어머니회서 주부들에 호소문

________(1965. 7. 7). 學生(학생)들 絶叫(절규) 들리지 않는지—「日商品不員(일상품불원)」 운동 外面(외면)

________(1965. 7. 8). 日商品(일상품) 不買(불매) 署名(서명) 5萬餘(만여)

________(1966. 7. 16). 日(일)이 対北傀(대북괴) 政策(정책) 바꾸지 않으면 政府(정부), 强硬(강경) 조치 取(취)하기로

________(1966. 7. 21). 報復段階(보복단계) 아니다

________(1966. 9. 22). 三星(삼성)·阪本(판본) 상품 不買(불매)운동 벌여 民衆(민중)당원들이

________(1966. 11. 12). "有害(유해)과자로부터 어린이를 지키자" 어머니들 不買(불매)운동

________(1967. 11. 23). 政界(정계)서 문제삼아 石油(석유) 난로 暴利(폭리)

________(1970. 8. 5). 며느리 서클까지 登場(등장)

________(1970. 9. 30). 소비자覚醒(교성)시키고 業者(업자)에 따끔한 警鐘(경종)

________(1970. 10. 1). 不良商品(불량상품) 리스트 뽑아 안 사기 運動(운동)

________(1971. 1. 15). 勞總(노총)서 勞組(노조)결성 방해業體(업체)제품 不買(불매)운동 不辭(불사)

________(1972. 4. 14). 消費者(소비자)는 王(왕)이다

________(1973. 1. 12). 朴(박)대통령 年頭會見(연두회견)

________(1973. 2. 1). 主婦(주부)교실등 年中(연중) 계속키로 값 올린 商品(상품)

不買(불매)운동

________(1973. 2. 2). 消費者(소비자)에 의한 消費者(소비자)를 위한 消費者(소비자)의 運動(운동)

________(1973. 2. 9). 엉뚱한 合性洗劑(합성세제) 不買(불매)운동공청회 "內部(내부)사정"이유 使用法(사용법) 강의

________(1974. 5. 4). 아사히新聞(신문) 보도 "在日(재일)교포 就職(취직)차별에 항의 한국에서「日立(일립)」不買(불매)운동"

________(1974. 6. 26). 번지는「不正外來品(부정외래품) 추방」

________(1974. 7. 24). 설탕 끼어 팔기 여전

________(1974. 7. 31). 消費者(소비자) 울리는「끼어팔기」

________(1974. 9. 13). 女性團體(여성단체)활동…그 虛實(허실)

________(1975. 1. 16). 新民調査委(신민조사위) 東亞(동아) 廣告解約(광고해약)회사 名單公開(명단공개) 보류키로

________(1975. 5. 14).「同等入社(동등입사)」등 요구 女性(여성)단체 협의회

________(1976. 2. 14). 物價高(물가고) 교육비 主婦(주부) 최대 관심사

________(1976. 3. 9). 한국婦人會(부인회) 日製商品(일제상품) "사지도 쓰지도 말자"

________(1985. 8. 24). 大學街(대학가)에「소비자保護(보호)운동」바람

________(1986. 6. 11). 梨大生(이대생)들 校內(교내) 소비자운동 "폭리業所(업소)는 이용하지 말자"

________(1987. 6. 26). "女性(여성) 商品化(상품화)" 시정을

________(1988. 7. 20). 양담배 불매 스티커 제작

________(1989. 6. 29). 자몽 不買(불매)운동 펴기로

________(1989. 7. 5). 消協(소협), 자몽 不買(불매)운동 펴기로

________(1989. 11. 8). 消費者(소비자)단체 憤怒(분노)의 목소리

________(1990. 8. 10). 11개 업체 생산 生水(생수) 부인회서 不買(불매)운동

________(1991. 3. 25). 두산제품 안 팔린다

________(1991. 9. 26).「말보로테니스」에 금연단체 "바리케이드"

________(1993. 12. 9). 24개 公害(공해)업체 제품 불매운동
________(1995. 9. 13). 핵실험 강행 항의 프랑스 제품 불매운동
________(1996. 2. 14). 日(일)상품 불매운동 전국 확산
________(1996. 7. 13). "마이클잭슨공연반대" 시민·사회단체 성명
________(1996. 9. 5). 마이클 잭슨 공연 공방가열 시민·종교단체 반대운동에 팬클럽 중단 촉구
________(1997. 1. 25). "核(핵)폐기물 北(북)반입 중단하라" 시민단체서 저지운동
________(1997. 10. 3). "301조는 경제 선전포고" 반발 시민단체, 美(미)상품 불매운동 등 경고
________(2002. 12. 5). 안사고 안쓰고 안먹기, 미 상품 불매운동
________(2003. 5. 2). 엑스트랙 단종 안하면 불매운동
________(2004. 2. 18). 잇단 부당해고 시민단체 해결 나서
________(2004. 2. 26). 외환은행, 카드사 직원 170명 정리해고
________(2005. 3. 20). 반일 주권 수호, 연일 시위
________(2005. 4. 12). '독도 일본 땅' 수록 日 전자사전 불매운동 확산
________(2005. 8. 6). 롯데백화점 7개 분점 등록세 70억 고의 회피
________(2006. 4. 5). 수입쌀 밥상 어림없다, 칼로스 첫 공매
________(2006. 6. 23). 집단 조퇴·기말고사 연기 '탈난 학교들'
________(2007. 1. 28). 70만원대 교복 공정위 조사
________(2007. 7. 12). "이랜드社史는 노조탄압사"
________(2007. 7. 13). 이랜드 공대위 출범. 전국적 불매운동 돌입
________(2007. 11.6). 삼성비자금 폭로 김용철, 사제단에 네티즌 격려 봇물
________(2008. 3. 18). 노래방 새우깡 알고 보니 '중국산'…이물질 발견후 항의 빗발
________(2008. 3. 20). '생쥐깡'이어 이번엔 참치 통조림서 '칼날 조각'
________(2008. 4. 28). 하나로텔 소비자 뿔났다. 집단 손배소 제기
________(2008. 11. 27). 촛불 꺼지니… 美쇠고기 판매 대형마트 비난 시위
________(2009. 5. 13). "홈플러스 24시간 영업 말라" 지방이 끓는다

________(2009. 9. 4). 조중동 종편 컨소시엄 참여기업, 언소주 "불매운동

________(2010. 1. 25). 콜트콜텍 해고노동자 미국원정투쟁, CNN 등 언론에서도 심층취재

________(2010. 4. 14). 금복주 100% 암반수라더니 수돗물 소주

________(2010. 7. 28). 반교육, 반여성, 반노동, 재능교육 불매를

________(2010. 10. 26). 입맛 당기나 뒷맛 씁쓸한 이마트피자

________(2010. 10. 29). 문용식, 정용진 이마트 피자 싸고 트위터 설전

________(2010. 12. 19). 우유 값 담합 188억 원 '철퇴'

________(2011. 4. 20). 옴니아 망치로 깨고 불 태우고. 80만 안티맨 뿔났다

________(2013. 1. 12). 이마트 노조 설립 막으려 지권 150명 사찰 성향 분류

________(2013. 1. 22). 이마트 직원 사찰, 불매운동 이어지나

________(2013. 5. 1). 호텔 지배인 폭행 강수태 회장 "프라임베이커리 폐업"

________(2013. 5. 5). 막말 끝판왕, 남양유업 영업사원 "씨xx아…빙신아"

________(2013. 5. 6). 남양유업 횡포에 분노한 시민들, 불매운동 확산

________(2013. 11. 1). 불려나온 옥시, 반쪽 사과

________(2014. 9. 4). 노동계, 부산 막걸리 생탁 불매운동 까닭은

________(2015. 1. 8). 노동력 먹튀, 위메프 논란에 회원 탈퇴, 불매운동까지

________(2015. 2. 9). 홈플러스 불매운동 선포식

________(2015. 7. 27). 시민들, 니콘 카메라, 기린 맥주…미쓰비시 불매운동

________(2015. 8. 3). [롯데 경영권 분쟁] 실상은 일본기업, 롯데 불매운동 확산

________(2017. 2. 3). '독성물질 검출' 논란 P&G 기저귀…국가기술표준원, 안전성 조사 착수

________(2017. 3. 9). 다시 옥시제품 불매운동에 나선다

________(2017. 4. 2). [지금 SNS에선] 바지가 불편하다고?

________(2017. 4. 7). 스타벅스 코리아, 진상고객은 다 여성?

________(2017. 6. 5). 성 추문, 호식이 두 마리 치킨 불매운동 번지나…회사 측 사건전후관계 파악 중

________(2017. 11. 5). 한샘 성폭행 논란에 불매운동 확산, 홈쇼핑은 생방송 연

기도
________(2017. 11. 14). 유홍근 BBQ 회장 가맹점 가서 욕설 폭언, 온라인선 불매운동
________(2017. 12. 18). 페미니스트라서 합격 취소, 아웃백 부당해고 논란
________(2017. 12. 30). 강산도 변한다는 10년, 태안에서 무슨 일이?
________(2018. 2. 13). [한국지엠 군산공장 폐쇄] "GM 구매운동까지 했는데… 시민 두 번 울린 만행
________(2018. 3. 27). 게임업계, 만연한 페미니즘 사상 검증
________(2018. 4. 15). 폭력의 역사, 재벌 일가의 갑질 폭력, 언제까지 계속될까
________(2018. 11. 17), 갑의 나라, 시민의 분노 두렵지 않다
________(2019. 1. 16). "유해한 남성성?" 질레트 광고에 남자들 '뿔 났다'
________(2019. 3. 15). 승리 퇴출에도 커지는 YG 책임론, 마약 YG전자 논란은 버닝썬 게이트 예고편
________(2019. 4. 9). 남양유업 불매운동 조짐에 황하나 개인 일탈, 강력 처벌 바란다
________(2019. 8. 15). 일본 불매운동에…유니클로 카드사 매출 70%, 일본 관광지 매출 20% '뚝'
________(2020. 1. 8). 가습기 살균제 사건일지
________(2020. 1. 12). 유니클로 불매운동 큰 타격 없어 실망?…보이는 숫자보다 보이지 않는 의식 변화 큰 의미
________(2020. 1. 19). 데이터 3법은 민생 법안인가
________(2020. 3. 1). '디젤 게이트' 폭스바겐, 독일 소비자에겐 180만~835만원 씩 배상
뉴스1(2013. 7. 1). 영남제분, 불매운동에 이어 안티카페까지
________(2013. 9. 30). 나눔재단 설립한 블랙야크 회장, 폭행으로 물의
________(2014. 2. 10). 여수시의회 등 유류 유출 진상규명 촉구
________(2014. 10. 9). 크라운제과에 분노한 소비자, 돈내고 식중독균 사먹다니
________(2017. 5. 18). '가습기살균제' 옥시, 세제류 '쉐리' '파워크린' 단종

________(2019. 4. 9). 독립운동가 도시락에 이승만, 불매운동 조짐에 난감
________(2019. 7. 12). 주요 여행사 '日여행 상품 매출 뚝'…취소 80% 급증
________(2019. 10. 29). 시민단체 "'햄버거병' 한국맥도날드 재수사 엄정히 하라
동아일보(1923. 2. 16). 土産獎勵(토산장려) 今日(금일)부터 實行(실행) 自作自給(자작자급) 二千萬民衆(이천만민중)의 一致合勢(일치합세)로 成就(성취)할 自活運動(자활운동).
________(1932. 6. 16). 全洞民決議(전동민결의) 고무신 不買(불매).
________(1964. 9. 1). 서울』·『한국』등 『贊成新聞(찬성신문)』 不買運動(불매운동)
________(1965. 6. 15). 14日(일) 女性消費者覺醒蹶起大會(여성소비자각성궐기대회) 外來品(외래품)·不良商品(불양상품)을 排擊(배격).
________(1965. 6. 29). 日製商品(일제상품) 보이콧
________(1966. 7. 19). 水因性傳染病蔓延(수인성전염병만연) 우려
________(1966. 7. 22). 韓日問題(한일문제)와 政府(정부)의 不協和音(불협화음)
________(1966. 11. 23). 財閥密輸(재벌밀수)규탄 419會(회)서 時局宣言(시국선언)
________(1969. 4. 7). 與(여)·野(야) 엇갈리는 言論觀(언론관)
________(1969. 6. 14). 指彈(지탄)받는 에로雜誌(잡지) 規制(규제)와 淨化(정화)의 方向(방향)
________(1973. 1. 31). 主婦(주부)교실中央會(중앙회) 市場(시장)돌며 돼지고기 不買(불매)운동
________(1974. 5. 10). 히다찌 製品不買(제품불매)운동 歐(구)·美(미)등 全世界(전세계)서 展開(전개)
________(1975. 1. 1). 教會(교회) 女性(여성)연합회 聲明(성명) "「東亞(동아)」돕기 全國(전국)운동 廣告解約業體(광고해약업체) 조사 상품 불매도.
________(1978. 1. 9). 全國大都市(전국대도시) 品貴(품귀)에 값暴騰(폭등) 肉類(육류)파동
________(1979. 2. 9). 物價(물가)못 잡으면 不買(불매)운동
________(1981. 7. 9). 主婦(주부)클럽연합회 기습引上(인상)상품 不買(불매)운동
________(1983. 5. 30). TV는 視聽者(시청자)가 王(왕)이다「消費者(소비자)운

동」기지개 —YWCA모니터클럽서 앞장
________(1983. 6. 14). 금은방 · 구두 · 안경 등 전문점 價格(가격)표시제 확대
________(1985. 6. 20). 10개女性(여성)단체 · 學生(학생) 등 근로자해고 항의 「톰보이」 不買(불매)운동
________(1985. 8. 9). 市販(시판) 간장 믿어도 좋은가
________(1985. 10. 31). 輸入(수입)개방 압력 계속 땐 美(미)상품不買(불매)운동 韓國(한국)부인회 결의
________(1986. 4. 3). KBS 시청료 거부운동
________(1986. 4. 4). KBS 시청료 거부운동 확산
________(1987. 5. 16). 여성단체聯(연)서 청바지 「뱅뱅」 不買(불매)운동 業體(업체) 「부당노동」 항의
________(1987. 7. 4). 「뱅뱅」 "불매운동을 종결합니다"
________(1988. 6. 17). 양담배 불매운동 확산.
________(1988. 11. 19). 양담배회사에 國內(국내)테니스대회 스폰서 맡겨 말썽
________(1989. 1. 16). "이젠 안 속는다"…全國(전국)서 백화점규탄 시위
________(1990. 10. 10). 輸入(수입)농축산물 사 먹었다" 74%
________(1991. 1. 14). UR국민對策委(대책위) 수입상품 不買(불매)운동
________(1991. 5. 17). 斗山(두산)제품 不賣(불매)」는 公正(공정)거래 위반
________(1991. 9. 13). 아기그림 삭제 위약 매일유업 불매운동 소비자모임
________(1992. 9. 4). 製藥社(제약사) 「시리즈상표」 "가격 편법인상 소비자 놀린다"
________(1992. 11. 13). 스포츠紙(지) "不買(불매)"전개 음란내용 시정 요구 21개단체 성명
________(1992. 12. 1). "매일유업 분유광고 再開(재개) 중단하라"
________(1996. 7. 18). 公正委(공정위) 「재벌신문」 감시를
________(1997. 4. 22). 美(미)암웨이—국내 세제업체 광고 싸고 공정위 맞제소
________(1999. 6. 18). 쿼터제 축소 철회안하면 스타워즈 불매운동 펼터
________(1999. 7. 7). '삼성車(차) 처리' 반발 화난 부산民心(민심) "釜山(부산)이

법정관리 당했다" 분노

_______(2001. 7. 26). 천주교, 개신교 사후 피임약 시판 강력 반발

_______(2001. 9. 6). 한국 인간복제 기지되나

_______(2001. 10. 7). "日총리 방한 반대" 1000만 명 서명운동

_______(2003. 1. 14). 민노총 등 40여 개 단체 대한商議 앞서 시위

_______(2003. 12. 30). 마이클잭슨 공연 관련 "시민단체, 공연반대 불매운동은 위법"

_______(2004. 6. 10). 만두 이어 라면수프… 불량식품의 끝은…

_______(2004. 6. 12). 소비자단체 "당국-업체 상대 집단 소송"

_______(2005. 4. 6). 日製 디카 안 판다…홈쇼핑 2개社 판매중단

_______(2006. 2. 14). 학부모-대형3社 또 교복값 공방 "20% 내려야" "품질 달라"

_______(2006. 8. 29). 누리꾼들 "수십억 화장품 광고 모델료 너무해!"

_______(2006. 9. 12). 분노 쏟아지는 분유…이물질 대장균 "아기에게 뭘 먹이나"

_______(2007. 2. 7). 중고신입생 5월까지 사복 입어도 된다.

_______(2008. 3. 19). 농심 '생쥐머리 추정 이물질 새우깡' 한 달 동안 쉬쉬

_______(2009. 9. 11). 재범 없는 JYP 불매

_______(2010. 12. 13). 통 큰 치킨 지못미, 누리꾼 거센 반발

_______(2012. 12. 4). 현대카드 사장, 커피값 계산하는 불쌍한 남자들

_______(2013. 4. 30). 제 2의 라면 사건? 프라임베이커리 회장, 호텔 지배인 폭행

_______(2013. 8. 7). 우유가격 인상 근거 못 대면 불매운동

_______(2013. 8. 9). 우유가격 인상 역풍, 반 나절만에 제자리

_______(2014. 10. 14). 동서식품 '대장균 시리얼' 논란에 뿔난 소비자 온라인 불매운동?

_______(2015. 3. 20). 이케아 평균 판매가격, 스웨덴 다음으로 비싸, 8개 품목은 가장 비싸

________(2015. 7. 2). 네네치킨 사과, 고 노무현 재단 찾아, 불매운동 여전해

________(2016. 2. 22). 에코로바 갑질 논란에 불매운동까지, 하청업체 불공정 거래 주장

________(2016. 4. 22). 옥시 불매운동 확산 조짐, 개미의 힘 보여주자

________(2016. 6. 2). 노키즈존 영업에 불매운동 전개 맞불,,어떻게 생각하나요

________(2016. 7. 25). '폴크스바겐의 호갱' 불러온 한국 소비자들

________(2016. 9. 27). 금복주 "여직원 차별 근무 환경 개선"

________(2016. 12. 7). '친환경車' 허위 광고한 폴크스바겐에 역대 최대 370억 원대 과징

________(2017. 7. 10). [이슈&트렌드/전승민] HUS가 햄버거병이 아닌 까닭

________(2017. 7. 27). 총각네 야채가게 대표 갑질 논란에 비난 봇물, 돈만 벌면 저 모양

________(2017. 8. 21). 릴리안 생리대 부작용 파문 확산…소비자 "내 돈 주고 임상실험 당한 꼴"

________(2017. 8. 23). 깨끗한나라 주가 전주 대비 16% 폭락…'릴리안 환불' 백기?

________(2017. 11. 6). 불매운동 번진 한샘, 사내 성폭행 논란

________(2018. 1. 15). "나보고 '관종'이래"…'82년생 김지영' 패러디 대기업 광고 논란

________(2018. 1. 23). 댓글 조작 의혹, 네이버 불매운동 조짐

________(2018. 3. 20). 중금속 검출 아모레퍼시픽 이미지 뚝뚝, 주가하락, 불매 움직임까지

________(2018. 12 26). "BMW 사기행위 책임 묻자" 성난 소비자

________(2019. 1. 2). 교복 1벌에 28만원, 교복브랜드 3곳 입찰 담합 첫 적발

________(2019. 3. 12). 승리 은퇴선언에도 문제 '펑펑' …'아오리라멘' 불매운동 후끈

________(2019. 11. 28). 유니클로 '공짜 내복' 미끼 작전도 안 통했다…매출 70% 급감

머니투데이(2018. 10. 2). "또 52주 최저가"…주가 올들어 60% 추락한 한샘
매일경제(1971. 5. 20). 쌀값 안정은 주부들 손에
________(1973. 1. 25). 서울市(시) 主婦(주부) 教室(교실) 不買(불매)운동 支援(지원) 粗惡品(조악품)·부당가격 추방
________(1975. 6. 2). 差別停年(차별정년)은 부당
________(1982. 8. 13). 일 관광객에 음식 안 팔아
________(1984. 11. 5). 女性(여성)에게도 就業(취업)기회를
________(1985. 2. 27). 女體(여체)를 商品化(상품화)할땐 강력 제재
________(1985. 3. 22). 外製(외제)타이어·칫솔·保溫(보온)병 國産(국산)보다 質(질) 낮다
________(1988. 7. 11). "不買(불매) 외면" 양담배소비 급증
________(1991. 11. 9). OB맥주「페놀惡夢(악몽)」벗었다
________(1993. 11. 12). 食品(식품) 제조일 표시 의무制(제) 백지화 소비자團體(단체) 큰 반발…파란예고
________(1997. 3. 21). 다단계판매 암웨이제품 불매운동
________(1997. 6. 20). 암웨이, 불매운동으로 영업타격
________(1997. 12. 3). 소비자단체 경제살리기 앞장선다
________(1999. 11. 25). 수수료 비싼 카드 쓰지맙시다.
부산일보(2014. 1. 28). 매가마트 불매운동 불사
시사위크(2014. 8. 29). [조연행 금융소비자연맹 대표 인터뷰] "징벌적 손해배상제도 도입돼야"
시사저널(2019. 8. 8). 개인정보 유출사고, 영국은 2700억원, 한국은 1500만원
식품음료신문(2013. 6. 25). [하상도 칼럼(134)] 식품안전사건사고 고찰⑨-미국산 자몽 발암성 농약 알라 검출 사건
여성신문(1989. 5. 5). 노예시장 같은 미인대회를 차버리자
________(2013. 7. 11). 남양유업 성차별, 고용노동부가 직권 조사하라
________(2016. 4. 21). 인권단체 비판에도 '성차별' 디자인 제품 파는 뻔뻔한 업체

________(2016. 7. 19). 넥슨, 이번엔 페미니스트 성우 해고, #넥슨_보이콧 확산
________(2017. 6. 4). 여성들은 이런 뷰티 마케티을 싫어한다
________(2018. 1. 26). "신상유출 협박 상태 방치", 뿔난 여성들, 배달의 민족 불매운동
________(2018. 6. 19). 옥시의약품 불매운동
연합뉴스(2002. 1. 18). 정부 물가대책 주요 내용
________(2002. 2. 28). 한국 반미 감정 수년내 최악
________(2005. 3. 17). 독도분란- 日규탄시위 이틀째 계속
________(2007. 7. 16). 나쁜 기업 이랜드 불매 시민행동
________(2010. 12. 10). 롯데마트 5천원 치킨 원가 거품 논란 촉발
________(2010. 12. 21). 재능교육 천막농성 3년째, 불매운동 전개
________(2011. 1. 12). 전북도의회, 대형마트 영업시간 단축 촉구
________(2011. 1. 18). 누드사진 게재 신정아 사건 8천만원에 조정 종결
________(2011. 4. 27). 옴니아 → 삼성폰 변경시 20만원 지원
________(2013. 10. 16). 환경운동연합, 산업폐기물 해양투기 중단하라
________(2014. 9. 25). 질소과자 항의 대학생 과자뗏목 타고 한강 건넌다
________(2014. 12. 12). 뉴욕 일부 한인단체 땅콩 회항, 대한항공 불매 추진
________(2016. 1. 13). '연비 조작' 폴크스바겐 디젤 "한국에서만 잘 나가"
________(2016. 2. 23). 금융소비자원 "ISA 불완전판매 가능성, 가입 서두르지 말아야"
________(2016. 4. 20). 살인가습기 옥시 증거인멸 의혹, 누리꾼 불매운동
________(2016. 5. 17). 아모레퍼시픽 모럴해저드?…행정처분 · 제품회수 최
________(2018. 3. 11). 배스킨라빈스, 미투폭로 내용 마케팅 활용해 비난…공식 사과
________(2018. 4. 14). 끊이지 않는 재벌가 갑질, 특권의식, 족벌경영 탓
________(2018. 4. 18). '가습기 사태' 옥시 불매운동에 의약품 매출 반토막
________(2019. 2. 2). 로드샵의 몰락… 화장품 사러 어디 가나
________(2019. 8. 19). 국민 5명 중 4명 올해 일본 여행 안 간다

________(2019. 10. 24). 환경 거짓광고 폴크스바겐, 373억 과징금 소송서 최종 패소
________(2019. 12. 29). 가지도 사지도 않습니다, 하반기 뒤흔든 일본 불매
________(2020. 1. 16). 법원 "'배출가스 조작' 폴크스바겐, 차주에게 위자료 줘야"
________(2020. 2. 6). 배출가스 조작 아우디폭스바겐 코리아 1심 선고
오마이뉴스(2001. 4. 13). 남양유업의 8억원 모델료 소동
________(2003. 1. 30). 여성단체 '두산제품 불매운동' 동참
________(2008. 11. 13). 이랜드 사태, 510일 만에 마침표, 노조에 상처 남긴 '절반의 승리'
________(2013. 1. 25). 이마트공대위 발족, 대국민사과 없으면 불매운동
________(2014. 8. 12). 위생불량 적발 생탁 불매운동 번진다
________(2017. 3. 22). 욕먹고 사라진 유세윤 광고, 넷플릭스 너마저
________(2018. 4. 17). 스트렙실, 개비스콘 아웃! 옥시의약품 불매운동 재개.
일다(2007. 9. 14). 언론, 여성단체들 문화일보 보이콧
조선일보(1931. 3. 9). 고무신을 벗고 조선의 집신을 신자
________(2001. 4. 17). 일제 불매운동 번지나
________(2001. 7. 10). 일 교과서 수정 거부에 분노
________(2002. 12. 11). 미군 규탄시위 확산
________(2003. 3. 23). 광화문서… 광주 · 대전도 집회 "전쟁반대 · 파병철회" 7000여 명 촛불행진
________(2005. 11. 24). 네티즌 PD 수첩 광고 안 끊으면 불매운동 하겠다.
________(2009. 7. 23). 애들 교복 값이 어른 양복 값
________(2009. 7. 23). 아파트 주민 잇따라 홈플러스 불매운동 동참 선언
________(2011. 7. 30). 개인정보 무단 유출 하나로텔레콤, 2,348명에게 배상하라
________(2014. 1. 28). 부산 메가마트(동래점 · 남천점), 전국 처음 의무휴업일 영업 강행
________(2014. 10. 14). 독서식품 시리얼, 대장균군 검출제품 재사용

________(2016. 6. 1). 늘어나는 노키즈존 업소, 뿔난 엄마들
________(2017. 2. 3). P&G 팸퍼스 기저귀 독성물질 검출 논란
________(2017. 3. 7). 우리도 중국 제품 사지 말자. 사드 보복에 반중 여론 들끓어
________(2017. 7. 14). 폭언 갑질 논란에 고개 숙인 이장한 종근당 회장, 소비자는 부글부글
________(2017. 12. 11). 릴리안 생리대 유해물질 논란, 손해배상 첫 재판
________(2018. 1. 18). 法 "홈플러스, 개인정보 유출 고객들에 배상하라"
________(2018. 10. 4). [종목돋보기] 부동산 대책으로 이사 특수 사라져…한샘의 날개는 어디에
________(2018. 10.17). 일본 놀러간 한국인 714만명… 한국 놀러온 일본인 231만명
________(2018. 10. 25). 목조르고 밀치고…교촌치킨 회장 6촌, 직원 폭행 '갑질'
________(2018. 10. 29). 프랜차이즈 오너 갑질…미국은 엄벌, 한국은 시늉만
________(2019. 2. 27). 페미영화 안봐, 캡틴 마블 때 아닌 불매운동, 왜
________(2019. 2. 28). 한유총 "올해 1학기 개학 무기한 연기"… 3월 유치원 대란 오나
________(2019. 4. 15). '곰팡이 호박즙' 논란에 임블리, 남편과 함께 사과…"소통 막은 선택 후회"
________(2019. 4. 29). '1000원 지폐로 퇴직금 지급 갑질'에 분노한 네티즌…대천항 수산시장 불매운동 목소리도
________(2019. 5 13). KT 광고에 '데이트 폭력' 논란 '보겸' 등장… KT 불매운동 확산
________(2019. 5. 24). 한지선 폭행 위메프 불똥, 폭행 한달만에 광고모델
________(2019. 6. 11). 이수 출연 논란 어반 뮤직 페스티벌 서울 공연 취소
________(2019. 7. 5). 가습기 살균제 피해자들 애경 사죄, 배상 없으면 불매운동도 불사
________(2019. 7. 13). 페이스북, 개인정보 유출로 5조 8900억원 벌금 물듯

________(2019. 7. 29). 개미들 뒤통수 친 애국테마주

________(2019. 8. 14). 일본산 맥주 사실상 수입 중단…8월 수입량 작년 대비 98.8% 급감

________(2019. 10. 25). 여자는 9.5점 vs 남자는 1.7점. '82년생 김지영' 갈라진 평점 싸움

________(2019. 12. 1). 옥시 영 본사 CEO 가습기 살균제 피해자에게 진심으로 사죄

주간경향(2006. 9. 5). [秘錄 환경운동25년] 거리에 쏟아진 분노의 맥주 거품

주간한국(2009. 7. 8). 환영받지 못하는 대한뉘우스

중앙일보(2001. 5. 4). 3대 교복업체 교복값 담합 1천억 폭리

________(2005. 6. 21). 가격담합 교복 제조 3사 학부모에 2억 배상 판결

________(2008. 4. 30). 하나로텔레콤 정보유출, 집단 소송 줄이을 듯

________(2011. 8. 16). '빨래엔 피죤' 아성 어떻게 무너졌나

________(2011. 10. 6). 빨래엔 피죤, 청부폭력 얼룩에 몰락

________(2012. 2. 8). 학부모단체, 대형 교복사 가격 담합 의혹 제기

________(2013. 8. 8). 유업계, 사실상 우윳값 인상 '보류 · 철회'

________(2013. 9. 30). 블랙야크 회장, 항공사 직원 폭행, 불매운동

________(2016. 7. 15). 개인정보 유출사고 '농협 · KB국민카드 · 롯데카드' 벌금형…

________(2016. 12. 21). 이랜드 불매운동 번지자 사과

________(2017. 6. 11). 제발 불매운동 하지 말아주세요.

________(2018. 3. 20). 릴리안 생리대 논란 깨끗한 나라, 환경단체 상대 소송

________(2018. 3. 23). 공정위, BBQ '가맹점 광고비 분담금'에 '무협의' 결정

________(2018. 7. 30). 사고 줄 잇는 BMW…첫 소비자 집단소송

________(2018. 12. 3). 어쩜 그렇게 한남스럽니, 예스24 이메일에 줄탈퇴

________(2019. 1. 18). 의원 전원 사퇴 전까지, 예천 농산물 불매운동 불똥

________(2019. 3. 4). 유치원 개학연기 잇단 철회…우려했던 돌봄 대란 없었다

________(2019. 7. 12). 국민 77% '日비호감' 2005년 이후 최대…'호감'은 역대

최저
________(2019. 8. 21). [서소문 포럼] 콜래트럴 데미지
________(2019. 10. 31). 유니클로 빅 세일에도 매출 61% 급감…불매운동 앞 맥못췄다
________(2020. 2. 6). 지치지 않는 일본 차 불매…1월 인피니티 '1대 판매' 굴욕
________(2020. 2. 17). 조희연 "한유총 설립취소 정당하다" 1심 판결 불복 항소
컨슈머타임즈(2013. 11. 12). 옥시레킷벤키저 불매운동 활활..유해성 알았다
________(2014. 10 .14). 동서식품 불매운동-전제품 조사 촉구 "식품계에서 완전 퇴출시키자"
프레시안(2007. 11. 19). 침묵의 카르텔 무너질때까지 삼성제품 쓰지 말자
________(2010. 7. 27). 노동자 잘라 만든 콜트 기타, 뮤지션의 치욕
________(2010. 12. 1). 맷값 사태는 진행형, 펄펄 끓는 여론
한겨레(1988. 6. 1). 미스 코리아: '아름다움 · 성' 칫수 맞춰 상품화, 존엄성 무시한 자본주의 희생양
________(1988. 11. 30). 노조결성 탄압 규탄 노총,삼성제품 불매키로
________(1989. 1. 15). 속임수판매 백화점 불매운동
________(1989. 7. 9). 미국, '자몽'불매운동에 보복 위협
________(1989. 9. 6). 미국식품 전시 반대 시위
________(1990. 7. 8). 삼성제품 불매운동 검토
________(1990. 10. 11). 우루과이 라운드 "소비자도 주체적 대응을" 여성민우회 · YMCA,공청회 · 거리홍보 등 활발
________(1990. 11. 17). 소비자보호단체협 성명 "과소비 추방운동 중지 압력 내정간섭"
________(1991. 3. 24). 두산제품 불매운동 전국 번져
________(1991. 3. 28). 두산쪽 공해대책 마련때까지 그룹 제품 판매 거부키로
________(1991. 3. 29). 분유광고 금지 합의식 어이없이 무산
________(1991. 3. 30). OB맥주 쏟아버리기 집회
________(1991. 3. 31). 두산제품 불매 시민집회

________(1991. 4. 18). OB맥주 불매운동 힘입어 '만년 2등' 크라운 급신장

________(1991. 4. 27). '두산 불매' 중지 요청 공정거래위 납득못해

________(1991. 9. 12). 매일분유 불매운동 시민의 모임

________(1992. 10. 31). 백화점 변칙 할인, 배상판결

________(1993. 12. 15). 미국상품 불매운동 나선

________(1995. 9. 13). 핵실험 강행 항의, 프랑스제품 불매운동

________(1995. 10. 3). 프 핵실험 비난·제품 불매운동 국내외 환경단체

________(1996. 2. 4). 소비자단체 물가감시단 발족

________(1996. 2. 13). 일본상품 불매운동

________(1996. 5. 8). "유통기한 지난 수입 비스켓 계속 유통" 시민단체, 해태 제품 불매운동

________(1996. 7. 31). 마이클 잭슨 공연 허가 대책위 "불매운동"

________(1997. 4. 26). 암웨이, 불공정행위 시인

________(1997. 6. 13). 암웨이 분쟁 새국면, 암웨이 사과광고 거부 소비자단체 불매운동

________(1997. 10. 3). 미국제품 불매운동

________(1999. 2. 25). 일회용품 사용업체 불매운동

________(2002. 12. 9). '네티즌 힘' 한-미관계 새로 쓰나

________(2003. 4. 3). "파병철회" 전국 가열

________(2003. 4. 28). 지역감정 조장언론 불매운동

________(2003. 11. 26). 26일은 아무것도 사지 않는 날

________(2004. 11. 12). 충청권에 번지는 조동 불매운동

________(2005. 3. 17). 대전 시민단체 '일 규탄' 한 목소리

________(2005. 3. 27). 네티즌들 케이티 불매운동

________(2005. 6. 20). "교복값 담합 5만8천 원씩 배상하라"

________(2006. 6. 23). 시민단체 "CJ푸드시스템 불매운동"

________(2007. 4. 27). 보험계약자들 화났다. 법정 공방 예고

________(2007. 7. 13). 이랜드 불매운동 YMCA 등 20여 단체 가세

________(2007. 7. 29). 이랜드 노조, "국민 60% 노조투쟁에 공감"
________(2008. 8. 20). 추석 밑 미쇠고기 불매운동 점화
________(2008. 12. 22). 태안배상 50억만, 삼성중공업의 배짱
________(2009. 2. 2). 교복값 담합, 탈세 혐의, 학사모 4개 업체 고발
________(2010. 6. 23). 동서식품 시리얼서 20일새 또 대장균
________(2010. 10. 3). 4대강사업 참여업체 불매운동
________(2011. 1. 6). 구제역 고통 와중에…롯데마트, 미국산 갈비 '통큰 세일'
________(2011. 3. 8). 시민단체, 조중동 방송 불매운동 선포
________(2011. 4. 6). 맷값 폭행, 최철원 씨 항소심 집유
________(2011. 11. 27). '조중동 방송' 감시 모니터단 뜬다
________(2013. 5. 5). 라면 상무, 폭행 빵회장 이어 조폭 우유
________(2013. 5. 27). 영남제분, 사모님 후폭풍, 불매운동으로 번지나
________(2014. 2. 26). 여수 기름 유출 피해 주민들, GS칼텍스 불매
________(2015. 9. 8). 맥심의 일관성? 몰카용 카메라 추천에 성매매 르포까지
________(2016. 3. 29). 결혼 여직원 퇴사 강요, 금복주 불매운동 확산
________(2016. 4. 23). 지금 대체 누구한테 뭐가 미안한건데
________(2016. 5. 3). 옥시 불매 확산…매출 절반 '뚝'
________(2016. 11. 11). 남친을 위한 핑크빛 유두? 미미박스 또 여성비하 광고
________(2016. 12. 21). 아르바이트 노동자 임금 떼먹은 이랜드 전 계열사 불매운동 확산
________(2016. 12. 13). 국정교과서 불매운동, 학부모 7166명 서명, 44억 혈세 낭비
________(2017. 2. 3). 독성물질 논란 팸퍼스 기저귀, 무조건 안전하니 그냥 쓰라고요?
________(2017. 3. 9). 옥시제품 2차 불매운동 선포
________(2017. 4. 13). '여자니까 봐줍니다" '여성 편견' 실은 현대차
________(2017. 5. 31). 구미화력발전소 허가 취소하라, 시민단체, 정치권 한 목소리

________(2017. 6. 9). 보니코리아 유아용 매트 발진·기침 유발 논란 확산
________(2017. 6. 16). 공정위 칼 들자 치킨업계 가격 인하 도미노
________(2017. 7. 16). 알면 더 화나는 가격인상 '앵그리 5법칙'
________(2017. 8. 31). 고객 개인정보 판 홈플러스 패소, 1명당 5만~12만 원 배상
________(2017. 11. 19). '두 얼굴'의 폴크스바겐, 미국엔 굽신 한국엔 뻣뻣
________(2019. 1. 22). 햄버거병에 뿔난 엄마들, 맥도날드, 정부 묶어 고발하는 이유
________(2019. 5. 13). 커지는 기안84 청각장애인 비하 웹툰 논란,,무분별 연재 네이버 비판도
________(2019. 6. 4). 멜론 수사로 발등 불 떨어진 카카오…'효자매출' 어쩌나
________(2019. 7. 25). 아베 치랬더니 노동자 치는 정권
________(2019. 8. 11). 무섭게 타오른 불매운동, 한국콜마 회장 결국 사퇴했지만
________(2019. 8. 31). 벌써 7번째…노 아베 촛불 문화제
한국일보(2015. 4. 29). 진정성 없는 사과 옹달샘 불매 불똥
________(2016. 5. 9). 네이처리퍼블릭 오너리스트에 수렁 속으로
________(2016. 11. 17). 김천사드투쟁위, 박근혜 퇴진, 롯데불매운동 경고
________(2017. 6. 16). 공정위 치킨 가격 올린 BBQ 15일부터 조사 착수
________(2017. 9. 19). 10분만 더 공부하면 남편 직업이 바뀐다? 차별 조장하는 문구
________(2017. 9. 25). 아이는 출입금지, 노키즈존 리스트 등장에 SNS 갑론을박
________(2017. 11. 3). 성매매 은어 썼다는 주장 제기된 소주 브랜드 광고
________(2017. 11. 8). 현대카드 직원 성폭행 의혹, 정태영 부회장까지 논란 더해
________(2017. 11. 27). 불과 1주일만에 3년치 트윗 쏟아낸 배우 유아인
________(2019. 3. 3). 한유총 원아 볼모 개학 연기 강행, 학부모들 단단히 뿔났다

________(2019. 4. 4.) 불매운동 불똥 튄 장수막걸리, 로이킴 대주주 아냐
________(2019. 4. 22). 거리인생 4464일만에 콜텍 노동자들 회사로 돌아간다.
________(2019. 8. 2). 대법 "국민카드, 개인정보 유출 피해자 584명에 위자료 10만원…
________(2019. 11. 2). 맥도날드 햄버거병 논란, 이번엔 진실 풀릴까요
________(2020. 1. 10). 유니클로 모기업 매출 휘청… "이래도 불매운동 오래 못 간다고?"
헤럴드경제(2007. 5. 18). 김승연 한화회장 보복폭행사건 한국재벌의 부정적 이미지 확인
________(2014. 10. 16). 소비자단체, 동서식품, 크라운제과 불매운동 전개
________(2016. 5. 10). 옥시에 놀란 가슴…화학 포비아 확산
The PR(2015. 12. 16). 6년 공들인 두산 광고, 희망퇴직 이슈로 '조롱 패러디'

• TV 뉴스 •

JTBC(2016. 4. 8). 오너 갑질 손해, 책임 물을 수 있을까
MBC뉴스(2019. 12. 31). '냄비' 아닌 '뚝배기' 불매운동…"유니클로 반토막"
MBN(2010. 2. 15). 가격 담합 의혹 대형 교복업체 불기소처분
________(2011. 8. 2). 크루즈 소비자들 2000여명, 한국GM 차 사지마
KBS뉴스(2013. 5. 6). 남양유업 유제품 강매 혐의 압수 수색
________(2015. 2. 9). 고객정보 장사 응징, 홈플러스 불매 나섰다
________(2016. 11. 23). 촛불집회 발언에 불매운동, 자라 이봉진 사장 해명
________(2017. 1. 6). 촛불폄하, 가짜 홍삼, 천호식품 김영식 회장 사퇴
________(2018. 6. 16). 대법 "학습지 교사도 노동3권 보장받는 근로자"
________(2019. 6. 18). K팝제국의 몰락, 양현석 사퇴에도 YG는 약국 불매 확산
SBS뉴스(2009. 2. 16). 학사모, 대형 교복사 '불매운동' 나서기로
________(2014. 12. 10). 대한땅콩으로 바꾸세요, 대한항공 안 타요
________(2015. 12. 26). 사원을 가족처럼 사훈 민망, 몽고식품 불매운동 벌어져

________(2016. 3. 30). 여직원에 결혼 퇴사 강요, 금복주 불매 확산
________(2017. 1. 3). '가짜 홍삼' 제품 판 천호식품…소비자들 분노
________(2017. 6. 23). "흰 가루 나오는 보니코리아 제품, 사용 자제해야"
________(2018. 4. 5). 에버랜드의 스토킹?…도 넘은 마케팅에 분노
________(2018. 8. 28). BHC 점주들, 광고비 횡령, 기름값 편취 혐의로 본사 고발
________(2019. 5. 3). 사고치고 물러나면 그만?…있으나 마나 한 '오너 리스크 방지법'
________(2019. 8. 9). [최종의견] 디젤게이트 배상 판결과 한국형 레몬법
________(2019. 12. 31). ① BTS ② 조국 ③ 일본 불매…키워드로 본 대한민국
YTN(2014. 11. 17). 이케아, 한국 소비자가 봉?
________(2017. 10. 20). 대장균 시리얼 논란, 동서식품 무죄 확정
________(2017. 11. 6). 성폭행 논란 한샘 제품 불매운동 확산
________(2019. 8. 6). 일본불매운동 우리가 더 손해?

• 인터넷 사이트 •

관세청 www.customs.go.kr
국사편찬위원회 www.history.go.kr
금융감독원 전자공시시스템 dart.fss.or.kr
금융소비자연맹 www.kfco.org
산업통상자원부www.motie.go.kr
에델만코리아 www.edelman.kr
일본정부관광국 www.welcometojapan.or.kr
전국민주노동조합총연맹 http://nodong.org/
Wikimedia Commons www.commons.wikimedia.org
Wikipedia, the free encyclopedia en.wikipedia.org

• 해외 기사 및 뉴스 •

Forward(2016. 12. 5). Is 'Star Wars' a Sinister Jewish Plot To Promote Diversity? 'Alt-Right' Says Yes. retrieved from https://forward.com/news/356088/is-star-wars-is-a-sinister-jewish-plot-to-promote-diversity-alt-right-says/

FOX news(2017. 6. 2). McDonald's to debut rainbow-decorated fry boxes along DC's Capital Pride parade route

Gurdian(2017. 11. 13). Threats to boycott Tesco after Muslim family features in Christmas ad

The New York Times(2018. 4. 13). Sister of Korean 'Nut Rage' Heiress Accused of Throwing Her Own Tantrum.

Wall Street Journal(2015. 1. 19). In South Korea, strangers more trusted than companies or politicians.

찾아보기

[ㄴ]

[ㅇ]

한국 소비자 불매운동사

기업, 국가, 대중문화를 향한 소비자의 분노와 희망

펴낸날 1판 1쇄 2020년 6월 25일
지은이 천혜정
펴낸이 이승아
펴낸곳 이화여자대학교출판문화원
주소 서울특별시 서대문구 이화여대길 52 (우03760)
등록 1954년 7월 6일 제9-61호
전화 02) 3277-2965 (편집), 362-6076 (마케팅)
팩스 02) 312-4312
전자우편 press@ewha.ac.kr
홈페이지 www.ewhapress.com
책임편집 민지영
디자인 정혜진
찍은곳 한영문화사

ISBN 979-11-5890-360-2 93330
값 27,000원

* 잘못된 책은 구입처에서 바꾸어 드립니다.

이 도서의 국립중앙도서관 출판예정도서목록(CIP)은 서지정보유통지원시스템 홈페이지(http://seoji.nl.go.kr)와 국가자료종합목록시스템(http://www.nl.go.kr/kolisnet)에서 이용하실 수 있습니다. (CIP제어번호 : CIP2020023267)